坚持和发展马克思主义，必须同中华优秀传统文化相结合。只有植根本国、本民族历史文化沃土，马克思主义真理之树才能根深叶茂。……我们必须坚定历史自信、文化自信，坚持古为今用、推陈出新，把马克思主义思想精髓同中华优秀传统文化精华贯通起来、同人民群众日用而不觉的共同价值观念融通起来，不断赋予科学理论鲜明的中国特色，不断夯实马克思主义中国化时代化的历史基础和群众基础，让马克思主义在中国牢牢扎根。

——摘自习近平在中国共产党第二十次全国代表大会上的报告

中国传统价值观的传承弘扬研究书系

中国化马克思主义的传统文化观

戴木才 等 著

广西人民出版社

教育部人文社会科学重点研究基地

湖南师范大学道德文化研究中心重大项目

"中华伦理文明新形态的内容体系研究"研究成果

国家社科基金重大项目

"结合时代要求继承创新中华优秀传统文化中的核心理念研究"

［批准号18VSJ081］研究成果

课题首席专家：

戴木才（清华大学马克思主义学院）

课题组主要成员（以姓氏笔画为序）：

田海舰（河北大学马克思主义学院）

赵同良（河北师范大学马克思主义学院）

陈志兴（南昌大学马克思主义学院）

袁和静（北京中医药大学马克思主义学院）

袁文华（中山大学马克思主义学院）

谢　葵（国际关系学院外语学院）

总　序

党的十八大以来，中国特色社会主义进入新时代，以习近平同志为核心的党中央对新时代传承弘扬中国传统文化提出了一系列重要论断，作出了一系列重大部署，是指导新时代坚守中华文化立场、传承弘扬中国传统文化、坚定中国特色社会主义文化自信的思想指南，是在全面建成小康社会基础上向第二个百年奋斗目标奋进、开启全面建设社会主义现代化强国新征程并担负起新的文化使命，在实践创造中进行文化创造，在社会发展中实现文化进步，不断铸就中华文化新辉煌，提高国家文化软实力的重要遵循。

党的二十大报告指出："坚持和发展马克思主义，必须同中华优秀传统文化相结合。只有植根本国、本民族历史文化沃土，马克思主义真理之树才能根深叶茂。中华优秀传统文化源远流长、博大精深，是中华文明的智慧结晶，其中蕴含的天下为公、民为邦本、为政以德、革故鼎新、任人唯贤、天人合一、自强不息、厚德载物、讲信修睦、亲仁善邻等，是中国人民在长期生产生活中积累的宇宙观、天下观、社会观、道德观的重要体现，同科学社会主义价值观主张具有高度契合性。我们必须坚定历史自信、文化自信，坚持古为今用、推陈出新，把马克思主义思想精髓同中华优秀传统文化精华贯通起来、同人民群众日用而不觉的共同价值观念融通起来，不断赋予科学理论鲜明的中国特色，不断夯实马克思主义中国化时代化的历史基础和群众基础，让马克思主义在中国牢牢扎根。"

"中国传统价值观的传承弘扬研究书系"是国家社科基金重大项目和教育部人文社会科学重点研究基地湖南师范大学道德文化研究中心重大项目的研究成果。本研究书系坚持把马克思主义基本原理同中国具体实际相结合、同中华优秀传统文化相结合，以新时代新征程传承弘扬中国传统文化为研究对象，以实现新时代中国传统文化的创造性转化与创新性发展为重点，深入挖掘中国传统文化尤其是中华传统价值观所蕴含的思想观念、人文精神、道德规范，结合新时代新要求传承弘扬创新中国传统文化，集中创新性地研究了传承弘扬中国传统文化和中国传统价值观的新时代要求，系统阐发了新时代传承弘扬中国传统文化的原则方法，深入批判了新时代传承弘扬中国传统文化中的主要错误思潮，深入系统研究了中国传统文化是中华民族的突出优势、中国传统价值观的源流发展及其定位、中国传统价值观的创造性转化、中国传统文化和中国传统价值观的传播方法和新时代传承弘扬中国传统文化的有效途径等，让中国传统文化展现出时代风采和永久魅力。

"中国传统价值观的传承弘扬研究书系"共包括《中国化马克思主义的传统文化观》《中国传统价值观的新命》《中国传统价值观的传承》三册。

《中国化马克思主义的传统文化观》一书，以马克思主义文化观和价值观为新时代传承弘扬创新中国传统文化及其价值理念的理论基础和重要遵循，将新时代以习近平同志为核心的党中央对中国传统文化作出的一系列重要论述与新时代传承弘扬创新中国传统文化的新要求有机统一起来，深入探讨了传承弘扬中国传统文化的理论基础、中国共产党传承弘扬中国传统文化的原则方法，创新性地阐发了传承弘扬创新中国传统文化的新时代要求和新时代传承弘扬创新中国传统文化的重要指针，深入批判了在传承弘扬中国传统文化过程中出现的多种错误思潮。

《中国传统价值观的新命》一书，以中国传统价值观的创造性转化为重点研究内容，系统阐发了中国传统价值观的源流发展、中国传统价值观的主要内容和中国传统价值观在新时代的定位，以"仁义礼智信"和"忠孝廉耻勇"等十个价值理念为例，结合时代要求深入开展了对其进行创造性转化和创新性发展的研究，赋予其新的时代内涵，从而实现中国传统价值观的创造性再生，为铸就新时代中华新文化和树立社会主义核心价值观自信、树立中国特色社会主义文化自信奠定深厚的历史根基。

《中国传统价值观的传承》一书，以"中国传统文化是中华民族的突出优势"为统领，系统阐发了中国传统文化与中国传统价值观的传播方法及其借镜，深入探讨了新时代传承弘扬中国传统文化和中国传统价值观的有效途径，站在历史与现实、时代与未来、理论与实践、中国与世界相联系的综合视角，站在中华民族走向世界、走向现代化、走向未来的高度，探索在全面建设社会主义现代化强国进程中传承弘扬中国传统文化及其价值理念的有效途径。

总之，本研究书系以马克思主义文化理论、中国化马克思主义的传统文化观尤其是以习近平同志为核心的党中央关于传承弘扬创新中国传统文化的一系列重要论述为指导，以系统研究阐发中国传统文化中的核心理念的创造性转化和创新性发展为重点，突出了传承弘扬创新中国传统文化的精髓要义，这对于更好地发挥中国传统文化在坚守中华文化立场、坚定中国特色社会主义文化自信中的重要作用，更好地发挥中国传统文化对培育践行社会主义核心价值观的重要滋养作用，更好地构筑中国精神、彰显中国价值、汇聚中国力量，具有重要价值和现实意义。

目 录

导　论

第一章　新时代传承弘扬中国传统文化的理论基础

　　一　马克思主义的"文化"概念 / 12

　　二　文化的被决定性与相对独立性 / 18

　　三　文化的反作用及其意义 / 22

　　四　文化的批判、扬弃与发展 / 23

　　五　坚持以马克思主义价值观为指引 / 26

第二章　传承弘扬中国传统文化的原则方法

　　一　坚持马克思主义立场观点方法 / 37

　　二　批判地继承中国传统文化 / 40

　　三　去糟取精、古为今用、推陈出新 / 44

　　四　洋为中用、兼收并蓄 / 48

　　五　坚持马克思主义与中华优秀传统文化相结合 / 50

第三章　传承弘扬中国传统文化的新时代要求

　　一　人民群众对美好生活的向往的新要求 / 101

　　二　新时代坚守中华文化立场的新要求 / 109

三 新时代建设社会主义文化强国的新要求 / 121

四 在文明互鉴中升华中国传统文化的新要求 / 131

五 努力构建"人类命运共同体"的新要求 / 137

第四章 新时代传承弘扬中国传统文化的重要指针

一 在世界文化激荡中站稳脚跟的历史根基 / 149

二 关键是做到"四个讲清楚" / 154

三 重点是深入挖掘中国传统文化的精髓精华 / 156

四 实现创造性转化和创新性发展 / 157

五 构建中国传统文化的传承体系 / 169

第五章 传承弘扬中国传统文化中的错误思潮批判

一 "全盘西化论"批判 / 182

二 "普世价值论"批判 / 199

三 "中华帝国论"批判 / 214

四 "文化复古主义"批判 / 228

五 "以儒代马论"批判 / 245

六 "以马废儒论"批判 / 252

七 实现"马中西"综合创新 / 260

参考文献 / 269

后　记 / 273

导论

中国共产党从成立之日起,既是人类社会先进思想即马克思主义的坚定信奉者、坚强捍卫者、大力实践者,也是中国传统文化的忠实传承者、积极弘扬者、努力践行者。在对待中国传统文化这一重大问题上,中国共产党一直坚持马克思主义科学态度,主张取其精华,去其糟粕,古为今用,推陈出新,实现创造性转化和创新性发展,始终坚持批判性地继承,创新性地弘扬,形成了中国化时代化马克思主义的传统文化观。

党的十八大以来,中国特色社会主义进入了新时代,这是我国发展新的历史方位。在全面建成小康社会的基础上,我国开启了全面建设社会主义现代化强国的新征程。如何根据新时代新任务新要求,发展面向现代化、面向世界、面向未来的,民族的科学的大众的社会主义文化,推动中国传统文化实现创造性转化和创新性发展,是新时代传承弘扬中国传统文化的一个重大课题。其中,坚持传承弘扬中国传统文化如何与马克思主义指导思想相统一、如何与改革开放和社会主义市场经济相适应、如何与建设社会主义法治国家相协调、如何与社会主义先进文化相一致、如何与现代社会文明发展要求相融合,是需要深入研究、系统回答和有效解决的关键性问题。尤其是如何结合中国特色社会主义进入新时代的新要求,系统深入研究中国传统文化的传承弘扬,是建设社会主义文化强国、坚定中国特色社会主义文化自信的重大战略任务,对于传承中华文脉、全面提升人民群众文化素养、维护国家文化安全、增强国家文化软实力、推进中国特色社会主义现代化的文化强国建设具有重要意义。

对比理论界、学术界研究传承弘扬中国传统文化的已有成果和状况，《中国化马克思主义的传统文化观》一书的理论创新，主要体现在以下几个方面。

一是以马克思主义文化观和价值观作为新时代传承弘扬中国传统文化及其核心价值理念的理论基础。马克思主义是中国共产党立党立国、兴党强国的指导思想，必然也是传承弘扬中国传统文化的指导思想。马克思主义关于"文化"概念的唯物史观分析，关于文化的被决定性与相对独立性、文化的反作用及其意义、文化的批判扬弃与发展的基本理论，是新时代传承弘扬中国传统文化及其核心价值理念的文化观基础和价值观指引。

二是深化研究了中国共产党对待中国传统文化的原则方法。坚持马克思主义的立场观点方法，是中国共产党传承弘扬中国传统文化的一贯思想，去糟取精、古为今用、推陈出新是新时代传承弘扬中国传统文化的必要前提和焕发中国传统文化生命力的重要途径，洋为中用、兼收并蓄是新时代传承弘扬中国传统文化的重要补充。发展社会主义先进文化，弘扬革命文化，传承中国传统文化，不断提升国家文化软实力和中华文化影响力，必须坚持马克思主义基本原理与中华优秀传统文化相结合，既要坚持马克思主义立场观点方法，又要做中华优秀传统文化的忠实传承者和弘扬者。

三是创新性地阐发了传承弘扬中国传统文化的新时代要求。中国特色社会主义进入新时代对传承弘扬中国传统文化提出了新要求新任务，为新时代传承弘扬中国传统文化及其核心价值理念指明了方向，为实现中国传统文化及其核心价值理念的创造性转化与创新性发展提供了重要遵循。

（1）新时代人民群众对美好生活的向往对传承弘扬中国传统文化提出了新要求。新时代传承弘扬中国传统文化及其核心价值理念，必须立足新时代人民群众的精神文化生活需求，科学认识"美好生活需要"的文化逻辑、"文化"与"美好生活"的内在关系、新时代人民群众对美好精神文化生活的新需求。

（2）新时代坚守中华文化立场对传承弘扬中国传统文化及其核心价值理念提出了新要求。新时代传承弘扬中国传统文化及其核心价值理念，必须体现社会主义先进文化的要求，必须赋予中国传统文化及其核心价值理念以新的时代内涵与现代表达形式，坚守中华文化立场的时代选择，努力弘扬中华文化承载的永恒精神价值。

（3）新时代建设社会主义文化强国对传承弘扬中国传统文化及其核心价值理念提出了新要求。提升国家文化软实力是新时代全面建设社会主义现代化强国的题中应有之义，建设社会主义文化强国是全面建设社会主义现代化强国的战略支撑。新时代传承弘扬中国传统文化及其核心价值理念，必须服务于提升国家文化软实力、建设社会主义文化强国和实现中华民族伟大复兴。

（4）在文明交流互鉴中升华中国传统文化对新时代传承弘扬中国传统文化及其核心价值理念提出了新要求。文明的多样性是世界文明发展的常态，文明交流互鉴是推动世界民族文化发展繁荣的重要条件。新时代建设社会主义文化强国离不开世界多样性文明的交流互鉴。传承弘扬中国传统文化及其核心价值理念，必须在世界文明的交流互鉴中不断提升中华文化的时代风采和永恒魅力。

（5）积极构建人类命运共同体对新时代传承弘扬中国传统文化及其核心价值理念提出了新要求。积极构建人类命运共同体，是新时代中华民族对当今世界发出的时代呼声和关乎世界命运的重大提案，不仅包含人类社会发展的经济向度、全球治理向度，也包含人类社会发展的文化向度和文明向度。在积极构建人类命运共同体的进程中，中华民族凭借悠久的历史文化传统，不但要有胸怀天下的世界情怀，而且应当坚持文化的民族性和世界性相统一，要有应有的文化担当，让中华优秀传统文化惠及全人类。

四是深入论述了新时代传承弘扬中国传统文化及其核心价值理念的重要指针。新时代传承弘扬中国传统文化，是中华民族在世界文化文明激荡中站稳脚跟的历史根基,关键是要做到"四个讲清楚"①,重点是深入挖掘中国传统文化的精髓精华。实现中华优秀传统文化的创造性转化与创新性发展即"两创"原则,是新时代传承弘扬中国传统文化的时代指针。"创造性转化"与"创新性发展"是一个有机整体,新时代传承弘扬中国传统文化及其核心价值理念,要充分体现两者的实践要求,构建科学的传承体系,服务于新时代人民群众对美好生活的向往,服务于建设社会主义文化强国的重大战略任务。

五是深入批判了新时代传承弘扬中国传统文化中的错误思潮。在新时代传承弘扬中国传统文化的过程中,对中国传统文化的认识和态度总体上是科学的,但是也不可否认存在着一些值得注意的问题、倾向乃至错误思潮。例如,既有以西方文化价值观为评价标准带来的"全盘西化论""普世价值论""中华帝国论"等,又有以极端保守态度来对待中国传统文化的"文化复古主义""以儒代马论",还有因坚持马克思主义指导思想而盲目否定中国传统文化的"以马废儒论"等,需要深入批判。

(1)深入批判了"全盘西化论"。关于"中学"与"西学"的关系,关于中国传统文化和西方文化,自近代以来就成为一个事关中华民族前途命运的时代命题、政治命题和文化命题。全盘西化思潮涉及经济、政治、文化、科技、教育乃至生活方式等方方面面,从其提出至今不绝于耳,普世价值论、新自由主义、新闻自由论等思潮,与"全盘西化论"可谓一脉相承,有着千丝万缕的联系,尽管其花样不断翻新,但在本质上是一致的。"全盘西化论"的实质是西方化、美国化、资本主义化,中国文化自卑是"全盘西化论"形成的重要根源。"全盘西化论"在根本上是一种错

---

① "四个讲清楚"即指习近平2013年8月19日在全国宣传思想工作会议上提出的:"宣传阐释中国特色,要讲清楚每个国家和民族的历史传统、文化积淀、基本国情不同,其发展道路必然有着自己的特色;讲清楚中华文化积淀着中华民族最深沉的精神追求,是中华民族生生不息、发展壮大的丰厚滋养;讲清楚中华优秀传统文化是中华民族的突出优势,是我们最深厚的文化软实力;讲清楚中国特色社会主义植根于中华文化沃土、反映中国人民意愿、适应中国和时代发展进步要求,有着深厚历史渊源和广泛现实基础。"参见《习近平谈治国理政》第1卷,外文出版社,2018,第155—156页。

误思想，认为全球只有一种发展模式，认为现代化只有一种发展道路，那就是资本主义模式和资本主义发展道路。

（2）深入批判了"普世价值论"。"普世价值论"是近代以来随着资本主义在全球的兴起，西方国家在西方的历史文化基础上宣扬"自由、民主、人权"等价值理念，并把它向全世界推销的一种意识形态理论，是一套为西方国家称霸全球服务的价值观念体系和思潮。"普世价值论"的思想基础是"西方中心论"，是基于对中国愚昧落后的判断。"普世价值论"与"全球化"思潮紧密相连，体现了资产阶级伪善的"人性论"，在实质上与"全盘西化论"也是一脉相承的，反映着西方资本主义国家垄断资本的利益和意志，是资本主义文化的本质体现。"普世价值论"在中国的传播，实质上是中西文化的一种比拼。由于"普世价值"极易与人类"共同价值"相混淆，在传承弘扬中国传统文化、建设社会主义先进文化的过程中，必须厘清"普世价值论"的本质，深刻认识和批判其渗透带来的文化危害。

（3）深入批判了"中华帝国论"。随着改革开放以来尤其是进入21世纪以来中国经济的快速崛起，"中华帝国论"逐渐成为西方尤其是美国国际政治领域评价中国传统文化的一种错误思潮。"中华帝国论"在实质上是西方国家以一种"帝国思维"来套解中华文化、以部分历史曲解中华民族历史的错误观点。在一定意义上说，"中华帝国论"是"中国威胁论""中国新殖民论"等错误论调的重要理论基础。"中华帝国论"的实质是西方国家为应对逐渐崛起的中国对中华文化进行的"污名化"，企图引导、控制中华文化的话语导向，其目的在于遏制中国经济、政治、文化等的全面崛起。西方国家之所以鼓吹中国传统文化的"帝国"基因，意在曲解中国传统文化，用"中国威胁论"、中华民族是"黄祸论"等错误认识来歪曲中国特色社会主义崛起的现实，我国应高度警惕西方宣传"中华帝国论"的潜在危险。

（4）深入批判了"文化复古主义"。近代以来，中国思想文化界不仅存在一种"全盘西化论",而且同时也存在一种"文化复古主义",亦可称为极端的"文化保守主义"。如果说"全盘西化论"是一种全面肯定西方文化、全面否定中国传统文化的论调,那么"文化复古主义"则是一种全面肯定中国传统文化、全面否定西方文化的论调。"文化复古主义"尽管几经反复,但其影响力持续百余年,至今仍以不同的形式表现在我国许多领域,影响新时代中国的思想文化建设。中国文化自负是"文化复古主义"的重要根源。"文化复古主义"是一种极端的"文化保守主义"和狭隘的民族文化优越论,是一种文化上的历史倒退,但同时又具有复杂性。新时代要实现中华文化复兴,是要以社会主义核心价值观为引领,发展社会主义先进文化,弘扬革命文化,传承中华优秀传统文化,关键是要实现社会主义先进文化创新发展,绝不是文化复古。

(5) 深入批判了"以儒代马论"和"以马废儒论"。在新时代传承弘扬中国传统文化的过程中,在对待马克思主义与中国传统文化的关系上,出现了两种错误倾向:一是"以儒代马论",企图用中国传统文化尤其是儒家文化"儒化"马克思主义,试图让儒家文化取代当代中国的马克思主义指导地位和社会主义先进文化;二是"以马废儒论",教条主义地对待马克思主义指导思想,认为马克思主义是纯粹的、彻底的,不能与中国传统文化尤其是儒家文化相结合,否则马克思主义就会被儒家文化所"儒化"、淡化和稀释,甚至被儒家文化取代。"以儒代马论"在实质上是一种文化上的历史倒退,"以马废儒论"则割断了马克思主义中国化时代化的根脉。新时代传承弘扬中国传统文化是铸就中华文化新辉煌的既定条件,吸收借鉴外来文化的一切优秀成果是铸就中华文化新辉煌的重要补充,实现"马中西"的综合创新则是创造中华文化新辉煌的必由之路。

第一章

新时代传承弘扬中国传统文化的理论基础

中国共产党是以马克思主义作为指导思想的政党，在对待中国传统文化的问题上，必须始终自觉坚持马克思主义世界观和方法论，坚持马克思主义的立场观点和方法，以马克思主义文化观、价值观和习近平新时代中国特色社会主义思想为指导，始终坚持社会主义先进文化的前进方向。党的十八大以来，以习近平同志为核心的党中央高度重视中国特色社会主义文化自信和建设社会主义文化强国，高度重视继承弘扬中华优秀传统文化，强调要始终坚持历史唯物主义立场观点方法和马克思主义的科学态度正确对待中国传统文化和国外文化。习近平总书记说："中华民族创造了源远流长的中华文化，中华民族也一定能够创造出中华文化新的辉煌。独特的文化传统，独特的历史命运，独特的基本国情，注定了我们必然要走适合自己特点的发展道路。对我国传统文化，对国外的东西，要坚持古为今用、洋为中用、去粗取精、去伪存真，经过科学的扬弃后使之为我所用。"[1]中国共产党人是马克思主义者，坚持马克思主义科学理论和指导思想，坚持和发展中国特色社会主义，但中国共产党人决不是历史虚无主义者，也不是文化虚无主义者，中国共产党人一直以来认为马克思主义基本原理必须同中国具体实际紧密结合起来，应该科学对待民族传统文化，科学对待世界各国文化，用人类创造的一切优秀思想文化成果来武装自己、发展自己。中国共产党人始终坚持去粗取精、去伪存真的方针，因势利导，实现古为今用、洋为中用，使中国传统文化和外来文化在新的时代条件下发挥积极作用。

---

[1] 《习近平谈治国理政》第1卷，外文出版社，2018，第156页。

一 马克思主义的"文化"概念

马克思主义揭示了人类社会发展的一般规律。运用马克思主义立场观点方法揭示人类文化的本质、内涵及其发展方向，把握新时代社会主义先进文化的基本要求，对正确认识和传承弘扬中国传统文化具有重要指导意义。每一个民族、每一个时代的文化都有其独特的内容，但无论如何变化，其根源总是深深地埋藏于经济事实之中，埋藏于传统和历史之中。马克思主义文化观科学地体现了历史观、价值观与时代观的高度统一，既是正确分析和看待中国传统文化的继承和发展问题的"望远镜"，也是"显微镜"，是建设新时代中国特色社会主义文化的指导思想，是新时代树立中国特色社会主义文化自觉和坚定中国特色社会主义文化自信的理论武器。

（一）文化起源于人类劳动和社会实践

"文化"一词是一个含义非常广泛的概念，要给它下一个精确而科学的定义，是一件非常不易的事情。自古以来，不少文化学家、人类学家、历史学家、语言学家、社会学家和哲学家等都试图从各自学科来给"文化"下一个科学定义，然而迄今为止都没有得出一个公认、令人满意的定义。据统计，有关"文化"的定义至少有二百多种，莫衷一是。

马克思、恩格斯虽然没有直接给"文化"下定义，但他们从分析人与自然、人与社会、人与人之间的关系入手，提出和探讨了人、人类与"文化"相关的诸多概念，如"人化的自然""人类学的自然""人的类本质""人的特质""人的本质力量对象化"等。马克思、恩格斯说，人直接地就是自然的存在物。一方面，人具有自然力和生命力，是能动的自然的存在物；另一方面，人同其他事物一样，是受动的自然的存在物。人把现实的、感性的对象作为自己生命表现的对象。人是有激情的自然的存在物，强烈地追寻着使自己的本质力量得以对象化并得以确证的表现。劳动和社会实践活动是人使自己的本质力量得以对象化并得以确证的重要途径，使人与其他动物区别开来。"人不仅仅是自然存在物，而且是人的自然存在物，就是说，是自为地存在着的存在物，因而是类存在物。他必须既在自己的存在中也在自己的知识中确证并表现自身。"[1]人类正是在改造对象世界的社会实践活动中确证了自己是有意识的"类"的存在物。

马克思主义认为，整个世界的历史不过是通过人的劳动实践活动而诞生的过程，劳动体现了人的自由自觉的活动，是人的本质，文化在人类的劳动进程中和历史中产生而形成，历史与文化是互相交织在一起的，历史与文化是人的真正的自然史。概括地说，文化是人类的一种社会现象，是人类在劳动的过程中和历史发展的进程中长期创造而形成的产物，是人类社会实践活动的产物。

同时，文化又是一种历史现象，是社会历史的积淀物。马克思说："人的本质不是单个人所固有的抽象物，在其现实性上，它是一切社会关系的总和。"[2]在一定意义上说，"人的本质"就是"文化"的本质，因为"文化"即"人化"。所谓"文化"，无论是其所展现的内容，还是其围绕的核心问题，无论是文化的创造——"人化"，还是文化的功能——"化人"，"文化"的中心、核心问题都是关于"人"、围绕"人"的。而这个"人"，并不是单个的、抽象的个体的人，而是在其现实性上的、一切社会关系的总和的"人"，"文化"所要体现的正是人与人之间的社会关系的总和的"人"。人是活动的、实践的，既是创造者，又是被决定者。因此，无论是理解人与环境的关系，还是理解文化的生成与发展，都只能从"人"的实践活动去理解。马克思指出："全部社会生活在本质上是实践的。""环境的改变和人的活动或自我改变的一致，只能被看做是并合理地理解为革命的实践。"[3]

---

[1] 马克思：《1844年经济学哲学手稿》，人民出版社，2000，第107页。
[2] 《马克思恩格斯文集》第1卷，人民出版社，2009，第505页。
[3] 《马克思恩格斯文集》第1卷，人民出版社，2009，第501、500页。

从人类的劳动和实践观出发，马克思主义为我们理解"文化"现象及其本质提供了一把钥匙。文化并非是凭空产生的，它有其产生的现实来源。马克思虽然使用"文化"这一概念并不多，更多的是用"意识""意识形态"这一概念，但是马克思主义的基本原理为我们揭示"文化"的本质提供了世界观和方法论。社会存在决定社会意识，"人们的意识取决于人们的存在而不是相反"①，这样马克思就把产生特定"意识"的原因引向了存在着的客观现实，这种客观现实首先就是人与人之间特定的社会关系，主要就是生产关系，而这种人与人之间的生产关系受人的生产能力所制约，生产力决定生产关系。由此马克思把唯物主义引入历史领域，彻底破解了人类发展的"历史之谜"，揭示了人类社会发展的一般规律。

马克思指出："用'历史唯物主义'这个名词来表达一种关于历史过程的观点……这种观点认为，一切重要历史事件的终极原因和伟大动力是社会的经济发展，是生产方式和交换方式的改变，是由此产生的社会之划分为不同的阶级，是这些阶级彼此之间的斗争。"②这为我们认识人类历史是如何发展的，其内在的动力机制是如何建构的打开了大门。

(二) 文化是人的本质力量的对象化

根据马克思主义唯物史观的认识，所谓文化的本质，就是人的本质力量的对象化，是人的创造性感动的对象化过程。也就是说，所谓"文化"的实质就是"人化"。这种人的本质力量的对象化活动，体现在自然的对象化的进程之中。自然界与人是相统一的，它不是人的对立面，而是人类活动的一部分，是人类第一个改造的对象，是人的"无机的身体"。马克思这样指出："自然界是关于人的科学的直接对象。""历史本身是自然史的即自然界生成为人这一过程的一个现实部分。"③

人类在同自然界的相互影响过程中，通过人类劳动等特有的创造性实

---

① 《马克思恩格斯文集》第2卷，人民出版社，2009，第598页。
② 《马克思恩格斯文集》第3卷，人民出版社，2009，第508—509页。
③ 马克思：《1844年经济学哲学手稿》，人民出版社，2000，第90页。

践活动，将自然史改造成人类史或文化史，因而"人"也就由"自然人"转变成"社会人"，成为人类社会。马克思说："自然界的人的本质只有对社会的人来说才是存在的；因为只有在社会中，自然界对人来说才是人与人联系的纽带，才是他为别人的存在和别人为他的存在，……因此，社会是人同自然界的完成了的本质的统一，是自然界的真正复活，是人的实现了的自然主义和自然界的实现了的人道主义。"①因此，自然界与人类社会是一种对立统一的关系，人的创造性活动及其对象性创造了"人化自然"——人类社会。

自然界在人类的生产劳动和社会活动中实现了自身的价值，人也在自己所创造的对象化世界中创造了"人化"的文化世界，并直观自身，体现自己的本质力量。马克思说："人也按照美的规律来构造。因此，正是在改造对象世界中，人才真正地证明自己是类存在物。这种生产是人的能动的类生活。通过这种生产，自然界才表现为他的作品和他的现实。因此，劳动的对象是人的类生活对象化：人不仅像在意识中那样在精神上使自己二重化，而且能动地、现实地使自己二重化，从而在他所创造的世界中直观自身。"②人的本质力量通过人的创造性活动和对象化世界的确证，实现对自然界的"人化"，创造"人化"世界和人类文化，即文化世界。

（三）文化在阶级社会具有阶级性

人类社会的物质生产具有历史的延续性，这就决定着人类社会的文化发展也必然具有历史的连续性。人类社会的文化发展是由经济生产方式、政治上层建筑的发展变化所决定，同时又具有相对的独立性而不断向前发展变化的。在阶级社会，人被划分为不同的阶级，不同的阶级有不同阶级的文化。一个阶级的文化，代表着这个阶级的根本利益、精神文化诉求和阶级主张，统治阶级的文化占据着统治地位。

马克思说："统治阶级的思想在每一时代都是占统治地位的思想。这

---

① 马克思：《1844年经济学哲学手稿》，人民出版社，2000，第83页。
② 《马克思恩格斯全集》第3卷，人民出版社，2002，第274页。

就是说，一个阶级是社会上占统治地位的物质力量，同时也是社会上占统治地位的精神力量。支配着物质生产资料的阶级，同时也支配着精神生产的资料……占统治地位的思想不过是占统治地位的物质关系在观念上的表现，不过是表现为思想的占统治地位的物质关系。"①统治阶级通过占有政权和意识形态领导权，拥有对社会物质生产和精神文化生产的支配权，所推行的思想观念、价值理念、道德规范、法律制度等，都是为维护统治阶级的政治统治服务的，若其他思想、道德、制度和文化符合统治阶级的政治统治和意识形态的需要，或有利于统治阶级进行统治，则会被吸收到统治阶级的意识形态中来，反之则处于从属地位，或者因为与统治阶级的意识形态的矛盾冲突强烈地遭到排斥，甚至被国家机器用暴力所摧毁。

（四）文化具有多样性

唯物史观揭示出，文化虽然是人类社会经济、政治的反映，但是文化的发生发展变化又有着自己相对独立的规律性，对经济、政治的发展具有一定反作用。马克思说："政治、法、哲学、宗教、文学、艺术等等的发展是以经济发展为基础的。但是，它们又都互相作用并对经济基础发生作用。并非只有经济状况才是原因，才是积极的，其余一切都不过是消极的结果。这是在归根到底总是得到实现的经济必然性的基础上的互相作用。"②而且"在所有的人实行明智分工的条件下，不仅生产的东西可以满足全体社会成员丰裕的消费和造成充足的储备，而且使每个人都有充分的闲暇时间去获得历史上遗留下来的文化——科学、艺术、社交方式等等——中一切真正有价值的东西；并且不仅是去获得，而且还要把这一切从统治阶级的独占品变成全社会的共同财富并加以进一步发展"③。

随着民族的产生和发展，人类社会的文化又具有民族性，形成不同民

---

① 《马克思恩格斯全集》第3卷，人民出版社，1960，第52页。
② 《马克思恩格斯选集》第4卷，人民出版社，1995，第732页。
③ 《马克思恩格斯选集》第3卷，人民出版社，1995，第150页。

族的文化传统和文化特色。文化的民族性和多样性是人的本质力量对象化的丰富性、多样性体现。不同的国家或民族具有不同的文化传统和文化形式，表现形态是多种多样的，如在政治、法律、道德、宗教、形而上学、历史、家庭、国家、科学、艺术等方面具有不同的民族特色。

例如，德国哲学家雅斯贝尔斯提出"轴心时代"这一概念，他在《历史的起源与目标》一书中认为，从公元前800年至公元前200年，尤其是在公元前600年至公元前300年之间，是人类社会文明的"轴心时代"。在这一时期，中国、印度、以色列、希腊几乎同时出现了爆发性的精神创新和创造性活动，出现了许多伟大思想家，他们用理性的、深邃的思想，乃至宗教的形式来诠释世界，都对人类关切的问题提出了独到的看法。雅斯贝尔斯认为，这一时期是人类社会精神文明的重大突破时期。如中国出现了老子、孔子等思想家，印度有释迦牟尼，以色列有犹太教的先知们，古希腊则有苏格拉底、柏拉图等思想家，他们具有不同的地域特色，形成了不同的文化传统。雅斯贝尔斯认为，"轴心时代"奠定了人类社会最重要的"四大古老文明"的精神文化基础，是人类文化的主要精神财富，人类社会此后的发展，都是在这个时代开创的格局中继续进行的。

在现代人类学、文化学的意义上，所谓"文化"，还有广义和狭义之分。广义的"文化"是指人类社会所创造出来的所有物质财富和精神财富的总和或统称。对一个国家或民族而言，包括一个国家或民族的历史地理、政治制度、学术思想、人文精神、风土人情、宗教信仰、法律道德、传统习俗、生活方式、科学技术、文学艺术、思维方式、价值观念、审美情趣、语言文字等。狭义的"文化"主要指一定社会中的思想上层建筑，既包括政治思想、法律思想、道德规范、文学艺术、哲学宗教、文化传媒等具有意识形态性质的内容，又包括自然科学和技术、语言文字等非意识形态的内容。

二 文化的被决定性与相对独立性

马克思主义的唯物史观,科学地揭示了文化是人类劳动和社会实践的产物,是人类社会经济、政治的反映,认为文化不是一种孤立于经济、政治的完全独立的现象,而是一种社会的、历史的、发展的现象,是随着时代发展变化而发展变化的。马克思主义认为,人们在自己的生产、生活中发生一定的、必然的、不以他们的意志为转移的社会关系,即同他们所处的一定社会发展阶段的物质生产力相适合的生产关系,这些生产关系的总和构成一定社会的经济结构,既有政治的、法律的上层建筑竖立其上,又有一定的社会意识形式与之相适应。马克思说:"物质生活的生产方式制约着整个社会生活、政治生活和精神生活的过程。不是人们的意识决定人们的存在,相反,是人们的社会存在决定人们的意识。"①人们按照自己的物质生产方式和发展要求建立与之相适应的生产关系和社会关系,这些人又按照自己的生产关系和社会关系创造相应的思想观念、原理范畴、道德意识、法律制度、文学艺术等。"宗教、家庭、国家、法、道德、科学、艺术等等,都不过是生产的一些特殊的方式,并且受生产的普遍规律的支配。"②

马克思还指出:"思想、观念、意识的生产最初是直接与人们的物质活动,与人们的物质交往,与现实生活的语言交织在一起的。人们的想象、思维、精神交往在这里还是人们物质行动的直接产物。表现在某一民族的政治、法律、道德、宗教、形而上学等的语言中的精神生产也是这样。人们是自己的观念、思想等等的生产者……他们受自己的生产力和与之相适应的交往的一定发展——直到交往的最遥远的形态——所制约。"③

恩格斯也说:"正像达尔文发现有机界的发展规律一样,马克思发现

---

① 《马克思恩格斯选集》第2卷,人民出版社,1995,第32页。
② 《马克思恩格斯全集》第42卷,人民出版社,1979,第121页。
③ 《马克思恩格斯选集》第1卷,人民出版社,1995,第72页。

了人类历史的发展规律,即历来为繁芜丛杂的意识形态所掩盖着的一个简单事实:人们首先必须吃、喝、住、穿,然后才能从事政治、科学、艺术、宗教等等;所以,直接的物质的生活资料的生产,从而一个民族或一个时代的一定的经济发展阶段,便构成基础,人们的国家设施、法的观点、艺术以至宗教观念,就是从这个基础上发展起来的,因而,也必须由这个基础来解释,而不是像过去那样做得相反。"[1]

马克思主义的观点十分明确,认为"在再生产的行为本身中,不但客观条件改变着……而且生产者也改变着,他炼出新的品质,通过生产而发展和改造着自身,造成新的力量和新的观念,造成新的交往方式,新的需要和新的语言"[2]。作为上层建筑的政治体制以及依附于其上的意识形态或思想上层建筑,诸如哲学、法、科学、文学、艺术、宗教等,其终极根源都在于其所依赖的社会存在。普列汉诺夫说:"一定的'心理'是在人们之间的一定的关系的基础上出现,这是再明白不过的了。……而哲学思想和艺术创作的一定派别则是在这种'心理'的基础上发展的。"[3]

马克思主义把人的新观念、新语言、新的交往方式的产生及其原因牢牢扎根于社会现实,这个社会现实就是人的生产方式、人的社会实践活动。物质资料的再生产是现实的、客观的,改变着人自身,也生产着"文化"本身。这种对文化的唯物主义解释和说明,"是马克思主义文化理论区别于其他文化理论的根本之点"[4]。所以,在马克思那里,人类生产方式是人类社会发展变化的最终决定性因素,它的发展变化也决定和影响着文化的内容及其变化。

历史唯物主义的一项基本原理,就是社会存在决定社会意识,社会意识是对社会存在的反映,但又具有相对独立性。社会意识并非是纯粹的、

---

[1] 《马克思恩格斯选集》第3卷,人民出版社,1995,第776页。
[2] 《马克思恩格斯文集》第8卷,人民出版社,2009,第145页。
[3] 《普列汉诺夫哲学著作选集》第2卷,三联书店,1961,第229页。
[4] 肖前主编《马克思主义哲学原理》下册,中国人民大学出版社,1994,第694页。

简单的、消极的被决定物，而是有着自己的特有形式和自身内在发展的独特规律。社会意识虽然依赖于社会存在并被社会存在所决定，但它是以自己固有的观念形式、运行逻辑去反映并反作用于社会存在的。也就是说，"文化"一经形成，就是作为一种相对于社会存在而具有独立性的存在形式，并对社会存在产生着影响和反作用。

每一时代的"文化"的形成，除了来自那个时代的社会存在，另一个重要来源就是继承历史上传承下来的精神文化成果。"文化"就是在这样两种来源的相互作用中形成、发展的。"文化"的这种特殊性，决定了其不是对社会存在的一种绝对的依赖，而是一个具有自身特殊发展规律的相对独立的系统。一方面，人们是根据自己时代的社会存在去理解、对待、选择历史上传承下来的精神文化成果的；另一方面，人们又是在继承历史上传承下来的精神文化成果的基础上去反映、认识、开拓自己所处的那个时代的社会存在的。"文化"的这种相对对立性，使得文化自身的发展变化与社会存在的发展变化未必完全同步。

一个国家、一个民族的文化发展，往往与经济发展的水平之间具有不平衡性，往往表现为滞后性、适应性和超前性三种形态。经济发达国家的文化未必就一定是最进步的，而经济上落后的国家的文化也未必就是落后的，如19世纪的德国生产力发展水平虽然远远落后于英法，但德国的哲学、法学、文学、政治学等领域名家迭出，这也是最先进的理论——马克思主义能在德国产生的重要原因之一。

马克思主义唯物史观为我们认识"文化"产生的根源和文化的特性及其作用提供了科学指导。从马克思主义唯物史观出发，就会认识到，一种思想文化之所以在一个社会是主流，能够占据主导地位，表面上看是统治阶级在维护它、支配它，但在这背后的决定性原因却是"物质的力量"在起主导作用——一种社会形态的经济生产方式，即统治阶级占有生产资料。社会不平等和阶级冲突的根源，在于经济地位的不平等，统治阶级占有生产资料，经济上占据统治地位，并利用这种不平等来控制政治权力，并进一步以此控制这个国家的暴力工具，占统治地位的阶级在思想文化上也极力维护这种关系。

马克思指出："统治阶级的思想在每一时代都是占统治地位的思想。这就是说，一个阶级是社会上占统治地位的物质力量，同时也是社会上占统治地位的精神力量。"例如，在资本主义社会，资产阶级意识形态是维护资产阶级利益的，是资本主义生产方式在思想观念上的反映，它是为资产阶级经济基础服务的。对于被压迫的无产阶级来说，资产阶级的意识形态具有欺骗性和虚伪性，发挥着"牧师的职能"。"牧师的使命是安慰被压迫者，给他们描绘一幅在保存阶级统治的条件下减少苦难和牺牲的前景……从而使他们顺从这种统治。"①

马克思主义的唯物史观为我们提供了一个通过文化与经济（如生产方式）、政治（如阶级关系）的关系来理解"文化"及其意义的分析视角，对于深入理解文化的本质、文化的功能，无疑有着科学的指导意义。在马克思主义理论中，经济因素被视为决定性因素，被视为首要因素，所以他被一些人称作"经济决定论者"，应该说这带有一定的偏见。社会的实际发展是纷繁复杂的，马克思主义仅仅为解释人类历史的发展提供了一个一般模式，将抽象简化的理论模型套用在复杂的社会现实时，必然会发生刻舟求剑、缘木求鱼式的荒唐现象。在对社会产生重大影响的众多因素中，马克思主义理论更强调经济关系的基础作用和决定性影响，但并未否认其他因素、其他关系对社会的影响。

恩格斯曾针对这种对马克思主义的狭隘理解做出过评论，他说："经济状况是基础，但是对历史斗争的进程发生影响并且在许多情况下主要是决定着这一斗争的形式的，还有上层建筑的各种因素：阶级斗争的各种政治形式及其成果——由胜利了的阶级在获胜以后确立的宪法等等，各种法的形式以及所有这些实际斗争在参加者头脑中的反映，政治的、法律的和

---

① 《列宁选集》第2卷，人民出版社，2012，第478页。

哲学的理论，宗教的观点以及它们向教义体系的进一步发展。……否则把理论应用于任何历史时期，就会比解一个简单的一次方程式更容易了。"①

三 文化的反作用及其意义

在马克思的著作中，直接运用"文化"这个概念的论述虽然不多，但较多地运用了"意识""社会意识""意识形态"这些概念。按照马克思主义观点，"意识形态"也是指"上层建筑"，即思想上层建筑，这种观念的思想形式等都是与特定的经济和政治直接紧密联系的。从表现形式看，"意识形态"包括思想理论、政治法律、道德宗教、哲学审美、文学艺术等诸多社会意识形式。这些社会意识形式所构成的特定观念和看法等的"总和"，就是"意识形态"。它的内容总是与特定的客观现实相联系，即它在实质上是特定的经济基础和政治制度在观念上的反映。在一般意义上，观念形态的"文化"与"意识形态"几乎是同一范畴，只是"意识形态"关注的焦点是意识形式诸内容所表现的阶级性和与特定利益集团联系的紧密性。

一定社会形态的"文化"，具有自身相对的独立性，是"自己构成自己"的过程。从最初发生来看，"文化"的产生受自然环境、历史条件的影响和制约，但因自然环境和历史因素的差异，不同社会形态的文化形态是有差异性的，马克思曾把人类早期文化的差异比作"早熟的儿童""正常的儿童""粗野的儿童"等。尔后，"文化"开始立足于人类自身的创造物上，文化的民族性、多样性和丰富性便逐渐形成和发展起来。在世界交往和世界历史普遍发展的基础上，"文化"既形成反映时代实践方式的时代性、进步性，又形成反映自身环境和历史差异的民族性、多样性、丰富

---

① 《马克思恩格斯文集》第10卷，人民出版社，2009，第591—592页。

性，从而使人类社会的文化发展走着一条具有自身特色的特殊发展道路。

马克思从作为主体的"人"和"社会"两个方面阐发了文化的功能。

首先，马克思主张要辩证地看待文化与经济的关系，认为文化和经济之间存在着相互贯通和相互交汇的双向作用。同时，马克思也将无产阶级文化看作是生产力的一种，是整合无产阶级社会资源促进无产阶级经济发展的有效驱动力。

其次，在马克思看来，无产阶级文化是揭露和批判资本主义本质的有力武器，是指导无产阶级革命和夺取无产阶级革命伟大胜利的"批判的武器"。马克思指出，文化可以作为一种"物质力量"，在凝聚无产阶级智慧力量、指导无产阶级生产实践、巩固无产阶级地位和政权等各个方面发挥无可替代的作用，是实现和维护无产阶级根本利益的重要法宝和基本保障。

最后，马克思主义是关于"人"的学说，其文化思想也从未脱离"人"这一主体。因此，文化的主体功能是其本质功能和其本质属性。马克思主义关于"文化"的主体功能，主要体现在其对主体的"人"的教化作用，是主体实现"自然人"—"社会人"—"文化人"—"自由人"转变过程的媒介。通过文化教化，作为主体的"人"的本质可以逐步得到确证，最终实现主体自由自觉的存在。

四 文化的批判、扬弃与发展

批判地继承人类社会的传统文化，是马克思主义的一个基本观点。从唯物史观出发，马克思主义揭示了人类社会文化发展的一般规律和特殊规律，认为物质资料的生产是人类社会生存和发展的基本条件，也是文化产生和发展的基本条件，人类社会的生产方式是人类社会发展的决定性因素。同时，文化又具有相对独立性，文化的发展与经济、政治、社会的发展紧密联系，但又有着区别，有自己特殊的发展规律，对经济、政治具有反作用。马克思说:"人们自己创造自己的历史,但是他们并不是随心所欲地创造,并不是在他们自己选定的条件下创造,而是在直接碰到的、既定的、从过去承继下来的条件下创造。一切已死的先辈们的传统,像梦魇一样纠缠着活人的头脑。"①

恩格斯也曾指出:"我们自己创造着我们的历史,但是第一,我们是在十分确定的前提和条件下创造的。其中经济的前提和条件归根到底是决定性的。但是政治等等的前提和条件,甚至那些萦回于人们头脑中的传统,也起着一定的作用,虽然不是决定性的作用。"②

列宁则明确地提出了无产阶级文化应该是在继承人类一切优秀文化的基础之上建设起来的,这是合乎文化发展规律的必然结果。他说:"应当明确地认识到,只有确切地了解人类全部发展过程所创造的文化,只有对这种文化加以改造,才能建设无产阶级的文化,没有这样的认识,我们就不能完成这项任务。无产阶级文化并不是从天上掉下来的,也不是那些自命为无产阶级文化专家的人杜撰出来的。如果硬说是这样,那完全是一派胡言。无产阶级文化应当是人类在资本主义社会、地主社会和官僚社会压迫下创造出来的全部知识合乎规律的发展。"③人类总是在既定的条件下去创造历史,而"文化"则是人类继续发展所依靠的重要的既定条件。

中国共产党始终坚持以马克思主义立场观点方法对待人类社会发展的文明成果和中国传统文化。在中国革命时期,以毛泽东同志为主要代表的中国共产党人根据中国革命的实际,创造性地提出了新民主主义革命理论,无论是站在哲学的高度阐释认识与实践的关系,还是在制定具体的策略、政策时,一贯强调理论必须联系实际,一切从中国实际出发,强调要学习我们民族以往的历史和批判地继承中国传统文化,这表明了中国共产党人对待中国传统文化的科学态度。毛泽东说,在中华民族的开化史上有

---

① 《马克思恩格斯文集》第2卷,人民出版社,2009,第470—471页。
② 《马克思恩格斯文集》第10卷,人民出版社,2009,第592页。
③ 《列宁专题文集:论无产阶级政党》,人民出版社,2009,第281页。

素称发达的农业和手工业，有许多伟大思想家、政治家、军事家、科学家、发明家、文学家和艺术家，有丰富的文化典籍。

毛泽东指出，中华民族是一个具有光荣革命传统和优秀文化与历史遗产的民族，学习我们的历史遗产，用马克思主义的方法论给以批判总结，是我们学习的一个任务。他说："我们这个民族有数千年的历史，有它的特点，有它的许多珍贵品。对于这些，我们还是小学生。今天的中国是历史的中国的一个发展；我们是马克思主义的历史主义者，我们不应当割断历史。从孔夫子到孙中山，我们应当给以总结，承继这一份珍贵的遗产。这对于指导当前的伟大的运动，是有重要的帮助的。"[1]毫无疑问，毛泽东所说的学习和研究我们民族的历史遗产，不单单是指要熟悉了解中国的历史，更包含着要学习和继承中华民族丰富的文化遗产。文化便是历史，是历史成果的积淀。

那么，如何批判继承中国传统文化呢？毛泽东说："学习我们的历史遗产，用马克思主义的方法给以批判的总结。"[2]以马克思主义作为评判、审视和继承中国传统文化的世界观和方法论，其根本原因就在于马克思主义是科学真理。不以历史唯物主义作为分析社会历史文化的思想指南，就很难对人类发展的一般规律和文化发展的特殊规律得出正确结论。

列宁说："只有把社会关系归结于生产关系，把生产关系归结于生产力的水平，才能有可靠的根据把社会形态的发展看做自然历史过程。不言而喻，没有这种观点，也就不会有社会科学。"[3]

批判地继承中国传统文化，实现中国传统文化的创造性转化和创新性发展，繁荣发展中国特色社会主义文化，并不是仅仅对中国传统文化进行"改头换面""新瓶装旧酒"就可以了，更不是对西方文化的机械移植、"拿来主义"，或者是对中西文化的简单拼凑、"混泥搅拌"，而是在马克思

---

[1] 《毛泽东选集》第2卷，人民出版社，1991，第533—534页。
[2] 《毛泽东选集》第2卷，人民出版社，1991，第533页。
[3] 《列宁专题文集：论辩证唯物主义和历史唯物主义》，人民出版社，2009，第161页。

主义指导下、在批判继承和合理吸收古今中外一切优秀文化成果的基础上，创造符合时代发展要求、体现时代精神、引领社会发展进步的新文化，在人类社会的伟大实践中不断实现文化的继承、创新和发展。因此，传承弘扬中国传统文化的立足点不是别的，而是人类社会的发展进步和当代中国特色社会主义的伟大实践，是当代中国的社会主义现代化建设和实现中华民族伟大复兴的新时代要求。传承弘扬中国传统文化不能脱离人类社会发展进步的历史潮流，不能脱离中国特色社会主义的伟大实践。这不仅仅是一个理论问题，更是一个现实问题、实践问题，它的有效解决决不是几个思想家和学者在书斋里苦思冥想就能演绎出来的，也不是在书本中寻章摘句就能寻找出来的，只有立足于社会实践才能解决。

在中国革命、建设、改革的伟大进程中，认真研究和解决实践中遇到的新情况新问题，不断总结新经验新成果，在传承弘扬中国传统文化和合理吸收人类文明发展一切有益成果的基础上，创造出符合时代特色的中国新文化，是中国特色社会主义文化建设、社会主义先进文化发展的不二途径。中国化马克思主义，就是中国革命、建设和改革实践经验的凝聚，是人民智慧的结晶，是近现代以来中华民族新的民族精神的升华，是中华民族自我形象和民族性格的重新塑造，是民族生命力的彰显。在中国特色社会主义新时代，要立足于全面建设社会主义现代化强国的具体实际和历史进程，善于总结新经验，概括新理论，把在实践中产生的有生命力的现代化文化元素纳入中国特色社会主义文化的生命洪流，并上升到理论高度，不断丰富中华文化的精神意蕴，创造中华文化的新辉煌。

五　坚持以马克思主义价值观为指引

马克思主义价值观的诞生，可以说是人类社会的一次颠覆性的价值革命，人类社会的价值观从此开启了为绝大多数人求解放、谋幸福的光明前景和伟大实践。马克思主义价值观作为一种具有历史变革性意义的崭新价值观，批判地继承了人类社会历史上价值思想发展的积极成果，形成了自己独特的无产阶级价值观，从而为人民大众尤其是工人阶级的根本利益进行科学的、彻底的价值辩护和道德论证，是无产阶级道义主义和功利主义的有机统一，是对人类历史上一切传统价值观的积极超越，是我们今天传承弘扬中国传统文化及其核心价值理念、积极培育和践行社会主义核心价值观的思想指引和基本遵循。

（一）马克思主义价值观是一种全新价值观

与人类社会以往一切价值观不同，也与一切非马克思主义价值观不同，马克思主义价值观具有鲜明的价值立场，它最直接、最大胆地宣称自己的一切理论和奋斗，都是要代表绝大多数劳苦大众和无产阶级的根本利益，要致力于实现最广大人民群众的根本利益。自从马克思、恩格斯公开发表《共产党宣言》和创建世界上第一个无产阶级政党以来，这个被称为"共产党"的政党组织就开始以自己特殊的身份标志和奋斗目标，以自己特殊的方式活动在人类社会的政治舞台。大胆地预言共产主义社会、创建世界上第一个无产阶级政党并为它奠定思想理论基础的马克思，在他中学毕业的论文中就表达了这样一种人生理想和价值目标："如果我们选择了最能为人类福利而劳动的职业，那么，重担就不能把我们压倒，因为这是为大家而献身；那时我们所感到的就不是可怜的、有限的、自私的乐趣，我们的幸福将属于千百万人，我们的事业将默默地、但是永恒发挥作用地存在下去，面对我们的骨灰，高尚的人们将洒下热泪。"①

这就是马克思、恩格斯创立共产主义理论、建立共产党组织的初心和奋斗目标，就是共产党人价值追求的灵魂和纲领："造福人民，为绝大多数人谋福利。"

马克思、恩格斯把他们的理论称为解放全世界无产阶级和全人类的科

---

① 《马克思恩格斯全集》第40卷，人民出版社，1982，第7页。

学，把他们创立的思想理论称为科学社会主义，把他们预见的未来社会形态称为共产主义。马克思主义创立的这种共产党人的价值观，建立在一种全新的世界观和方法论基础之上。根据这种全新的世界观和方法论，社会物质资料的生产与发展是整个人类社会发展和进步的基础，而从事社会物质资料生产的劳动人民是推动社会历史向前发展的根本力量，他们理应是社会历史的真正主人。尊重社会历史的真正主人，并为他们的根本利益而奋斗，是尊重社会历史发展规律并推动社会历史进步的内在要求。

马克思、恩格斯在《共产党宣言》中这样非常鲜明地宣称："过去的一切运动都是少数人的或者为少数人谋利益的运动。无产阶级的运动是绝大多数人的、为绝大多数人谋利益的独立的运动。无产阶级，现今社会的最下层，如果不炸毁构成官方社会的整个上层，就不能抬起头来，挺起胸来。"[①]"他们（共产党人）没有任何同整个无产阶级的利益不同的利益。"[②]"共产党人始终代表整个运动的利益。"[③]

马克思、恩格斯以人类社会历史发展进步的规律为理论基础，以消灭剥削、消灭压迫、实现人的自由全面发展作为人类社会发展进步的根本目标，以为绝大多数人的根本利益而奋斗作为政治纲领，不但体现和代表了全世界无产者的理想，而且体现了全人类的理想，为全世界无产者提供了强大理论武器和精神力量。

马克思主义提出的共产党人的初心、使命和理想信念，就是为人类绝大多数人的利益而奋斗，就是为了绝大多数人和全人类的解放。

170年前的人类社会发展现实恰恰是近代以来在资本主义发展进程中普遍存在的人的不自由不平等。人与人之间的剥削与被剥削、压迫与被压迫的关系成为资本主义社会的主要矛盾。马克思、恩格斯号召，代表绝大多数人的无产阶级必须拿起革命武器，打破一个旧世界，建立一个新世

---

① 《马克思恩格斯选集》第1卷，人民出版社，1995，第283页。
② 《马克思恩格斯选集》第1卷，人民出版社，1995，第285页。
③ 《马克思恩格斯选集》第1卷，人民出版社，1995，第285页。

界，在那里没有阶级剥削、没有阶级压迫，是一个"自由人的联合体"。《共产党宣言》把这一崇高理想和价值追求表达为："代替那存在着阶级和阶级对立的资产阶级旧社会的，将是这样一个联合体，在那里，每个人的自由发展是一切人的自由发展的条件。"①

在科学论证的基础上，《共产党宣言》还发出了这样的号召："共产党人不屑于隐瞒自己的观点和意图。他们公开宣布：他们的目的只有用暴力推翻全部现存的社会制度才能达到。让统治阶级在共产主义革命面前发抖吧。无产者在这个革命中失去的只是锁链。他们获得的将是整个世界。""全世界无产者，联合起来！"②

马克思为什么要无产阶级拿起"革命的武器"，极力宣传革命并亲自投身领导革命，成为一个革命家？显然，"革命"只不过是一种手段，其目的是为了绝大多数人的根本利益和解放、自由。恩格斯说："马克思首先是一个革命家。他毕生的真正使命，就是以这种或那种方式参加推翻资本主义社会及其所建立的国家设施的事业，参加现代无产阶级的解放事业，正是他第一次使现代无产阶级意识到自身的地位和需要，意识到自身解放的条件。斗争是他的生命要素，很少有人像他那样满腔热情、坚韧不拔和卓有成效地进行斗争。"③

马克思、恩格斯甚至讲过"为人类服务"和"为人民服务"的问题，认为"科学绝不是一种自私自利的享乐。……有幸能够致力于科学研究的人，首先应该拿自己的学识为人类服务"④，乃至他们提出，无产阶级在建立自己的政权以后必须防止国家机关及其工作人员由社会公仆蜕化为社会主人。

马克思主义提出的这一全新价值观和政治理想，一经诞生就产生了无

---

① 《马克思恩格斯选集》第1卷，人民出版社，1995，第294页。
② 《马克思恩格斯选集》第1卷，人民出版社，1995，第307页。
③ 《马克思恩格斯选集》第3卷，人民出版社，1995，第777页。
④ 《摩尔和将军：回忆马克思恩格斯》，人民出版社，1973，第88页。

穷魅力和巨大力量，发挥了重大历史作用。列宁说："这一理论对世界各国社会主义者所具有的不可遏止的吸引力，就在于它把严格的和高度的科学性（它是社会科学的最新成就）同革命性结合起来，并且不仅仅是因为学说的创始人兼有学者和革命家的品质而偶然地结合起来，而是把二者内在地和不可分割地结合在这个理论本身中。"①

（二）马克思主义价值观是人类社会进步的价值指引

马克思、恩格斯对未来社会的科学预见和追求的社会主义、共产主义理想社会，不仅是一种崭新的社会发展规律的认识体系，更是一种合目的性的人类社会发展进步的价值体系，是一种关于人类社会未来发展的价值诉求和理想。它指向消灭一切剥削制度，消灭一切阶级对立和阶级压迫，实现全人类的解放和人的自由全面发展。

马克思、恩格斯认为，共产主义社会要求将人的思想和价值从资本、宗教、国家的"异化"状态下彻底解放出来，最大限度地吸收人类社会思想和科技发展的优秀成果，使人的智力日益发展，道德日益完善，人格日益健全。"社会主义"是共产主义的初始阶段，它不仅比资本主义社会发展阶段更能推动社会生产力的发展，而且是一种社会实践运动，能够提供一种制度安排和思想文化体系，使资本主义社会向共产主义社会的过渡"以最合理、最人道的方式"进行，以"缩短和减轻分娩的痛苦"。

在谈到人类解放的社会物质生产力发展水平的标准和目标时，马克思说："自由王国只是在必需和外在目的规定要做的劳动终止的地方才开始；因而按照事物的本性来说，它存在于真正物质生产领域的彼岸。"这种物质条件在现代资本主义社会远没有达到，也不可能达到。马克思主义认为，社会主义共产主义社会理想的一切实践运动、制度安排和体制模式，都要以这种"最合理、最人道的方式"进行。

"最合理、最人道的方式"高度地体现了马克思主义价值观和价值体

---

① 《列宁选集》第1卷，人民出版社，2012，第83页。

系的崇高追求。马克思这样指出:"这个领域的自由只能是:社会化的人,联合起来的生产者,将合理地调节他们和自然之间的物质变换,把它置于他们的控制之下,而不让它作为盲目的力量来统治自己;靠消耗最小的力量,在最无愧于和最适合于他们的人类本性的条件下来进行这种物质变换。但是,这个领域始终是一个必然王国。在这个必然王国的彼岸,作为目的本身的人类能力的发挥,真正的自由王国,就开始了。但是,这个自由王国只有建立在必然王国的基础上,才能繁荣起来。工作日的缩短是根本条件。"①

所谓"最合理、最人道的方式",即一种既合乎人类社会发展的规律性,又合乎人类自身发展的目的性,更合乎人类价值理想和价值意愿的方式。马克思、恩格斯在对未来社会进行了大致描绘和粗线条的勾勒时,并没有对未来共产主义社会的价值观、核心价值观和价值体系作出详尽论述和具体说明,但是在批判资本主义社会的过程中,他们广泛地涉及未来社会主义、共产主义社会的价值观、核心价值观和价值体系。

比如,应具有比资本主义社会更高的劳动生产率和更发达的社会生产力、生产资料归社会全体成员所有、实行计划经济、劳动成为人的"第一需要"、实现各尽所能按需分配、人的道德觉悟极大提高、消灭剥削和压迫、消灭阶级差别、国家消亡、个人获得自由而全面发展、实现普遍幸福等。这些在合乎人类社会发展规律性基础上的合目的性的综合,就形成了社会主义、共产主义的价值理想、核心价值和价值体系。他们所涉及的这些价值理念,如对自由、平等、正义、民主、劳动、人权、友爱、互助、富裕、和谐、人的自由全面发展、普遍幸福等价值理念的深入阐述,内容十分丰富,可以看作是马克思主义价值观、未来社会的核心价值理念和价值体系的主要范畴。

同时,马克思主义认为,人类社会的发展进步和全人类的解放,只有

---

① 《资本论》第3卷,人民出版社,2018,第928—929页。

借助于每个人自由而全面的发展，只有具体落实到每个具体的、现实的人的自由而全面的发展，才能真正得到实现，才具有彻底性、现实性和普遍性。这是马克思主义价值观的最高旨趣和终极关怀。

（三）坚持马克思主义价值观及其方法论

结合新时代要求传承弘扬中国传统文化及其核心价值理念、培育践行社会主义核心价值观，必须始终坚持以马克思主义为指引，坚持马克思主义价值观及其方法论。坚持马克思主义价值观及其方法论，并深入系统探索适应新时代中国特色社会主义发展需要的社会主义核心价值观及其方法论，是实现中国传统文化及其核心价值理念创造性转化和创新性发展的重要途径。必须坚持社会发展与人的发展相统一、规律性与目的性相统一、科学理性和实践理性相统一，从培育践行社会主义核心价值观的具体实践出发，认识和把握人的价值活动规律，从中国传统文化及其核心价值理念中提炼富有永恒价值魅力的内涵。

1. 坚持社会发展与人的发展相统一

马克思主义始终高度关注在人类社会发展历史进程中的现实的人的生存、享受和发展，并把它作为人类社会发展进步的出发点和落脚点。

马克思认为，"自由人的联合体"是社会发展与人的发展的高度统一，即社会生产力高度发达、社会物质财富极大丰富、人的道德觉悟极大提高，而"每个人的自由发展是一切人的自由发展的条件"。在马克思主义看来，社会发展与人的发展是历史的、辩证的有机统一。

一个社会的价值观总是与其所处社会的历史条件密切相关的。中国共产党人继承和发展马克思主义关于社会发展和人的发展相统一的思想，始终坚持马克思主义基本原理与中国实际相结合，坚持革命为了人民、建设为了人民、改革为了人民。

例如，党的十八大以来，以习近平同志为核心的党中央结合新时代中国特色社会主义事业发展的实际，进一步深化了马克思主义关于社会发展和人的发展相统一的思想与实践内涵，对"以人民为中心"作出了一系列新论断，牢牢把握新时代人民群众对美好生活的向往，把"以人民为中心"的思想贯彻到治国理政的各领域全过程，做到发展为了人民、发展依靠人民、发展成果由人民共享，更好地增进人民福祉，推动人的全面发展、社会全面进步，把实现好维护好发展好最广大人民的根本利益作为出发点和落脚点，体现了中国特色社会主义价值本质的内在规定性，是新时代培育和践行社会主义核心价值观的根本遵循。

2.坚持规律性与目的性相统一

马克思主义认为，人类社会虽然来自自然界，有着自身发展的一般规律，但是人类社会是由有意识、有目的的、现实的人组成的。这就决定了人类社会的发展进步一方面是一个自然的历史的发展过程，具有客观规律性；另一方面，人类社会的发展进步又离不开人的主体性、主观能动性。人是具体的、历史的，具有目的性。

坚持社会发展的规律性与实践主体的目的性相统一，正是对中国传统文化及其核心价值理念的创造性转化和创新性发展、积极培育和践行社会主义核心价值观必须坚持的方法论。社会生产力和生产关系的矛盾、经济基础和上层建筑的矛盾，是人类社会发展的动力。社会基本矛盾的运动，在一定历史条件下表现为社会革命和自我革命。这就要求我们，在新时代培育和践行社会主义核心价值观的进程中，一方面既要合乎社会发展的客观规律性，大力发展社会主义经济、政治、文化、社会和生态文明，推动我国"社会生产力"不断向"极高度发展"；另一方面，又要适应现实的我国社会主要矛盾已经转化为人民日益增长的美好生活需要和不平衡不充分的发展之间的矛盾，合乎我国社会主义实践主体的目的性，满足人民群众的多方面需要，推进"现实的人"不断向"全面发展"。

人民群众是改变旧的生产关系与上层建筑、实现社会变革的主力军，人民群众的历史活动与社会发展的基本规律相一致，与社会发展的基本趋势相一致。在一定意义上说，坚持以人民为中心，是完美地实现社会发展合规律性与实践主体合目的性相统一的高度体现。我们要从我国社会主义初级阶段这个基本国情和最大实际出发，推进我国社会生产力不断提高，不断向高阶段发展，不断推进生产关系变革，把人民群众对美好生活的向往作为我们奋斗的目标。

3.坚持科学理性和实践理性相统一

价值观的科学理性意味着价值理论具有理论的彻底性和科学性，揭示价值的普遍性和规律；价值观的实践理性意味着价值观的实践能够适应现实环境和客观条件，最佳地应用实现价值目标的方法和手段，从而有效地实现对现实世界的实践改造。由于价值观的构建是一项庞大系统工程，是在人们的头脑中搞建设，是一项"入脑入心"的工程，因此，培育和践行社会主义核心价值观更加需要科学理性和实践理性有机统一起来。

一是要深化理论认知，深刻理解中国传统文化及其核心价值理念的原义、他义和今义，深刻理解社会主义核心价值观的深厚历史底蕴、坚实实践基础和强大道义力量；

二是要强化制度保障，要用法治权威和制度权威来增强人们培育践行社会主义核心价值观的自觉性坚定性；

三是要增进情感认同，不断促进人们从内心深处真正确立对社会主义核心价值观的接受和认可；

四是要内化为自觉奉行，促发人民以高度的思想自觉和行动自觉将在我国大地上形成和发展起来的社会主义核心价值观内化为信念理念。如果对中国传统核心价值观的创造性转化和创新性发展仅仅停留在观念、理论层面，停留在一般的抽象原则上，而不能转化为人的信念理念和行为习惯，它就不可能真正转化为社会主义核心价值观的重要源泉和历史根基。

第二章

传承弘扬中国传统文化的原则方法

进入近代以来，由于文化植根的经济基础发生深刻变化，人类社会从农耕文明发展进入到工业文明，原有的社会生产关系和社会结构发生根本变化，中国传统文化遭遇工业文明挑战，进入到命运多舛、曲折坎坷的尴尬境地，全盘西化与全盘复古、恨怨斥责与极力维护、弃如敝履与推崇厚爱、转型纷争与努力传承，对待中国传统文化的各种观点、各种认识、各种态度，都曾甚嚣尘上，走上历史舞台。如何正确对待中国传统文化，成为近代以来中华文化发展必须面对和回答的时代课题。中国共产党运用马克思主义立场观点方法来分析和研究中国传统文化的继承和弘扬问题，不仅体现在确立马克思主义对党的一切行动的指导地位上，也体现在推进马克思主义中国化的历史进程中，实现马克思主义与中华优秀传统文化的有机结合，说明了中国共产党不仅是马克思主义的忠实信仰者和践行者，也是中国传统文化的忠实继承者和弘扬者。

一 坚持马克思主义立场观点方法

中国传统文化是中华文化的重要来源和组成部分。近代以来，在对待中国传统文化的问题上，我国思想界存在截然不同的态度，提出了各种各样的观点。比如"中学为体，西学为用"的"中体西用论"、"西学为体，中学为用"的"西体中用论"、通过文化综合而实现文化创造的"综合创新论"、完全否定中国传统文化的"全盘西化论"、完全固守中国传统文化的"全盘复古论",还有"中西互为体用论",等等。

中国共产党成立后,在带领中国人民进行革命、建设、改革的长期历史实践中,如何正确认识和科学对待中国传统文化,也一直是摆在中国共产党人面前的一项重要命题。中国共产党坚持马克思主义指导思想,对待中国传统文化采取了一种"辩证否定"的科学态度。所谓"辩证否定",即对待中国传统文化采取一种理性的态度,运用辩证的方法进行分析、研究、甄别,取其精华,去其糟粕,做到批判、继承与弘扬的辩证统一。

中国共产党是以马克思主义为指导思想的政党,在对待中国传统文化的问题上,始终坚持马克思主义的立场观点方法。党的十八大以来,以习近平同志为核心的党中央始终坚持以马克思主义为指导,多次强调中华优秀传统文化是中华民族最深厚的文化软实力,多次重申传承弘扬中国传统文化要坚持历史唯物主义的立场观点方法,要结合时代要求实现中华优秀传统文化的创造性转化和创新性发展。习近平总书记说:"中国共产党人是马克思主义者,坚持马克思主义的科学学说,坚持和发展中国特色社会主义,但中国共产党人不是历史虚无主义者,也不是文化虚无主义者。"[①]

首先,传承弘扬中国传统文化的目的是为广大人民群众服务。"为什么人的问题"是检验一个政党、一个政权性质的试金石,也是把握一种思想理论的精神实质与内在逻辑的根本立足点。马克思主义始终站在人民大众的立场上,为无产阶级服务,为绝大多数劳动人民谋利益。中国传统文化是一个复杂的文化体系,博大精深而又良莠不齐。其中,既有为少数封建统治阶级服务的不合时宜的成分,也有许多由广大劳动人民智慧创造的优秀成分。中国共产党人始终坚持人民大众的立场,对中国传统文化的不同部分有区别地对待,以是否有利于广大人民群众的根本利益作为选择鉴别吸收中国传统文化的重要标准。

党的十八大以来,习近平反复强调"人民对美好生活的向往,就是我

---

① 习近平:《在纪念孔子诞辰2565周年国际学术研讨会暨国际儒学联合会第五届会员大会开幕会上的讲话》(2014年9月24日)。

们的奋斗目标",形成了"以人民为中心"的发展理念,树立"以人民为中心"的工作导向,提出文艺要"坚持以人民为中心的创作导向"。"以人民为中心"的发展理念继承和发展了马克思主义价值观的核心要义,体现了坚持人民立场、坚持人民主体地位的历史观。传承弘扬中国传统文化要为广大人民群众服务,意味着传承弘扬中国传统文化要基于人民生活,要把人民大众当作主体,意味着要把以少数封建统治者为主体的旧文化转变为以广大人民群众为主体的新文化,意味着中国传统文化必须向社会主义现代文化转型。

其次,传承弘扬中国传统文化要坚持马克思主义立场观点方法。历史唯物主义认为,任何一种思想文化、意识形态和社会意识形式都植根于一定的经济基础,都是由一定的社会存在决定的。不过,思想文化、意识形态和社会意识形式又具有相对独立性和历史传承性,有其特殊的发展规律。中国传统文化的思想观念、价值理念和道德规范等,在本质上不过是中国古代社会一定的物质资料生产方式的表现,带有鲜明的阶级性;同时,不同阶级阶层在共同生活、交往实践和文化传承过程中也形成了某些共同的思想观念、人文精神和道德规范。因此,对待中国传统文化,要看到其两面性。我们既要坚持历史唯物主义的观点,看到中国传统文化产生的社会物质生活条件,以及主要为封建统治阶级服务的一面,也要看到中国传统文化所蕴含的具有跨越时空、超越国度,富有永恒魅力,具有当代价值的文化精神的一面。

习近平深刻指出:"我们走中国特色社会主义道路,一定要推进马克思主义中国化。如果没有中华五千年文明,哪里有什么中国特色?如果不是中国特色,哪有我们今天这么成功的中国特色社会主义道路?我们要特别重视挖掘中华五千年文明中的精华,把弘扬优秀传统文化同马克思主义立场观点方法结合起来,坚定不移走中国特色社会主义道路。"[1]

---

[1] 《习近平谈治国理政》第4卷,外文出版社,2022,第315页。

最后，传承弘扬中国传统文化要坚持唯物辩证的分析方法。中国共产党人反对简单、粗暴地对待中国传统文化，主张以实事求是的态度来对待历史文化遗产，科学分析中国传统文化的内容特质、历史作用和时代价值，甄别其精华和糟粕，正确认识到中国传统文化的"一体两面"。在对待古今文化的关系上，中国共产党主张既不能厚古薄今、以古非今，也不能厚今薄古、以今非古。全盘肯定和全盘否定中国传统文化的历史作用和当代价值，都是错误的。当前，有些人借着复兴中国传统文化之名，鼓吹以儒家思想来取代马克思主义在思想文化领域的指导地位，这些"以古非今""儒化中国"的思潮是根本错误的。

党的十八大以来，习近平继承中国共产党"批判地继承"中国传统文化的基本原则，既充分肯定中国传统文化在我国历史发展进程中所发挥的非常重要的进步作用，又清醒认识到中国传统文化受到当时历史条件、认识水平、社会制度的制约和影响而具有不可避免的历史性、局限性。他指出，对待历史文化要坚持去粗取精，去伪存真，对存在合理内核又具有旧时代要素的内容要取其精华，去其糟粕，对明显不符合当今时代要求的内容要加以扬弃，有鉴别地对待，有扬弃地继承。

二 批判地继承中国传统文化

中国共产党坚持马克思主义指导思想，始终以唯物史观的立场观点方法对待中国传统文化，强调要辩证地分析中国传统文化，提出了一种"批判地继承"中国传统文化的科学态度和基本原则。可以认为，批判地继承是时代发展和社会进步的总要求。毛泽东明确提出，要辩证地对待中国传统文化，并且要将继承和弘扬中国传统文化作为马克思主义中国化的重要途径。党的十八大以来，习近平就传承弘扬中国传统文化发表的一系列重要讲话，与中国共产党对待中国传统文化的科学态度既一脉相承又与时俱进。

自从秦始皇实行封建主义国家"大一统"和汉武帝实行"独尊儒术"的专制主义意识形态统治，中国封建社会在几千年的发展过程中推行"重农主义"，封建王朝周而复始，代代更替，以儒家文化为主流意识形态的传统文化一直延续，乃至于封建主义的传统经济和传统政治没有发生根本的变化。近代以来，随着西方工业革命的兴起和中国早期资本主义生产关系的萌芽，尤其是在遭遇西方资本主义工业文明的挑战和打击之后，近代先进的中国知识分子、政治家和革命家，先后从工业技术革命如洋务运动，建设强大军队如北洋海军，部分变更传统政治制度，再到完全变革传统政治制度如辛亥革命，最后深入地进行思想革命和文化革命如新文化运动和五四运动，对新思想包括马克思主义的广泛传播，中华民族才最终找到了马克思主义这一人类社会的先进思想，进而中国共产党成立，找到了中国革命、建设和改革开放走向成功的道路。

在这一过程中，以儒家文化为主流意识形态的中国传统文化曾遭遇猛烈批判，"打倒孔家店"、铲除一切封建糟粕（凡封建社会产生和流传下来的文化）成为文化革命过程中的响亮口号和行动。虽然其中因认识上的偏差，有偏颇、过激的思想行为，但应该说，还是有它的科学道理的，中国近代以来半殖民地半封建社会的经济政治性质决定了思想文化必须与之相适应，决定了中国传统文化必须发生相应的变革。毛泽东说："中华民族的旧政治和旧经济，乃是中华民族的旧文化的根据；而中华民族的新政治和新经济，乃是中华民族的新文化的根据。"[1]今天，我们之所以必须对中国传统文化进行批判的继承，乃是因为中国传统文化是由农耕文明时期中国传统封建主义经济和传统封建主义政治所决定的。

进入社会主义社会后，中国处于并将长期处于社会主义初级阶段的经济政治性质，同样要求中国传统文化必须与此相适应，必须结合时代要求

---

[1] 《毛泽东选集》第2卷，人民出版社，1991，第664页。

进行创造性转化和创新性发展，才能古为今用。传承弘扬中国传统文化，决不是完全回归中国传统文化，决不是完全移植和照搬照抄中国传统文化。我们应该看到，社会主义先进文化与中国传统文化在经济政治性质上的根本区别，需要结合中国特色社会主义新时代的经济政治发展要求，实现对中国传统文化的创造性转化和创新性发展。

今天，处于执政地位的中国共产党主动扛起继承和弘扬中国传统文化的大旗，这是合乎历史发展必然性的正确选择，也是不可、不能推卸的历史任务、历史使命和历史责任。中国传统封建社会，王朝更替，历朝历代都有一个如何对待已有文化特别是儒家思想的态度问题，最终都以"儒家位尊"和儒道释融合为历史选择，这是因为封建社会的经济政治性质没有发生根本的变化。在中国特色社会主义新时代的经济政治背景下，我们更有基础、更有条件并能够更加从容自信地去继承和弘扬中华优秀传统文化，与封建时代王朝更替对待传统文化的选择完全不同，今天我们思考和谋划对中国传统文化的继承和弘扬问题，必须从经济政治性质的根本变化上看到社会主义先进文化与中国传统文化的根本区别。

中国共产党坚持马克思主义指导思想，对待中国传统文化既反对不加辨别、全盘肯定的文化复古主义态度，也反对全盘否定、全盘抛弃的文化虚无主义、文化虚无主义态度，主张采取"批判地继承"的科学、理性态度。所谓"批判地继承"，即运用唯物辩证法和历史唯物论对中国传统文化进行正确分析、研究和甄别，取其精华，去其糟粕，做到古为今用，做到批判、继承与弘扬的辩证统一。"批判地继承"中国传统文化是以毛泽东同志为主要代表的中国共产党人对待中国传统文化的总要求，即"继承"是在批判中的继承，"弘扬"是在批判中的弘扬。毛泽东认为，继承中国传统文化，必须首先要有一个批判、清理、选择、吸收的过程，在批判基础上分析、分清中国传统文化中的"精华"和"糟粕"，取其精华，弃其糟粕。他说："清理古代文化的发展过程，剔除其封建性的糟粕，吸收其民主性的精华，是发展民族新文化提高民族自信心的必要条件；但是决不能无批判地兼收并蓄。"①他还指出："学习我们的历史遗产，用马克思主义的方法给以批判的总结"②，是我们的一项重要任务。"我们不应当割断历史。从孔夫子到孙中山，我们应当给以总结，继承这一份珍贵的遗产。这对于指导当前的伟大的运动，是有重要的帮助的。"③

中国特色社会主义进入新时代，"批判地继承"中国传统文化这一总要求依然是适用的，并被不断发展。习近平指出："对历史文化特别是先人传承下来的价值理念和道德规范，要坚持古为今用、推陈出新，有鉴别地加以对待，有扬弃地予以继承。"④党的十八大以来，习近平更加高度重视挖掘和阐发中国传统文化，强调要传承弘扬和认真汲取中国传统文化的思想精华和道德精髓，重点做好"创造性转化和创新性发展"。

习近平提出的这一"两创"原则，是结合新的时代要求对传承弘扬中国传统文化的重要原则作出的新的理论概括，与我们党提出的"二为"方向——"为人民服务、为社会主义服务"和"双百"方针——"百花齐放、百家争鸣"是一脉相承的，虽然各有侧重，但相辅相成，构成了一个有机统一的整体。其中，"二为"方向深刻回答了传承弘扬中国传统文化的性质、目标和发展方向，"双百"方针深刻回答了传承弘扬中国传统文化的方法、路径和途径，"两创"原则则深刻回答了传承弘扬中国传统文化的原则、要求和做法，三者既管根本管长远又管方法管路径，集中体现了中国共产党对社会主义文化建设规律认识的不断深化。同时，"两创"原则与中国共产党倡导的"取其精华、去其糟粕""古为今用、推陈出新"的重要原则也是一脉相承、一以贯之的。

当代中国发展需要传承弘扬中国传统文化，这是毫无疑义的；当今世

---

① 《毛泽东选集》第2卷，人民出版社，1991，第707—708页。
② 《毛泽东选集》第2卷，人民出版社，1991，第533页。
③ 《毛泽东选集》第2卷，人民出版社，1991，第534页。
④ 《习近平关于社会主义文化建设论述摘编》，中央文献出版社，2017，第140页。

界文明发展同样需要传承弘扬中国传统文化，这也是毫无疑义的。文化既具有民族性又具有世界性，既具有时代性又具有公共性。全球文化与世界文明是多样性的统一。新时代的中国特色社会主义文化不仅要站在社会主义先进文化的最前沿，而且要站在人类文明发展的最前列，才能既引领中国人民的精神世界，又成为人类文明的共同财富。从这一视野看，结合新时代要求实现中国传统文化的创造性转化与创新性发展，不仅是新时代中国特色社会主义的经济政治性质对传承弘扬中国传统文化的新要求，而且是当今世界人类文明发展潮流对传承弘扬中国传统文化的新要求，大胆借鉴人类文明一切有益成果对中国传统文化进行创造性转化和创新性发展的必要性与必然性，也就愈加清晰显现。

实际上，我们说"继承和弘扬"中国传统文化，一般是在笼统意义上的一种表达，未曾仔细区分其所包含的不同层面和不同阶段。如果深入考究，我们可以把"批判地继承"具体划分为珍惜保存、整理挖掘、分析鉴别、转化再造、传承弘扬、创新发展等几个由基础到高端、依次递进的层次。"创造性转化与创新性发展"大体上对应转化再造、传承弘扬、创新发展三个层次，是一种由此及彼、相互衔接的承接和接续关系，是前后相继、互为支撑的两个层次或两个阶段，各有意义、各有作为而又密切相关、不可割裂。

三 去糟取精、古为今用、推陈出新

中华文明历史悠久，在漫长的历史长河中，产生了一大批名家学说，留下了光辉灿烂的文化遗产。毛泽东认为，当代的中国是历史的中国的延续和发展，我们不能割断历史，必须对历史和传统文化抱着尊重的态度。同时，他也指出，尊重历史和文化遗产并不是颂古非今，不是对传统文化予以全盘接受，而"是给历史以一定的科学的地位，是尊重历史的辩证法的发展"①。这要求我们必须深入揭示中国传统文化的本质，对其给予实事求是的评价。

毛泽东曾指出，以儒家思想为主的中国传统文化在实质上是为封建统治阶级服务的，是封建时代的文化，不过也需要对其进行批判地分析、辩证地分析。他说："中国几千年的文化，主要是封建时代的文化，但并不全是封建主义的东西，有人民的东西，有反封建的东西。要把封建主义的东西和非封建主义的东西区别开来。封建主义的东西也不全是坏的。我们要注意区别封建主义发生、发展和灭亡不同时期的东西。当封建主义还处在发生和发展的时候，它有很多东西还是不错的。"②

由此可见，毛泽东对中国传统文化的态度是客观而审慎的，他敏锐地洞察到传统文化的复杂性和多面性，认为封建时代的文化不能与封建主义文化画等号，除了封建主义的部分，还有人民性和反封建的部分。同样的，对封建主义文化也不能一概地予以排斥，要分析其产生和发展的特定历史阶段，封建主义发展上升时期的大部分文化还是符合历史发展趋势的，在历史上曾经发挥过十分积极的作用，应该予以肯定。

在《反对党八股》中，毛泽东曾经明确指出了五四时期新文化运动的一些领导者对于传统文化的错误态度，并将其归因为这些人"还没有马克思主义的批判精神"。他说："他们对于现状，对于历史，对于外国事物，没有历史唯物主义的批判精神，所谓坏就是绝对的坏，一切皆坏；所谓好就是绝对的好，一切皆好。"③他认为继承和弘扬中国传统文化必须先有一个批判、清理、选择、吸收的过程，取其精华，弃其糟粕，做到古为今用。他说："清理古代文化的发展过程，剔除其封建性的糟粕，吸收其民主性的精华，是发展民族新文化提高民族自信心的必要条件；但是决不能无批判地兼收并蓄。"

---

① 《毛泽东选集》第2卷，人民出版社，1991，第708页。
② 《毛泽东文集》第8卷，人民出版社，1999，第225页。
③ 《毛泽东选集》第3卷，人民出版社，1991，第832页。

习近平继承了毛泽东有关"批判地继承"中国传统文化的这一总要求，既充分肯定中国传统文化在我国历史发展中所发挥的非常重要的进步作用，又清醒地认识到中国传统文化受到当时历史条件、认识水平、社会制度的制约和影响，从而难免具有局限性。他说，对待历史遗产和传统文化要坚持去粗取精，去伪存真，有鉴别地对待，有扬弃地继承。中国传统文化是一个复杂的、需要具体分析的历史范畴和博大体系，"精华"和"糟粕"往往是"一体两面"，而且它们随着时间推移、时代需要的转变以及人们理解能力的加深，也会发生相应变化。因此，去粗取精、去伪存真也是一个长期的、艰巨的过程，不是轻轻松松就能实现的。

古为今用、推陈出新则是焕发中国传统文化生命力的重要途径。实际上，辨别"精华"和"糟粕"，仅仅是科学对待中国传统文化的第一步。在现实生活中，经常听到有些人发表这样的议论：中国传统文化确实有很多精华，不过它只属于过去，对今天的中国没有什么价值和意义。那么，我们不禁要问：事实真的如此吗？我们是否只能满足于"档案馆员"或"博物馆员"的身份，依据现代学科方法将中国传统文化的材料分门别类、贴签编号，充满敬意地送进档案柜或文物库房呢？对于这个问题，毛泽东早就给出了明确的答案，那就是必须坚持古为今用、推陈出新的原则，重新焕发中国传统文化的生命力。

毛泽东堪称是活学活用中国传统文化的典范。作为共产党员，毛泽东将马克思主义作为行动指南，但是他也意识到马克思主义理论只有与中国具体国情和实际相结合，才能在中国大地深深扎根。毛泽东说："必须将马克思主义的普遍真理和中国革命的具体实践完全地恰当地统一起来，就是说，和民族的特点相结合，经过一定的民族形式，才有用处，决不能主观地公式地应用它。"[①]从唯物主义立场观点方法出发，毛泽东认为，必须促进中国传统文化与马克思主义相互交融，对中国传统文化进行批判地继

---

① 《毛泽东选集》第2卷，人民出版社，1991，第707页。

承和改造。正是坚持马克思主义基本原理与中国实际相结合，才创造出了马克思主义中国化第一次历史性飞跃的理论成果，即毛泽东思想。在当时，毛泽东考虑到革命队伍中大多数同志文化程度不高的现状，提出必须借用通俗易懂、雅俗共赏的语句和典故，运用喜闻乐见的语言形式来解释马克思主义，赋予马克思主义以民族化大众化的存在方式，使普通民众对马克思主义理论产生亲近感和文化上的认同感，帮助他们掌握马克思主义基本原理，为马克思主义在中国的传播、运用和发展开辟道路。

当然，在毛泽东看来，"古为今用"并不是"毫无批判的硬搬和模仿"，否则就沦落为"最没有出息的最害人的文学教条主义"[1]。因此，在"古为今用"的同时，还必须"推陈出新"。继承中国传统文化必然要结合现实条件，赋予传统文化以新的时代内涵，创造出顺应中国社会发展和时代进步要求的有独特民族风格的东西。唯有在继承中创新，中国传统文化才不会变成僵死的历史遗物，才能重新焕发生机活力。

毛泽东在使用大家熟知的传统文化知识时，经常采取"旧瓶装新酒"的办法，保留民族的形式，增添新的革命内容。他曾经对作为封建社会重要道德规范的"忠孝仁义"进行了创造性解释，他说："对国家尽忠，对民族尽孝，我们赞成，这是古代封建道德，我们要改变它，发扬它。就是要特别忠于大多数人民，孝于大多数人民，而不是忠孝于少数人。对大多数有益处的，叫做仁；对大多数人利益有关的事情，处理得当，叫义。对农民的土地问题，工人的吃饭问题，处理得当，就是真正的行义者。"[2]

建设新时代中国特色社会主义文化，"古为今用、推陈出新"这一原则依然适用，并被不断发展。习近平说："对历史文化特别是先人传承下来的价值理念和道德规范，要坚持古为今用、推陈出新，有鉴别地加以对待，有扬弃地予以继承。"

---

[1]《毛泽东选集》第3卷，人民出版社，1991，第860页。
[2] 转引自陈晋：《毛泽东与文艺传统》，中央文献出版社，1992年，第14—15页。

四 洋为中用、兼收并蓄

不同国家、民族的文明形态存在地域空间、发展程度、发展水平的差异,但是并没有高低优劣之分,在世界文明之园中应该被同等看待。对待外来文明,每一个国家都应该抱以开放、谦虚的胸怀,采取学习借鉴的态度,积极吸纳一切人类文明中的有益成分。在批判地继承中国传统文化的同时,还必须以辩证的态度对待外来文化。在漫长的历史进程中,每一个国家和民族都形成了自己独特的思想文化,积累了丰富的人类文明成果。我们要承认人类文明发展的多样性,肯定不同文明存在的价值,既珍惜和维护本民族的思想文化,又尊重和接纳其他民族的思想文化。

当然,学习吸收外来文化不是无条件、无原则的,不能盲目地照搬照抄地学。如同对待食物一样,我们对待外来文化也要经过选择、消化,要区别对待其中的"精华"和"糟粕",决不能生吞活剥、生搬硬套地毫无批判地吸收。毛泽东明确提出了对待外来文化应该采取的科学态度。他说:"中国应该大量吸收外国的进步文化,作为自己文化食粮的原料,这种工作过去还做得很不够。……还有外国的古代文化,例如各资本主义国家启蒙时代的文化,凡属我们今天用得着的东西,都应该吸收。"[1]

在新的历史条件下,习近平同样认为,我们要尊重各国各民族文明的民族性和多样性,理性处理不同文明的差异性,相互尊重,加强相互沟通交流和学习借鉴,而不能相互隔膜排斥、相互压制甚至取代。历史证明,使用强制、取代手段不但不能消解文明的差异性,反而会给世界文明带来灾难性后果。他说:"各国各民族都应该虚心学习、积极借鉴别国别民族思想文化的长处和精华,这是增强本国本民族思想文化自尊、自信、自立

---

[1] 《毛泽东选集》第2卷,人民出版社,1991,第706—707页。

的重要条件。"①世界文明"互通互鉴"不能丧失民族文化的主体性，而是要结合本民族、本国的实际，将外来文化"为我所用"，提升和增强国家文化软实力，探索一条具有中国特色的文化发展道路。习近平说："进行文明相互学习借鉴，要坚持从本国本民族实际出发，坚持取长补短、择善而从，讲求兼收并蓄，但兼收并蓄不是囫囵吞枣、莫衷一是，而是要去粗取精、去伪存真。"②

在中国革命时期，毛泽东就曾从文化的"源"与"流"深刻阐明了"古为今用，洋为中用"的重要方针。社会主义建设时期，1964年9月1日，中央音乐学院音乐学系学生陈莲又曾给毛泽东写过一封信，反映该院在教学和演出中存在的一些问题。毛泽东在批示中肯定此信，指出要解决她所提出的问题，提出了"古为今用，洋为中用"的社会主义文艺方针。毛泽东提出的"古为今用，洋为中用"的方针，不仅适用于文艺领域，而且适用于整个社会主义文化建设领域。"古为今用，洋为中用"是社会主义文化发展繁荣的重要指导方针，对于促进全球化和"世界历史"发展进程中的社会主义先进文化建设，具有极其重要的重大意义。

所谓"古为今用"，道明了要批判、继承和弘扬中国传统文化的精华，为今天社会主义先进文化所用。毛泽东认为，对中国传统文化不能简单采取"拿来主义"的态度，而是应该批判地继承，要学习我们的历史遗产，要用马克思主义的方法给以批判的总结。他认为，对中国传统文化首先要进行清理，"清理古代文化的发展过程，剔除其封建性的糟粕，吸收其民主性的精华，是发展民族新文化提高民族自信心的必要条件"。他指出：中国有些人"崇拜旧的过时的思想，这些思想对于我们今天的中国不仅不适用而且有害。这样的东西必须抛弃"③，我们必须尊重历史，"但是这种

---

① 习近平：《在纪念孔子诞辰2565周年国际学术研讨会暨国际儒学联合会第五届会员大会开幕会上的讲话》（2014年9月24日）。
② 习近平：《在纪念孔子诞辰2565周年国际学术研讨会暨国际儒学联合会第五届会员大会开幕会上的讲话》（2014年9月24日）。
③ 《毛泽东文集》第3卷，人民出版社，1996，第191页。

尊重，是给历史以一定的科学的地位，是尊重历史的辩证法的发展，而不是颂古非今，不是赞扬任何封建的毒素。对于人民群众和青年学生，主要地不是要引导他们向后看，而是要引导他们向前看"[1]。

所谓"洋为中用"，道明了要大胆借鉴、吸收外国文化中和人类文明发展进程中的一切有益成果，为我所用。毛泽东认为，社会主义文化的发展应该"海纳百川"，以开阔的胸怀面向世界，积极学习和汲取世界各国文化的优秀成分，包括资本主义文化中的合理成分。他说："要多多吸收外国的新鲜东西，不但要吸收他们的进步道理，而且要吸收他们的新鲜用语。"[2]

针对中西文化的差异性，毛泽东说："我们的方针是，一切民族、一切国家的长处都要学，政治、经济、科学、技术、文学、艺术的一切真正好的东西都要学。"他同时也反对简单地采取"拿来主义"学习外国文化，认为必须坚持马克思主义唯物辩证法，"但是，必须有分析有批判地学，不能盲目地学，不能一切照抄，机械搬用。他们的短处、缺点，当然不要学"[3]。他还说："对于外国文化，排外主义的方针是错误的，应当尽量吸收进步的外国文化，以为发展中国新文化的借镜；盲目搬用的方针也是错误的，应当以中国人民的实际需要为基础，批判地吸收外国文化。"[4]

五 坚持马克思主义与中华优秀传统文化相结合

中国共产党成立100多年来，不仅实现了马克思主义基本原理同中国具体实际相结合，而且实现了马克思主义基本原理同中华优秀传统文化相

---

[1] 《毛泽东选集》第2卷，人民出版社，1991，第708页。
[2] 《毛泽东选集》第3卷，人民出版社，1991，第837页。
[3] 《建国以来毛泽东文稿》第6册，中央文献出版社，1992，第101—102页。
[4] 《毛泽东选集》第3卷，人民出版社，1991，第1083页。

结合。习近平在庆祝中国共产党成立100周年大会上指出："新的征程上，我们必须坚持马克思列宁主义、毛泽东思想、邓小平理论、'三个代表'重要思想、科学发展观，全面贯彻新时代中国特色社会主义思想，坚持把马克思主义基本原理同中国具体实际相结合、同中华优秀传统文化相结合，用马克思主义观察时代、把握时代、引领时代，继续发展当代中国马克思主义、21世纪马克思主义！"

2022年10月召开的党的二十大，再次强调了这一重要论断，深刻指出中华优秀传统文化所蕴含的宇宙观、天下观、社会观、道德观同科学社会主义价值观主张具有高度契合性："中华优秀传统文化源远流长、博大精深，是中华文明的智慧结晶，其中蕴含的天下为公、民为邦本、为政以德、革故鼎新、任人唯贤、天人合一、自强不息、厚德载物、讲信修睦、亲仁善邻等，是中国人民在长期生产生活中积累的宇宙观、天下观、社会观、道德观的重要体现，同科学社会主义价值观主张具有高度契合性。我们必须坚定历史自信、文化自信，坚持古为今用、推陈出新，把马克思主义思想精髓同中华优秀传统文化精华贯通起来、同人民群众日用而不觉的共同价值观念融通起来，不断赋予科学理论鲜明的中国特色，不断夯实马克思主义中国化时代化的历史基础和群众基础，让马克思主义在中国牢牢扎根。"

在积极推进马克思主义中国化的历史进程中，中国共产党始终坚持运用马克思主义立场观点方法分析和研究中华优秀传统文化的继承、弘扬和创造性转化、创新性发展问题，既是马克思主义的忠实信仰者和践行者，又是中国传统文化的忠实继承者和弘扬者。坚持马克思主义基本原理同中华优秀传统文化相结合，对于建设中国特色社会主义文化、坚定中国特色社会主义文化自信和推进新时代全面建设社会主义文化强国，具有十分重大的理论意义和实践指导意义。

（一）科学社会主义的价值观主张

马克思、恩格斯认为，人民是历史的创造者，无产阶级是人类社会发展到资本主义社会最先进的、最富有革命性的阶级，未来社会主义、共产主义社会的发展趋势，必然是全世界无产阶级和全人类得以彻底解放的社会主义、共产主义社会，实现每个人的"个性自由"和自由全面发展。马克思主义创始人把未来的共产主义社会作为一个统一的社会形态来把握，他们虽然不主张对共产主义社会作出详细的具体描述，但是深刻论述了未来共产主义社会超越资本主义社会现代性的一般主要特征，深刻论述了未来社会主义社会、共产主义社会的价值观主张。

1. 未来社会是物质财富极大丰富的社会

马克思、恩格斯认为，社会生产力的落后和物质财富的贫乏，逼迫人们为维持基本生活而劳碌奔波，不仅极易造成人们经济上的"极端贫困"及其普遍化，造成广大无产阶级和少数资产阶级的普遍对立和阶级对抗，而且极易引发人与人之间的尔虞我诈、道德堕落、社会动荡等问题，使人类社会与普遍幸福无缘。因此，高度发达的社会生产力和极大丰富的物质财富是实现人类社会普遍富裕、普遍幸福的物质基础和重要前提。他们明确指出，未来的共产主义社会应该是以生产力的高度发达和物质财富的极大丰富为物质基础和重要前提的社会形态。如果没有这种社会生产力的高度发达和物质财富的极大丰富作为保证，那么人类社会"就只会有贫穷、极端贫困的普遍化；而在极端贫困的情况下，必须重新开始争取必需品的斗争，全部陈腐污浊的东西又要死灰复燃"[①]。

也就是说，在未来的共产主义社会，社会生产力高度发达，物质财富极大丰富，社会财富的一切源泉都会充分涌流，每个人都可以按照"各尽所能，按需分配"的原则享受到多种多样的物质产品。先进发达的社会生产力和极为丰富的物质财富，保证人们获得充足的生产、生活资料，保证能够消灭贫穷贫困，在全社会实现每个人的普遍富裕和普遍幸福，进而发展每个人的兴趣爱好和全面能力，从而实现每个人的"自由个性"和自由全面发展。

---

① 《马克思恩格斯选集》第1卷，人民出版社，2012，第166页。

2.未来社会是人的精神境界极大提高的社会

马克思主义认为,未来的共产主义社会代替资本主义社会,是人类社会发展的必然趋势。社会存在决定社会意识,生产力决定生产关系,经济基础决定上层建筑,一定的经济结构、政治结构和社会结构会在人们的思想观念上有所反映,即表现为思想上层建筑和政治上层建筑。建立在高度发达的社会生产力和极为丰富的物质财富基础上的未来共产主义社会,意味着一种全新的生产资料公有制的全面建立,也意味着与传统的资本主义生产资料私人占有制进行彻底决裂,那么也必然意味着会与传统的资本主义私有观念进行彻底决裂,形成与生产资料公有制相适应的共产主义观念、道德、文化和精神境界,人们的道德观念将不再打上生产资料私有制和阶级对立的印记,而真正成为符合人的本性的道德。

在未来的共产主义社会,全体社会成员普遍具有高度的思想觉悟和道德品质,人们的精神境界极大提高,完全超越了"资产阶级权利的狭隘眼界",从而成为具有高尚情操和优秀品德的新人。未来共产主义社会的这种观念、道德、文化和精神境界的形成,归根结底是由高度发达的社会生产力和极为丰富的物质财富所决定的,是由伴随着社会生产力巨大发展基础上的共产主义新型社会经济关系的建立而逐渐形成的。

3.未来社会是高度社会化大生产的社会

众所周知,马克思、恩格斯是从资本主义社会的现实矛盾出发来预见和建构未来社会即共产主义社会的发展方向的,认为未来的共产主义社会"是在资本主义时代的成就的基础上"的一种"自然过程的必然性"。他们指出,资本主义制度的一大弊端就是资本家尽可能多地榨取工人创造的剩余价值,社会生产在整体上是处于一种无政府状态,从而造成了社会资源配置的极大浪费。他们通过深入研究资本积累及其运行的规律,认为资本在积累和运行过程中形成的垄断,越来越成为日益社会化的大生产和社会生产力发展的桎梏,当生产资料的集中程度和劳动的社会化程度达到与"资本主义外壳"不能相容的地步时,资本主义"这个外壳就要炸毁了。

资本主义私有制的丧钟就要敲响了，剥夺者就要被剥夺了"①。

因此，他们设想当资本主义社会发展到完成对极少数垄断生产资料的资本家的"被剥夺"之后，整个社会就会成为一座建立在生产资料公有制基础上的"大工厂"，而且"一旦社会占有了生产资料，商品生产就将被消除"，整个人类社会的经济活动就犹如一个"大工厂"，全社会的生产资料将直接地按照人的需要进行计划配置，社会化的人和联合起来的生产者将按照整个社会的要求自觉地组织生产，"按照总的计划组织全国生产，从而控制全国生产"②。恩格斯说："这种新的社会制度首先必须剥夺相互竞争的个人对工业和一切生产部门的经营权，而代之以所有这些生产部门由整个社会来经营，就是说，为了共同的利益、按照共同的计划、在社会全体成员的参加下来经营。这样，这种新的社会制度将消灭竞争，而代之以联合。……私有制也必须废除，而代之以共同使用全部生产工具和按照共同的协议来分配全部产品，即所谓财产共有。"③

4. 未来社会是最终废除所有制的社会

马克思、恩格斯认为，资本主义现代化运动一方面创造了高度发达的社会生产力和极为丰富的物质财富，另一方面又造成了现实社会的贫富分化和出现了工人阶级与资产阶级的根本对立，根源就在于资本主义生产资料的私人所有制。因此，未来共产主义社会与资本主义社会"具有决定意义的差别当然在于，在实行全部生产资料公有制（先是国家的）基础上组织生产"④，"共产党人可以把自己的理论概括为一句话：消灭私有制"⑤。所以，消灭生产资料私有制、建立生产资料公有制是未来社会主义、共产主义社会的经济基础，是消灭剥削、消除贫富两极分化、达到普遍富裕的先决条件。马克思、恩格斯明确提出，"废除私有制甚至是工业发展必然

---

① 《资本论》第1卷，人民出版社，1975，第831—832页。
② 《马克思恩格斯选集》第2卷，人民出版社，1972，第379页。
③ 《马克思恩格斯选集》第1卷，人民出版社，1995，第237页。
④ 《马克思恩格斯选集》第4卷，人民出版社，2012，第601页。
⑤ 《马克思恩格斯选集》第1卷，人民出版社，1995，第286页。

引起的改造整个社会制度的最简明扼要的概括。所以共产主义者完全正确地强调废除私有制是自己的主要要求"①，而无产阶级革命的目的和结果就是要"取得国家政权，并且首先把生产资料变为国家财产"②，建立生产资料公有制的社会主义制度。

未来共产主义社会消灭了生产资料私有制，不再区分剥削者和劳动者，每个人都是光荣的劳动者，劳动成为每个人的需要，也就消灭了少部分人因为占有生产资料而剥削大部分人的现象，在分配制度上将实现根本性变革，即各尽所能，按需分配。也就是说，生产资料公有制是未来共产主义社会制度的一个基本特征，它保证和支持人民真正当家作主，所有的人都能全面地发展自己的能力，都能健康地工作、生活富裕和实现"自由个性"。"我们的目的是要建立社会主义制度，这种制度将给所有的人提供健康而有益的工作，给所有的人提供充裕的物质生活和闲暇时间，给所有的人提供真正的充分的自由。"③

5. 未来社会是真正实现社会平等的社会

马克思、恩格斯认为，在未来的共产主义社会，由于社会生产力高度发达和物质财富极大丰富、人的精神境界极大提高，因此能够保障每一个人的物质需要和精神需要都得到相应的满足。由于全体社会成员的根本利益是一致的，社会不会再因为经济利益的不同而划分为不同的社会集团，社会分工也不再具有经济利益划分的性质，因而人与人之间也不再因为对立、剥削与压迫而进行相互间的斗争，因此阶级与阶级差别也将最终走向消灭，阶级剥削与压迫也就没有了，阶级冲突和阶级斗争也就没有了。既然阶级、阶级差别、阶级剥削和阶级斗争都已经不复存在，那么作为阶级统治的工具——国家也将"完成任务"而退出历史舞台，自行走向消亡，军队、警察、监狱等将失去政治上层建筑的社会作

---

① 《马克思恩格斯选集》第1卷，人民出版社，1995，第237—238页。
② 《马克思恩格斯选集》第3卷，人民出版社，2012，第812页。
③ 《马克思恩格斯全集》第21卷，人民出版社，1965，第570页。

用，通通进入历史博物馆。

在这个进程中，人们将逐步实现真正的社会平等，尤其是在共产主义社会高级阶段，"在迫使个人奴隶般地服从分工的情形已经消失，从而脑力劳动和体力劳动的对立也随之消失之后；在劳动已经不仅仅是谋生的手段，而且本身成了生活的第一需要之后；在随着个人的全面发展，他们的生产力也增长起来，而集体财富的一切源泉都充分涌流之后，——只有在那个时候，才能完全超出资产阶级权利的狭隘眼界，社会才能在自己的旗帜上写上：各尽所能，按需分配"[①]！在共产主义社会高级阶段，社会生产力高度发达，物质财富极大丰富，人们的文化水平和精神境界极大提高，生产资料归全社会所公有，工农差别、城乡差别、脑力劳动与体力劳动的差别将彻底消失，全体社会成员都作为劳动者各尽所能地从事生产劳动，全社会也得以"按需分配"劳动产品，每一个人都能真正平等地享有充裕的物质财富和发达的精神生活，从而实现每一个人的"自由个性"和自由全面发展。

6. 未来社会是每个人自由全面发展的社会

马克思、恩格斯认为，在未来共产主义社会，人们将逐渐彻底摆脱由于社会分工而存在的"奴隶般服从于分工"的状态，不再因为谋生而不得不参与不符合"人的本性"、单调乏味、无可奈何的社会活动和工作，每一个人的劳动都将是自觉自愿的活动，因而成为体现人的本质力量的活动，成为展示人的创造力和人的特性的活动，成为体现人的尊严与价值的活动，因而也成为人的"第一需要"的活动。同时，由于人的各种素质和劳动生产率极大提高，人的自由时间也空前增加，人与人之间不但可以自由转换劳动的方式，而且有充足的闲暇时间从事自己喜爱的活动，每个人都不再因为外在的社会分工而成为"单向度的人"，而是实现每个人的自由全面发展。

[①] 《马克思恩格斯选集》第3卷，人民出版社，2012，第364—365页。

马克思、恩格斯把"人的自由全面发展"看作是未来共产主义社会的出发点和最终归宿，是未来共产主义社会的发展过程，是社会发展过程与社会发展归宿的有机统一。每个人的自由全面发展成为一切人自由全面发展的条件，是"一个更高级的、以每个人的全面而自由的发展为基本原则的社会形式"①，而"任何人的职责、使命、任务就是全面地发展自己的一切能力"②。马克思、恩格斯曾用非常形象的语言，生动地描述了共产主义社会"每个人自由全面发展"的这种情景："在共产主义社会里，任何人都没有特殊的活动范围，而是都可以在任何部门内发展，社会调节着整个生产，因而使我有可能随自己的兴趣今天干这事，明天干那事，上午打猎，下午捕鱼，傍晚从事畜牧，晚饭后从事批判，这样就不会使我老是一个猎人、渔夫、牧人或批判者。"③

7. 未来社会是"自由人的联合体"的社会

如果说每个人的自由全面发展是马克思、恩格斯设想的未来共产主义社会的出发点和最终归宿，那么"自由人的联合体"则是马克思、恩格斯所设想的未来社会的理想模式。每个人的自由全面发展是相对于个体、个人而言的，所谓"自由人的联合体"则是相对于群体、社会而言的。在标志着马克思主义诞生的经典文献——《共产党宣言》中，马克思、恩格斯明确指出："代替那存在着阶级和阶级对立的资产阶级旧社会的，将是这样一个联合体，在那里，每个人的自由发展是一切人的自由发展的条件。"这与马克思、恩格斯所得出的关于对"人的本质"的科学认识是相互统一的。他们认为："人的本质不是单个人所固有的抽象物，在其现实性上，它是一切社会关系的总和。"

人的本质存在于现实的经济、政治、文化、社会等多种关系之中，国家、市民社会、法的基础也存在于经济、政治、文化、社会等关系之中。

---

① 《资本论》第1卷，人民出版社，1975，第649页。
② 《马克思恩格斯全集》第3卷，人民出版社，1960，第330页。
③ 《马克思恩格斯选集》第1卷，人民出版社，2012，第165页。

他们通过系统分析资本主义生产关系中的人的劳动及其生产关系性质，深入批判了资本主义制度所造成的人性异化和不自由及其形成原因，系统阐述了扬弃"人的异化"的目标和途径。

通过揭示劳动与生产的关系，马克思、恩格斯深刻阐发了关于人的理解包括对人性、人的存在、人的本质、人与自然的关系、人的解放及其途径等，以复归人的本性、全面占有人的本质为尺度，科学揭示了每个人的"自由个性"的实现与"自由人的联合体"这种未来理想社会模式之间存在着的内在联系。在资本当道的资本主义社会，劳动者归属于资本，是资本的附属物，永远是孤立的附属品，只有出卖劳动的自由，所谓"自由"只属于那些占有生产资料的少数资本家，劳动者的自由本性被异化被剥夺。只有在以生产资料社会共有的共产主义社会，每个人的"自由个性"的发展和实现才能以"自由人的联合体"这样一种理想社会模式为根基，每个人的自由全面发展与一切人的自由全面发展之间成为相辅相成、相互支撑的互为条件，从而使每个人的自由全面发展与社会发展之间建立起一种真正平等、相互的内在联系，每个人的自由全面发展都促进社会发展，而社会发展反过来又为每个人的自由全面发展提供社会条件和社会保障。

8. 未来社会是实现了"两大和解"的社会

马克思主义的一个核心命题，就是实现全世界无产阶级和全人类的彻底解放。马克思、恩格斯认为，未来的共产主义社会是人类社会发展的最高级社会形态和最高境界，是真正和谐美好、普遍幸福的社会。未来的共产主义社会不仅将实现人与人之间的和谐、人与社会之间的和谐和社会内部的和谐，而且将实现人与自然、社会与自然之间的和谐，是实现了"人类与自然的和解"与"人类本身的和解"即"两大和解"的社会。也就是人与自然之间、人与人之间两大矛盾都得到真正解决的社会。

所谓"人与自然的和解"，并不是指人类要放弃对自然界的改造和利用，像动物一般被自然界所完全支配，而是指人类将能够更加全面和深刻地认识自然界的发展规律，更加尊重自然、顺应自然、保护自然，以一种合乎自然界发展规律、合乎人类幸福生活和以创造美的方式来改造和利用自然的实践方式，将人类自己的目的和需求灌注于适应自然、改造自然的社会实践活动之中，做到真理尺度和价值尺度相统一、科学性与价值性相统一、合规律性与合目的性相统一。

马克思、恩格斯曾非常深刻地阐发了实现这种"两大和解"的理想社会状态，即"社会化的人，联合起来的生产者，将合理地调节他们和自然之间的物质变换，把它置于他们的共同控制之下，而不让它作为盲目的力量来统治自己；靠消耗最小的力量，在最无愧于和最适合于他们的人类本性的条件下来进行这种物质变换"[1]。也就是说，在实现了"两大和解"的理想社会状态，人类能够正确地认识和运用自然界的发展规律，合理地调节人和自然之间的物质变换，仅靠消耗最小的自然资源，就能"在最无愧于和最适合于他们的人类本性的条件下来进行这种物质变换"。

这种理想社会状态，就人与自然的关系而言，人类"将合理地调节他们和自然之间的物质变换，把它置于他们的共同控制之下，而不让它作为盲目的力量来统治自己"。这种人与自然的关系，体现了"人与自然之间矛盾的真正解决"即"人与自然的和解"。就人与社会的关系而言，则能够"靠消耗最小的力量，在最无愧于和最适合于他们的人类本性的条件下来进行这种物质变换"。

这种人与社会的关系，体现了"人与人之间矛盾的真正解决"即"人类本身的和解"，一方面人类社会消除了造成人类社会不和谐的异化劳动的根源——资本主义私有制和不平等的社会分工，使"异化劳动"转变为"自由劳动"，另一方面人类消除了"虚假的共同体"而建立了"真实的共同体"，个人与社会之间不再相互对立，人成为完整的人、真正的人、自由的人，社会成为"自由人的联合体"，"以每个人的全面而自由的发展为基本原则"[2]，正如马克思、恩格斯所指出的，是"社会化的人，联合起

---

[1] 《资本论》第3卷，人民出版社，1975，第926—927页。
[2] 《马克思恩格斯全集》第23卷，人民出版社，1972，第649页。

来的生产者"。

马克思说:"共产主义是私有财产即人的自我异化的积极的扬弃,因而是通过人并且为了人而对人的本质的真正占有;因此,它是人向自身、也就是向社会的即合乎人性的人的复归,这种复归是完全的复归,是自觉实现并在以往发展的全部财富的范围内实现的复归。这种共产主义,作为完成了的自然主义,等于人道主义,而作为完成了的人道主义,等于自然主义,它是人和自然界之间、人和人之间的矛盾的真正解决,是存在和本质、对象化和自我确证、自由和必然、个体和类之间的斗争的真正解决。"①

(二)中华文明的思想精髓与马克思主义相契合

中国特色社会主义进入新时代以来,以习近平同志为核心的党中央高度重视继承弘扬中华优秀传统文化,深入挖掘中华文明的思想精髓,发表了一系列关于中华文明的思想精髓和中华优秀传统文化的重要论述,始终要求坚持马克思主义基本原理与中国具体实际相结合、与中华优秀传统文化相结合。党的二十大报告进一步提出,要把马克思主义思想精髓同中华优秀传统文化精华贯通起来、同人民群众日用而不觉的共同价值观念融通起来,不断赋予科学理论鲜明的中国特色。这是马克思主义基本原理与中华优秀传统文化相结合的具体要求和具体体现。

1.新时代习近平关于中华文明的思想精髓的重要论述

中华文明源远流长,中华优秀传统文化博大精深。中华文明和中华优秀传统文化根植于中华民族几千年的历史发展和传统农耕社会之中,对宇宙、对天下、对社会、对人生有着深邃的哲学思考和系统探索,创造了丰富的文明成果和智慧结晶。中华优秀传统文化是中华文明的重要内容和重要组成部分,尤其是其中蕴含的宇宙观、天下观、社会观、道德观是中华文明的思想精髓。

---

① 《马克思恩格斯文集》第1卷,人民出版社,2009,第185页。

早在2013年8月19日的全国宣传思想工作会议上，习近平就鲜明地提出了"四个讲清楚"，其中就隐含有要讲清楚中华文明的思想精髓的指向要求。2014年2月24日，在主持中国共产党第十八届中央政治局第十三次集体学习时，在"四个讲清楚"的基础上，习近平再次提出要讲清楚中华优秀传统文化的历史渊源、发展脉络、基本走向，讲清楚中华文化的独特创造、价值理念、鲜明特色，增强文化自信和价值观自信。要认真汲取中华优秀传统文化的思想精华和道德精髓，大力弘扬以爱国主义为核心的民族精神和以改革创新为核心的时代精神，深入挖掘和阐发中华优秀传统文化讲仁爱、重民本、守诚信、崇正义、尚和合、求大同的时代价值，使中华优秀传统文化成为涵养社会主义核心价值观的重要源泉。要处理好继承和创造性发展的关系，重点做好创造性转化和创新性发展。这些重要论述，尽管没有直接提出中华文明的宇宙观、天下观、社会观、道德观，但"四个讲清楚"和"讲仁爱、重民本、守诚信、崇正义、尚和合、求大同"等内容，已经涉及中华文明的宇宙观、天下观、社会观、道德观的具体内涵。

2014年5月4日，在谈到广大青年要自觉践行社会主义核心价值观时，习近平系统阐发了提倡和弘扬社会主义核心价值观要从中华优秀传统文化中汲取丰富营养，并系统阐发了中华优秀传统文化的丰富内容。他说道，比如中华文化强调"民惟邦本""天人合一""和而不同"；强调"天行健，君子以自强不息""大道之行也，天下为公"；强调"天下兴亡，匹夫有责"，主张以德治国、以文化人；强调"君子喻于义""君子坦荡荡""君子义以为质"；强调"言必信，行必果""人而无信，不知其可也"；强调"德不孤，必有邻""仁者爱人""与人为善""己所不欲，勿施于人""出入相友，守望相助""老吾老以及人之老，幼吾幼以及人之幼""扶贫济困""不患寡而患不均"；等等。这些重要讲话虽然没有直接提到中华文明的宇宙观、天下观、社会观、道德观，但这些优秀思想都涉及中华文明的宇宙观、天下观、社会观、道德观的具体内涵。习近平还指出："像这样的思想和理念，不论过去还是现在，都有其鲜明的民族特色，都有其永不褪色的时代价值。这些思想和理念，既随着时间推移和时代变迁而不断与时俱进，又有其自身的连续性和稳定性。"[①]

2014年5月15日，在中国国际友好大会暨中国人民对外友好协会成立60周年纪念活动上的讲话中，习近平明确提出了中华文明的宇宙观、国际观、社会观和道德观。他说："中华文化崇尚和谐，中国'和'文化源远流长，蕴含着天人合一的宇宙观、协和万邦的国际观、和而不同的社会观、人心和善的道德观。"国际观与天下观虽然文字表达不同，但实际上是一个意思，"国际观"是世界用语，"天下观"是中国用语。

2022年5月27日，中国共产党第十九届中央政治局就深化中华文明探源工程进行第三十九次集体学习。习近平在主持学习中指出，中华文明源远流长、博大精深，是中华民族独特的精神标识，是当代中国文化的根基，是维系全世界华人的精神纽带，也是中国文化创新的宝藏。在这一次重要讲话中，习近平第一次明确地把中国人的宇宙观、天下观、社会观、道德观作为中华文明的人文底蕴和理论支撑，系统地阐发了中华文明的发展历程、丰富内涵、重大意义。

习近平指出，在漫长的历史进程中，中华民族以自强不息的决心和意志，筚路蓝缕，跋山涉水，走过了不同于世界其他文明体的发展历程。中华文明是人类历史上唯一一个绵延五千多年至今未曾中断的文明。在中华文明起源和发展的历史脉络中，中国人民创造了璀璨夺目的中华文明，为人类文明进步事业作出了重大贡献。中华文明积淀着中华民族最深层的精神追求，代表着中华民族独特的精神标识，蕴含着全人类共同价值的文明基因，为中华民族生生不息、发展壮大提供丰厚滋养。他认为，中华优秀传统文化是中华文明的智慧结晶和精华所在，是中华民族的根和魂，是中华民族在世界文化激荡中站稳脚跟的根基。

[①] 《习近平谈治国理政》，外文出版社，2014，第171页。

在这一重要讲话中，习近平明确要求要把中华文明起源研究同中华文明特质和形态等重大问题研究紧密结合起来，深入研究阐释中华文明起源所昭示的中华民族共同体发展路向和中华民族多元一体演进格局，研究阐释中华文明讲仁爱、重民本、守诚信、崇正义、尚和合、求大同的精神特质和发展形态，阐明中国道路的深厚文化底蕴。对中华传统文化，要坚持古为今用、推陈出新，继承和弘扬其中的优秀成分；要建立中国特色、中国风格、中国气派的文明研究学科体系、学术体系、话语体系，为人类文明新形态实践提供有力理论支撑；要坚持把马克思主义基本原理同中国具体实际相结合、同中华优秀传统文化相结合，不断推动马克思主义中国化时代化；要坚持守正创新，推动中华优秀传统文化同社会主义社会相适应，展示中华民族的独特精神标识，更好构筑中国精神、中国价值、中国力量；要立足中国大地，讲好中华文明故事，向世界展现可信、可爱、可敬的中国形象，讲清楚中国是什么样的文明和什么样的国家，讲清楚中国人的宇宙观、天下观、社会观、道德观，展现中华文明的悠久历史和人文底蕴，促使世界读懂中国、读懂中国人民、读懂中国共产党、读懂中华民族。

中国共产党的二十大报告进一步阐发了中华文明的智慧结晶及其蕴含的宇宙观、天下观、社会观和道德观："中华优秀传统文化源远流长、博大精深，是中华文明的智慧结晶，其中蕴含的天下为公、民为邦本、为政以德、革故鼎新、任人唯贤、天人合一、自强不息、厚德载物、讲信修睦、亲仁善邻等，是中国人民在长期生产生活中积累的宇宙观、天下观、社会观、道德观的重要体现，同科学社会主义价值观主张具有高度契合性。"这一重要论断，与党的十八大以来提出的"讲仁爱、重民本、守诚信、崇正义、尚和合、求大同"等精神特质，既一脉相承又赋予了新内涵新表达。

综合新时代习近平关于中华文明的宇宙观、天下观、社会观、道德观的一系列重要论述，可以把中华文明的宇宙观表述为"天人合一、生生不息、和谐共生",天下观表述为"天下为公、讲信修睦、亲仁善邻",社会观表述为"民为邦本、革故鼎新、任人唯贤",道德观表述为"自强不息、厚德载物、为政以德"。中华文明的思想精髓尤其是其中所蕴含的宇宙观、天下观、社会观、道德观,与马克思主义基本原理具有高度契合点,实现其创造性转化和创新性发展,不仅有助于深入认识中华文明所蕴含的思想观念、人文精神和道德规范,继承弘扬中华优秀传统文化,而且有助于为中国式现代化提供文化根基和历史依托,为人类文明新形态提供文明底蕴和历史自信。

2.中华文明的宇宙观与马克思主义宇宙观相契合

南宋哲学家陆九渊说:"四方上下曰宇,往古来今曰宙。"[1]宇宙最早作为时空概念,主要表达的是人类对于"时间"和"空间"的探索与追求。庄子认为,时空具有"无限性"和"广域性"特征:"有实而无乎处者,宇也;有长而无本剽者,宙也。"(《庄子·庚桑楚》)"宇宙"二字最早连用,见于《庄子·齐物论》:"旁日月,挟宇宙,为其吻合。"而关于宇宙从何而来、如何开始、走向何处等问题,始终是人们关心和探索的问题。史蒂芬·霍金说:"导致我研究宇宙学和量子理论的动机的问题:宇宙从何而来?它为什么,并怎么样开始的?它会有末日吗?如果有的话,会发生什么?这些是我们大家都感兴趣的问题。"[2]对于宇宙起源和发生的探索,不仅是自然科学要研究的问题,也是文化哲学持续关注的命题。康德在《宇宙发展史概论》中说过:"我认为,在人们研究的各种自然物的起源中,宇宙体系的起源、天体的产生及其运动的原因是人们可望首先得到彻底而正确的认识的。"[3]

正是基于人们长期对于宇宙的理论研究和实践探索形成了"宇宙观"。所谓宇宙观,是人们在探索宇宙起源、生成、结构及其规律的过程中所形

---

[1] 陆九渊:《陆九渊集》,中华书局,1980,第273页。
[2] 史蒂芬·霍金:《时间简史》,湖南科学技术出版社,1996,第6页。
[3] 康德:《宇宙发展史概论》,上海人民出版社,1972,第16页。

成的关于宇宙的基本观点和态度。不同的哲学形态具有不同的宇宙观，它是人们理解自然环境、历史存在、生命系统和生活世界的思想观念，是人类文明的"形而上"。

在关于"宇宙"的探索和认识过程中，中西方形成了不同的观点，西方始于宇宙原子旋涡生成论，中国则以"气"作为"宇宙"的物质基原。中国人的宇宙观是建立在对时空、天地、自然、万物等的系统探索中形成的。中国传统的宇宙观，不仅在自然哲学或者科技哲学意义上探索"宇宙"的时空存在，而且更多地在文化哲学的意义上探讨天人关系、天地关系、生命与自然的关系等，形成了"天道—地道—人道"一体的统一、"物质世界与精神世界"相融相通、独具中国特色的宇宙观。贺麟先生曾说，这种宇宙观所表现出来的是一种"精神的自然主义"或"自然的精神主义"[1]。

中国人理解的"宇宙"，起源于阴阳未分的混沌之气，代表性观点就是道家老子所谓的"道"论和儒家所谓的"太极"。道家认为，宇宙的"生气"建立在"道"的基础上，即"道生一、一生二、二生三、三生万物"。有了"道"以后，"天得一以清，地得一以宁，神得一以灵，谷得一以盈，万物得一以生，侯王得一以为天下贞"（《道德经·第三十九章》）。"一"即所谓的"道"[2]。儒家认为，宇宙和万物衍化的方式为"'易'有太极，是生两仪，两仪生四象，四象生八卦，八卦定吉凶，吉凶生大业"（《易传·系辞传上》）。正是因为中华文明建立在宇宙起源论的独特理解之上，"宇宙"概念在中国的传统语境中属于一个多元的存在，不仅属于自然存在，还饱含精神特质，特别是以"价值存在"为核心，将"人间关怀"充分纳入"宇宙视野"，包含对于天道自然、生命不止、文化创生、政治伦理、安身立命等问题的深邃思考。

中华文明的宇宙观属于整体的、生命的、有机的宇宙观。英国科学史

---

[1] 贺麟：《贺麟选集》，吉林人民出版社，2005，第272页。
[2] 陈鼓应：《老子注译及评介》，中华书局，1984，第232—233页。

家李约瑟曾说:"当希腊人和印度人很早就仔细地考虑形式逻辑的时候,中国人则一直倾向于发展辩证逻辑。与此相应,在希腊人和印度人发展机械原子论的时候,中国人则发展了有机宇宙的哲学。"①在"有机宇宙的哲学"中,中华文明的宇宙观蕴含了"天道—地道—人道"一体的统一、生生不息、和谐相通的基本内容。《周易》讲"有天地然后有万物,有万物然后有男女,有男女然后有夫妇,有夫妇然后有父子,有父子然后有君臣,有君臣然后有上下,有上下然后礼义有所错"。所谓天地、万物、人类、礼仪,乃融为一体,认为"天道"(宇宙规律、自然法则)与"人道"(人类社会准则)存在着必然的密切联系,形成了"天人合一"的重要思想。"天地合而万物生,阴阳接而变化起。"(《荀子·礼论》)"宇宙"又是一个生命弥漫、变化不止、有机和谐的存在。所以,中华文明的宇宙观呈现出"天人合一""生生不息""和谐共生"的思维特征和思想观念。

一是"天人合一"。"天"作为理解"宇宙"内涵的最重要概念,在中国的传统哲学语境中内涵极为丰富。"中国哲学史上的'天',有多重含义,有宗教神性意义的、权威主宰的、富有人间的'天',有作为人与万物的创生源头的'天',有道德化的义理之天,有自然之'天',有代表偶然性的命运之'天'等。"②因此,"天"作为宇宙的重要构成,其大无外,其小无内,不仅与自然有密切联系,而且与人类生活秩序也密切相关。

"天人合一"的思想最早源于商代的占卜,以为上天有神的意志,主宰天地万物,所以凡事要向"天"卜问凶吉。正如《周易》说:"夫大人者,与天地合其德,与日月合其明,与四时合其序,与鬼神合其吉凶,先天而天弗违,后天而奉天时。"这里所讲的就是"天人合一"的思想。儒家思想家孟子首先提出"天人合一"的思想:"尽其心者,知其性也。知其性,则知天矣。存其心,养其性,所以事天也。夭寿不贰,修身以俟之,所以立命也。"(《孟子·尽心上》)《中庸》也说:"能尽人之性,则

---

① 李约瑟:《中国科学技术史》第3卷,科学出版社,1978,第337页。
② 转引自刘军平:《"天下"宇宙观的衍变及其哲学意蕴》,《文史哲》2004年第6期。

能尽物之性；能尽物之性，则可以赞天地之化育，则可以与天地参矣。"（《中庸·第二十二章》）"天"和"人"有了紧密关系，"天"就已不仅仅是自然存在，而是承载着人类生存的各种法则要求和生活期盼。"天地自然在昼夜运转着、变化着、更新着，人必须采取同步的动态结构，才能达到与整个自然和宇宙相同一，这才是'与天地参'，即人的身心、社会群体与天地自然的同一，亦即'天人合一'。"①

早在董仲舒的思想中就明确包含"天人合一"的观念，认为"天亦有喜怒之气，哀乐之心，与人相副。以类合之，天人一也。春，喜气也，故生；秋，怒气也，故杀；夏，乐气也，故养；冬，哀气也，故藏。四者，天人同有之，有其理而一用之。与天同者大治，与天异者大乱，故为人主之道，莫明于在身之与天同者而用之，使喜怒必当义而出，如寒暑之必当其时乃发也，使德之厚于刑也，如阳之多于阴也"（《春秋繁露·阴阳义》）。

张载最早提到"天人合一"的概念："儒者则因明致诚，因诚致明，故天人合一，致学而可以成圣，得天而未始遗人。"（《正蒙·乾称》）"天道"与"人道"合二为一，无法相互分离。朱熹更是认为"天即人，人即天，人之始生，得之于天也。既生此人，则天又在人矣"（《朱子语类·卷一九》）。"人道"可以充分实现"天道"的要求，圣人可以完全体现"天道"。在两者的具体关系上，"天道与人道，实一以贯之。宇宙本根，乃人伦道德之根源；人伦道德，乃宇宙本根之流行发现"②。儒家还在"天道"与"人道"的统一中，充分将"天地之道"内化为"人类之德"，逐步实现修身、齐家、治国、平天下的国家治理目标。

"天人合一"的思想观念是中国传统宇宙观的核心命题。国学大家钱穆先生在晚年认为"'天人合一'论，是中国文化对人类最大的贡献"。正是因为"天"与"人"的内在必然关系，所以应该充分重视"天"的自

---

① 李泽厚：《华夏美学》，天津社会科学院出版社，2001，第112页。
② 张岱年：《中国哲学大纲》，中国社会科学出版社，1982，第173页。

然、社会和道德价值，给予尊重和敬畏，并更好地顺应与保护，以求更好地实现"天"与"人"的和谐与统一。《中华思想大辞典》说："主张'天人合一'，强调天与人的和谐一致是中国古代哲学的主要基调。"今天我们仍然需要将"天人合一"的"基调"更好地传承与践行。

二是"生生不息"。中国传统宇宙观是在"气化"中以"生生"为核心价值的生命宇宙观，宇宙的"气化流行"是持续永久和生生不息的，万物也不断孕育、生长和繁殖，永不停息。"生生"包括三层含义，即宇宙的创生孕育、宇宙的变动流行和宇宙生命的无限生机，在"生生"中体现宇宙及万物生成变化的不同样态和有机过程。西方宇宙观则主张"万物无生论"，认为物质和生命相分离，属于机械宇宙观。而中国人的宇宙观对于生命存在及其价值意义进行了更深入的思考，认为天地所内含的"生养大德"无穷无尽。正如朱熹讲：天地"别无所为。只是生物而已，亘古亘今，生生不穷。"（《朱子语类·卷五十三》）

"生生不息"的思想观念渊源甚早，"天地之大德曰生"（《易传·系辞传下》），"生生之谓易"（《易传·系辞传上》）。张载解释说："天地之大德曰生，则以生物为本者，乃天地之心也。"（《横渠易说》）"创化生命"是天地的本性，"生生不息"是天地的性质，"生生之道"是宇宙运行的基本法则，生化万物、创生不已是中华文明宇宙观的重要内容。孔子说："天何言哉？四时行焉，百物生焉。"（《论语·阳货》）所谓"天道"，本身就蕴含着四时运行和万物生成。周敦颐说："二气交感，化生万物。万物生生而变化无穷焉。"（《太极图说》）戴震讲："道，犹行也；气化流行，生生不息，是故谓之道。"（《孟子字义疏证·道》）"宇宙"在"生生不息"与"变化无穷"中促进万物生长。"宇宙是一个包罗万象的广大生机，是一个普遍弥漫的生命活力，无一刻不在发育创造，无一处不在流动贯通。"①

---

① 方东美：《生生之美》，北京大学出版社，2009，第120页。

"生生不息"不仅存在于自然万物，更存在于政治伦理与人际关系中，天地、自然、政治、仁义、道德等都处在"生生"之中。朱熹说"生底意思是仁"（《朱子语类》），认为"生生"具有儒家"仁"的基本特质。《周易》卦辞"元、亨、利、贞"含有"生生"和"仁德"相统一的"天人合一"的思想。程颐也说："乾，天也。……元亨利贞谓之四德。元者万物之始，亨者万物之长，利者万物之遂，贞者万物之成。"元、亨、利、贞分别对应事物的初始、成长、收获和收藏，即一年的春夏秋冬。《周易》还讲"元者，善之长也；亨者，嘉之会也；利者，义之和也；贞者，事之干也。君子体仁足以长人，嘉会足以合礼，利物足以和义，贞固足以干事。君子行此四德者，故曰：乾，元亨利贞"。元、亨、利、贞又与君子四德相匹配，充分展现了"生生"的社会价值和伦理意义。

　　在宇宙空间中，万物并生，盎然生机，"生生不息"成为宇宙运行的重要之"道"。既然自然万物、人类社会、伦理道德都处于"生生"之中，那么就需要构建起关于"生生"的系统认识和日常运用。尊重生命价值、激发创造活力、生发伦理德性，为现代自然发展与人类社会兴盛提供价值资源。

　　三是"和谐共生"。在中国传统哲学中，"和"的思想至关重要。"和"与"中"、"中合"、"太和"等，都含有"和谐"的意思。词源上讲，"和"的概念出自音乐（龢）和饮食（盉），与早期的巫觋、祭祀和礼乐文化直接相关。从音乐和饮食延伸出去，其内容逐步丰富和扩大。"音乐之所由来者远矣。生于度量，本于太一。太一出两仪，两仪出阴阳。阴阳变化，一上一下，合而成章。"（《吕氏春秋·大乐》）墨子说："刑政治，万民和，国家富，财用足。"[1] 孟子言："天时不如地利，地利不如人和。"[2]"和谐"概念最早从"礼乐和谐"中引申出来，拓展到政治、社会、文化和伦理等更多领域，最终在处理人与自然、人与社会、人与人，以及人与

---

[1] 吴毓江、孙启治：《墨子校注》，中华书局，2006，第298页。
[2] 杨伯峻：《孟子译注》，中华书局，2005，第86页。

自身的关系中形成了系统的"和谐"思想。

"万物负阴而抱阳，冲气以为和。"[①]中国传统宇宙观所理解的"宇宙"，不仅是"生生"的宇宙，还是"和谐"的宇宙。《中庸》讲"致中和，天地位焉，万物育焉"。"宇宙"在"生生"的"气化流行"中追求天地和万物的动态平衡与和谐一致，整个宇宙系统是井然有序、相互制约和动态平衡的有机存在。如云："人之与天地也同，万物之形虽异，其情一体也。"（《吕氏春秋》）宇宙万物虽形态各异，但是结构秩序和谐统一，其"和谐"蕴含天地的和谐、物质与精神的和谐、人与自然的和谐、生命万物的和谐等，宇宙在"和谐"中维持自然存在和人类繁衍。因为宇宙的孕育生化需要"气"来完成，并在"生生"中维持生命变化，其过程虽有"分化"存在，但必然需要"和谐"来保障。"至阴肃肃，至阳赫赫。肃肃出乎天，赫赫发乎地；两者交通成和而物生焉。"[②]

党的二十大报告指出："中国式现代化是人与自然和谐共生的现代化"，要"推动绿色发展，促进人与自然和谐共生"。"人与自然和谐共生"是中国传统宇宙观的重要内容，"自然"作为宇宙观的重要概念，在中国传统文化中得到高度重视，《道德经》强调"人法地，地法天，天法道，道法自然"。人类社会发展要尊重自然、顺应自然、敬畏自然，按照自然法则处理人与自然的关系。"不要过分陶醉于我们人类对自然界的胜利。对于每一次这样的胜利，自然界都对我们进行报复。"[③]"万物各得其和以生，各得其养以成。"（《荀子·天论》）万物的生长、繁衍有其固有的规律，更有其结构的平衡，需要维系和遵守。庄子说："天地有大美而不言，四时有明法而不议，万物有成理而不说。圣人者，原天地之美而达万物之理。是故至人无为，大圣不作，观于天地之谓也。"（《庄子·知北游》）唯有如此，才能效法天地、尊崇自然，实现人与自然的"和谐共生"。

---

① 朱谦之：《老子校释》，中华书局，1984，第175页。
② 郭庆藩：《庄子集释》，中华书局，2004，第712页。
③ 恩格斯：《自然辩证法》，人民出版社，2018，第313页。

中华文明的宇宙观深刻影响了中国人的哲学理念和思维方式，其与马克思主义宇宙观具有相通和契合之处。马克思主义宇宙观是建立在其世界观、唯物论、辩证法、历史观、实践论等基础之上的，具有客观、辩证、历史和实践等特征，特别寻求人与自然的和谐共生，追求"人与自然的和解"。马克思、恩格斯早期在《德意志意识形态》中提出"自然"是人类实践活动的物质基础，而在《反杜林论》中恩格斯则进一步提出了辩证唯物主义世界观。毛泽东在《矛盾论》中评价马克思主义宇宙观产生的历史条件时曾说："由于欧洲许多国家的社会经济情况进到了资本主义高度发展的阶段，生产力、阶级斗争和科学均发展到了历史上未有过的水平，工业无产阶级成为历史发展的最伟大的动力，因而产生了马克思主义的唯物辩证法的宇宙观。"[1]马克思主义的宇宙观与中国人的"天人合一""生生不息""和谐共生"观念相互契合，并在融合发展中深入指导中国革命、建设和改革发展。

首先，马克思主义宇宙观是指导中国革命、建设和改革的思想指南。在中国共产党成立前后，李大钊、瞿秋白、蔡和森、邓中夏、周恩来等都在斗争实践中努力用马克思主义宇宙观来观察中国革命问题，探索其规律性[2]。瞿秋白曾说："马克思主义宇宙观的基础是在于互辩法的唯物论。"[3]他首先提出马克思主义哲学最根本的任务在于"求宇宙根底"[4]，试图从马克思主义宇宙观意义上来理解马克思主义哲学本体论。艾思奇说：十月革命一声炮响，给我们送来了马克思主义，从此先进的中国人就以马克思主义宇宙观作为观察国家命运的工具[5]。毛泽东说：共产主义的宇宙观是辩证唯物论和历史唯物论[6]。他郑重宣告："我们共产党人从来不隐瞒自己

---

[1] 《毛泽东选集》第1卷，人民出版社，1991，第300页。
[2] 参见《沈宝祥论集》，人民出版社，2014，第64页。
[3] 《瞿秋白文集》第4卷，人民出版社，1993，第1页。
[4] 《瞿秋白文集》第2卷，人民出版社，1988，第310页。
[5] 参见卢国英：《智慧之路：一代哲人艾思奇》，人民出版社，2006，第874页。
[6] 《毛泽东选集》第2卷，人民出版社，1991，第688页。

的政治主张。我们的将来纲领或最高纲领,是要将中国推进到社会主义社会和共产主义社会去的,这是确定的和毫无疑义的。我们的党的名称和我们的马克思主义的宇宙观,明确地指明了这个将来的、无限光明的、无限美妙的最高理想。"[1]

邓小平运用马克思主义宇宙观和方法论,透彻地分析了中国的国情和在当代世界中的地位,提出了中国社会主义现代化建设的发展战略设计,为建设有中国特色的社会主义制定方针和政策,并对建设有中国特色的社会主义理论做了深入、系统的科学论证,提出了一系列新思想新观点新概念,在马克思主义世界观和科学社会主义基本原理上都有新的突破,实现了马克思列宁主义与中国具体实践相结合,认识和掌握中国革命和建设规律的第二次大飞跃[2]。

所以说,马克思主义宇宙观深刻影响了中国的革命建设与现代化发展,一定意义上说,中华文明的宇宙观由于根基深厚,其影响更为深远。比如"儒学宇宙观是建立在宏大道统的哲学观之上的,单从这一点来说,儒学宇宙观比马克思主义宇宙观更为宽泛,道理更为深奥,切入到了世界起源的问题"[3]。

其次,马克思主义关于人与自然关系的思想与中华文明的宇宙观相契合。马克思主义高度重视人与自然关系的和谐问题,并在"人与自然的和解"中建立未来共产主义社会,在实质上就是一种关于人与自然关系的宇宙观。

其一,马克思主义在关于人与自然关系的思想与"天人合一"具有契合之处。马克思认为人是自然界的一部分,充分肯定人与自然的天然关系。他说,"被抽象地理解的、自为的、被确定为与人分隔开来的自然界,

---

[1] 《毛泽东选集》第3卷,人民出版社,1991,第1059页。
[2] 徐琳,唐源昌:《恩格斯与现时代:兼评"西方马克思主义"和西方"马克思学"》,中国人民公安大学出版社,1994,第62页。
[3] 董爱玲:《儒学与马克思主义文化的会通与融合研究》,人民出版社,2017,第18页。

对人来说也是无"①，而"没有自然界，没有感性的外部世界，工人什么也不能创造"②。恩格斯说："我们连同我们的肉、血和头脑都是属于自然界，存在于自然界的。"③马克思在"自然生存"和"社会实践"的关系中深刻阐发了极具现实性的人与自然相统一的思想，与"天人合一"表达虽异，思想却几近同一，认为人是自然属性和社会属性的统一。

其二，马克思主义在关于人与自然关系的思想中也具有"生生不息"的思想内涵。马克思认为，自然或者宇宙本身就处于"永恒"和"无限"之中，体现着"生生"流转。"时间上的永恒性、空间上的无限性，本来就是，而且按照简单的词义也是：没有一个方向是有终点的，不论是向前或向后，向上或向下，向左或向右。"④而人的存在形态包括自然存在、类存在、社会存在、个体存在等多种形式，每一种存在形式都深刻体现了"生生不息"的存在状态。个体存在不仅是生命的有机存在，还是在现实关系中的有机存在，特别是在人与自然的交往互动中体现人和自然的共生共存、变化流转、永续活动的有机联系。"人是肉体的、有自然力的、有生命的、现实的、感性的、对象性的存在物。"⑤

其三，马克思主义关于人与自然关系的和解思想体现"和谐共生"的内涵。马克思从人的具体的、历史的实践活动出发把握人与自然的关系，并在人与人的关系把握和调整中寻求人与自然关系的和解，在和解中维持人与自然的和谐共生，并在共产主义社会实现人的自由和解放。他说："共产主义是私有财产即人的自我异化的积极的扬弃，因而是通过人并且为了人而对人的本质的真正占有；因此，它是人向自身、也就是向社会的即合乎人性的人的复归，这种复归是完全的复归，是自觉实现并在以往发展的全部财富的范围内实现的复归。这种共产主义，作为完成了的自然主

---

① 《马克思恩格斯文集》第1卷，人民出版社，2009，第220页。
② 《马克思恩格斯文集》第1卷，人民出版社，2009，第158页。
③ 《马克思恩格斯全集》第20卷，人民出版社，1971，第519页。
④ 《马克思恩格斯文集》第9卷，人民出版社，2009，第53页。
⑤ 《马克思恩格斯文集》第1卷，人民出版社，2009，第209—210页。

义，等于人道主义，而作为完成了的人道主义，等于自然主义，它是人和自然界之间、人和人之间的矛盾的真正解决，是存在和本质、对象化和自我确证、自由和必然、个体和类之间的斗争的真正解决。"

3.中华文明的天下观与马克思主义基本原理相契合

"天下观"最早源于周朝的"畿服"观，它构建了以中原文化为中土，夷、蛮、戎、狄分居东南西北的"天下局面"，"周朝创造了天下体系，试图把世界看成一个完整的政治单位去治理，而天下体系就是世界制度"①。在中国传统文化中，"天下"一词有多重含义，包括自然空间或者地理空间意义上的"天下"，也包括政治或者伦理意义上构建"大同世界"、实现"天下大治"的"天下"，还包括社会心理意义上的"得民心者得天下"的社会政治和秩序认同的"天下"概念等，基于对"天下"的认识形成了中华文明的"天下观"。

首先，中华文明的"天下观"是一种对于生存世界的自然认识，在"天—地"一体的时间与空间内人们对于宇宙、自然的理解与看法。

其次，中华文明的"天下观"代表人们希望构建的世界秩序，在"秩序世界"的系统构建中形成了关于人类、国家、社会和阶级等不同问题的认识。

再次，中华文明的"天下观"试图通过礼仪制度、道德教化等方式构建"和而不同"的社会秩序，主张"以暴易暴"的战争方式是不可取的。

最后，中华文明的"天下观"还是在"天—地—人"之间寻找精神依归和心灵安放的哲学认识。

"天下"思想是中华文明的思想精华。中华文明在观念和实践中创造了"天下"的世界图景与政治秩序。"天无私覆，地无私载，日月无私照。"（《礼记·孔子闲居》）在广域天地中，中国也成为世界中心与宇宙中央。"古代中国的'华夷'观念，至少在战国时代已经形成，那个时代，

---

① 赵汀阳：《天下体系的一个简要表述》，《世界经济与政治》2008年第10期。

也许更早些时候，中国人就在自己的经验与想象中建构了一个'天下'，他们想象，自己所在的地方是世界的中心，也是文明的中心。"[1]

中华文明的天下观正是关于"天下"的系统哲学认识和政治伦理体系，一方面努力寻求天下统一，"普天之下，莫非王土；率土之滨，莫非王臣"（《诗经·小雅》），同时还坚持"和而不同"；另一方面，在"天下观"的指导下构建社会秩序，包括"个人—社会—国家—天"的秩序建构与维系。"臣事君，子事父，妻事夫。三者顺则天下治，三者逆则天下乱，此天下之常道也。明王贤臣而弗易也。"（《韩非子·忠孝》）董仲舒说："道之大原出于天，天不变，道亦不变。""王道之三纲，可求于天。"天下观成为王朝国家、君主专制的合法性依据[2]。

美国著名汉学家约瑟夫·列文森这样指出："中国人认为中国是'天下'，而不是一个'国家'，在天下之中，没有比中国文化更高的文化形态存在。"[3]中华民族在与各民族的不断交流、融合与碰撞中，铸就了独特的文化结构与价值体系，特别是经历了与春秋时期南方楚文化、佛教文化、欧罗巴文化等的激荡融合与吸纳借鉴，不断激发中华文明的统摄力、内聚力和生命力，拥有道济天下的胸怀、民胞物与的情怀以及"天下兴亡，匹夫有责"道义观念，集中表现为以"天下为公、讲信修睦、亲仁善邻"的天下观。

一是"天下为公"。"天下为公"一词，源于《礼记·礼运》："大道之行也，天下为公，选贤与能。讲信修睦。"在中国传统文化中，"天下为公"意为大道运行的表现和要求，是天下人共同的理想和追求。古代思想家们描绘着和谐稳定、有序安宁且公正合理的社会图景，并孜孜以求，包含着多重内涵。

首先，"天下为公"意味着公平公正。"公正无私，一言而万民齐。"

---

[1] 葛兆光：《宋代"中国"意识的凸显：关于近世民族主义思想的一个远源》，《文史哲》2004年第1期。

[2] 张春林：《解构与建构：近代天下观向国家观转变历程解析》，《福建论坛（人文社会科学版）》2018年第1期。

[3] 列文森：《儒教中国及其现代命运》，中国社会科学出版社，2000，第88页。

(《淮南子·修务训》)中华文明的天下观认为执政者的言行对于治理天下至关重要,应该始终做到"公正无私",才能获得万民拥戴,实现天下和平与稳定治理。"夫有公心,必有公道;有公道,必有公制。"(《傅子·通志》)

其次,"天下"是天下人的天下,不是君主的天下。"天下,非一人之天下也,天下之天下也。阴阳之和,不长一类;甘露时雨,不私一物;万民之主,不阿一人。"(《吕氏春秋·贵公》)明代思想家黄宗羲曾严重抨击君主私天下,认为"古者以天下为主,君为客,凡君之所毕世而经营者,为天下也。今也以君为主,天下为客,凡天下之无地而得安宁者,为君也"(《明夷待访录·原君》)。真正的国君应"不以一己之利为利,而使天下受其利,不以一己之害为害,而使天下释其害",甚至要国君"以千万倍之勤劳,而己又不享其利"(《明夷待访录·原君》)。黄宗羲对"天下为公"的描写和期待,深刻影响了近代民主革命和政治发展。

再次,追求"天下为公"离不开公平公正。《吕氏春秋》专门设有《贵公》篇,曾对"天下为公"作了描述:"昔先圣王之治天下也,必先公。公则天下平矣。平得于公。尝试观于上志,有得天下者众矣,其得之以公,其失之必以偏。凡主之立也,生于公。"

最后,追求"天下为公"需要道德力量的支撑。"平出于公,公出于道。"(《吕氏春秋·大乐》)和平源于公正,公正源于道德。实现"天下为公"需要道德力量的支撑。

"大道之行,天下为公"虽然描绘的是上古的社会图景,富有一定的理想色彩,希望人与人各尽其能,各求其所,相安互助,人人都有安全和保障,但其价值理念深入人心,影响了中国历史上各阶段社会政治变革与发展。康有为说"国为公有之大义,既为天下之公理,万国所公行,苟不得者,则国民咸出死力而求必得之"(《康有为政论集·救亡论》),因而倡导建立"无邦国,无帝王,人人相亲,人人平等,天下为公,是谓大同"的理想世界。孙中山说:"真正的三民主义,就是孔子所希望的大同世界"，做到"民有、民治、民享"，"人民对于国家不止是共产，什么事都可以共的"①。"天下为公"所构建的理想目标与政治理念，更是深深影响了现代社会，具有重要的现代价值。习近平说："大道之行，天下为公。站立在九百六十多万平方公里的广袤土地上，吸吮着五千多年中华民族漫长奋斗积累的文化养分，拥有十三亿多中国人民聚合的磅礴之力，我们走中国特色社会主义道路，具有无比广阔的时代舞台，具有无比深厚的历史底蕴，具有无比强大的前进定力。"②中国特色社会主义新时代仍然应该汲取"天下为公"价值理念的思想精髓，坚持以人民为中心，发挥政治民主优势和道德教育功能，提升执政能力，巩固中国共产党的执政基础。

二是"讲信修睦"。"讲信修睦"的价值理念与"天下为公"的价值理念是相辅相成、相得益彰的，是基于"天下为公"的必然要求，唯有建立起互信和睦的社会基础，才能保证国家安宁与社会和谐，真正实现"大同世界"的理想图景。"讲信修睦"也是中国传统文化的思想精华，主张人与人之间、国与国之间相处要诚信友善，和睦共处。

"讲信修睦"一词源于《礼记·礼运》："选贤与能，讲信修睦。""讲信修睦者，讲，谈说也；信，不欺也；修，习；睦，亲也。此淳无欺，谈说辄有信也。""讲信修睦"的内涵有多种。首先，认为诚实守信是友好和睦的前提，唯有建立在互信基础上才能构筑友好和睦的关系。儒家将"信"作为人之安身立命的道德准则。孔子曰："子以四教：文、行、忠、信。"（《论语·述而》）"信"作为一个道德范畴，是"内诚于心"和"外信于人"的统一。汉代董仲舒首次将"信"列入"三纲五常"，"信"的价值更加凸显。其次，指建立在人与人之间的信任和睦。"众心成城，众口铄金。"（《国语·周语》）主张人与人之间应该友善亲和，团结和气。"吾日三省吾身：为人谋而不忠乎？与朋友交而不信乎？传不习乎？"

---

① 《孙中山选集》下卷，人民出版社，2011，第875页。
② 习近平：《决胜全面建成小康社会 夺取新时代中国特色社会主义伟大胜利——在中国共产党第十九次全国代表大会上的报告》（2017年10月18日）。

（《论语·学而》）保持人际信任与和睦，是为人处世的重要内容，包括朋友、家庭、组织等都需要建立在信任基础上才可保持友好和睦关系。最后，建立国家社会之间的信任和睦。国"无信不立"，"信"是治国理政安邦的根基。颜渊问孔子如何治理政事时，孔子回答说："足食，足兵，民信之矣。"（《论语·颜渊》）同时，国与国之间的和平友好交往同样需要以互信为基础才能建立睦邻友好关系。

"讲信修睦"是中国传统文化追求的核心价值目标之一。"福善之门莫美于和睦，患咎之首莫大于内离。"（《汉书》）当今社会和当今世界，同样需要更好地构建起人际、社会和国际的互信和睦关系。关于国与国之间的互信和睦关系，习近平在中国同中亚五国建交30周年视频峰会上的讲话中说："30年来，我们顺应潮流、讲信修睦"，"中国同中亚五国相继建立战略伙伴关系，深化政治互信、互利合作，走出了一条睦邻友好、合作共赢的新路，成为构建新型国际关系的典范"，还将"深耕睦邻友好的示范田"。习近平所阐发的国与国之间的交往理念，正是在"讲信修睦"基础上的不断发展和超越，描绘了一幅逐步实现"天下为公"的世界图景。习近平在第七十届联合国大会一般性辩论时的讲话中这样指出："我们要建立平等相待、互商互谅的伙伴关系。"

三是"亲仁善邻"。"亲仁善邻"主张与邻者亲近，与邻邦友好，是中华文明中的思想瑰宝。"亲仁善邻"之所以能成为思想瑰宝，源于其具有重要的凝聚整合作用。不论是邻里关系还是邦国关系，都需要友善和谐，在亲邻睦邻中汇聚共识和人气，形成稳定的社会关系与国际关系。"亲仁善邻"一语，出自《左传·隐公六年》："亲仁善邻，国之宝也。君其许郑。"其内涵丰富，意蕴深厚。

首先，主张以仁爱为基础塑造"邻里"关系。"仁"是中华文明中一个追求广袤而美好的思想观念。"仁者无不爱也。"（《孟子·尽心上》）"仁爱"由内而外扩展分为三个不同的层次，由"亲亲"之仁推广到"仁民"和"爱物"之仁，从而建立起人与人、人与社会、人与国家之间的

"仁爱"体系。而"孝悌也者，其为仁之本与！"（《论语·学而》）则由血亲之爱推广到邻里关系、社会关系、邦国关系，建立起和谐友善的邦邻互助体系。

其次，主张亲近邻者，守望相助。"君子义则有常，善则有邻。"（《大戴礼记·曾子立事》）"德不孤，必有邻。"（《论语·里仁》）邻里互助是中华传统美德，在邻里相助中建造和谐的邻里关系。"乡田同井。出入相友，守望相助，疾病相扶持，则百姓亲睦。"（《孟子·滕文公上》）

最后，主张善待邻国，和平友好。"亲近以来远，未有不先近而致远者也。"（《春秋繁露·王道》）中国传统文化主张国与国之间礼尚往来、友好相助、团结尊重的邦国关系。"大邦者下流，天下之牝，天下之交也。"（《道德经·第六十一章》）大国不能欺负小国，各国友好相处。

"亲仁善邻"作为安国定邦的重要国策，在古代中国的国家治理中发挥了重要作用，在当今时代依然具有重要意义和思想价值。一方面，构建我国现代人际关系需要邻里互助关系，以适应中国式现代化发展进程中从乡村向城镇化转变的发展趋势。中国古话讲"远亲不如近邻"，邻居关系有一种天然的互助关系存在，营造"出入相友，守望相助"的生活关系，互敬互让、彼此帮衬，不仅能相互解决难题，还能建立起彼此的信任与安全关系，不仅是推进社会风气积极向上的需要，也是每个人维护生存、享受和发展的需要。另一方面，构建睦邻友好的国际关系，推进世界和平与发展，是构建人类命运共同体的发展需要。中国共产党始终秉持"亲仁善邻"的价值理念并不断发扬光大，取得了显著成效。新中国成立后在20世纪50年代就提出了和平共处五项原则，促进国际关系稳定发展。习近平说："我国周边外交的基本方针，就是坚持与邻为善、以邻为伴，坚持睦邻、安邻、富邻，突出体现亲、诚、惠、容的理念。"[①]

党的二十大报告指出："我们坚定站在历史正确的一边、站在人类文

---

① 《习近平谈治国理政》第1卷，外文出版社，2018，第297页。

明进步的一边，高举和平、发展、合作、共赢旗帜，在坚定维护世界和平与发展中谋求自身发展，又以自身发展更好维护世界和平与发展。"中国在实际行动中不断传承弘扬"亲仁善邻"的文明传统。中国大力倡导建设普遍安全的世界，构建各个国家地位平等、互相尊重、互利合作、安危共担的人类命运共同体，充分体现了中华文明中"与邻为善""亲仁善邻"的价值理念和人文精神[①]。

中华文明的天下观与马克思主义全球观同样具有契合性。所谓马克思主义全球观，是指在观察、分析、解决全球社会问题与国际关系中所持有的观点立场方法。从人类社会的整体性发展来阐发全球观，是马克思主义全球观的重要特征。

其一，马克思主义在关于人类社会发展的"未来世界"构建中含有"天下为公"的含义。在《德意志意识形态》一文中，马克思和恩格斯第一次系统地表述了他们的世界历史观与全球观，他们站在全球立场审视世界与国际关系，主张打破狭隘地域性限制，使用了"世界生产""世界市场""世界历史""全球的生产"等表达，使国与国之间发生了必然的联系，从而建立了全球性联系。

他们指出："资产阶级，由于开拓了世界市场，使一切国家的生产和消费都成为世界性的了。使反动派大为惋惜的是，资产阶级挖掉了工业脚下的民族基础。古老的民族工业被消灭了，并且每天都还在被消灭。它们被新的工业排挤掉了，新的工业的建立已经成为一切文明民族的生命攸关的问题；这些工业所加工的，已经不是本地的原料，而是来自极其遥远的地区的原料；它们的产品不仅供本国消费，而且同时供世界各地消费。旧的、靠本国产品来满足的需要，被新的、要靠极其遥远的国家和地带的产品来满足的需要所代替了。过去那种地方的和民族的自给自足和闭关自守

---

① 王时中等：《构建人类命运共同体：应对全球问题的"中国方案"》，人民出版社，2022，第188页。

状态，被各民族的各方面的互相往来和各方面的互相依赖所代替了。"[1]他们在《共产党宣言》中进一步阐发了这种世界性联系："不断扩大产品销路的需要，驱使资产阶级奔走于全球各地，它必须到处落户，到处开发，到处建立联系。"[2]而在未来的人类社会"代替那存在着阶级和阶级对立的资产阶级旧社会的，将是这样一个联合体，在那里，每个人的自由发展是一切人的自由发展的条件"，未来的全世界将建立"人类共同体"，消除阶级剥削和压迫。"在马克思看来，自由人的联合体是人类社会真正的共同体，是代替资本主义社会虚假共同体的必然。"[3]马克思主义全球观认为，未来社会将实现真正的世界和平与全球公正，消除贫困和战争，人与人团结合作，互帮互助，在某种意义上，也就是真正实现中华文明的天下观关于"天下为公"的理想价值追求。

其二，马克思主义关于世界"道德和正义的准则"与中华文明的天下观关于"亲仁善邻"和"讲信修睦"的价值理念具有某种契合性。马克思在为国际工人协会起草的《国际工人协会成立宣言》中提出了某种具有世界性的道德和正义准则："努力做到使私人关系间应该遵循的那种简单的道德和正义的准则，成为各民族之间的关系中的至高无上的准则。"[4]在一定意义上说，这种"道德和正义的准则"是马克思主义全球观的重要内容，是处理民族关系、国家关系和全球关系的重要准则。恩格斯指出："不恢复每个民族的独立和统一，那就既不可能有无产阶级的国际联合，也不可能有各民族为达到共同目的而必须实行的和睦的与自觉的合作。"[5]"国际联合只能存在于国家之间，因而这些国家的存在、它们在内部事务上的自主和独立也就包括在国际主义这一概念本身之中。"[6]国家之间的往

---

[1]《马克思恩格斯文集》第2卷，人民出版社，2009，第35页。
[2]《马克思恩格斯文集》第2卷，人民出版社，2009，第35页。
[3] 周雯雯、林美卿、赵金科：《论习近平"人类命运共同体"思想的科学内涵和重大意义：基于马克思主义理论视角》，《理论导刊》2017年1期。
[4]《马克思恩格斯全集》第21卷，人民出版社，2003，第15页。
[5]《马克思恩格斯文集》第2卷，人民出版社，2009，第26页。
[6]《马克思恩格斯全集》第39卷，人民出版社，1974，第84页。

来关系需建立在独立的基础上，才能平等对话和联络。马克思主义的全球观还强调实现世界各国之间的和睦相处、友好交往不能仅仅依靠原则，实现世界睦邻友好的根本途径还是消灭私有制，实现共产主义："同那个经济贫困和政治昏聩的旧社会相对立，正在诞生一个新社会，而这个新社会的国际原则将是和平。"①在新的社会将消灭私有制、剥削和阶级，全世界各民族和国家平等相待、和平共处。

中华文明的天下观与马克思主义全球观具有某种共同目标。这对于人类社会发展尤其是当今世界的全球合作关系塑造具有至关重要的指导意义。当今世界面临"百年未有之大变局"，迫切需要在全世界范围内建立良性的战略合作关系，相互信任与支持。习近平说："人类也正处在一个挑战层出不穷、风险日益增多的时代。世界经济增长乏力，金融危机阴云不散，发展鸿沟日益突出，兵戎相见时有发生，冷战思维和强权政治阴魂不散，恐怖主义、难民危机、重大传染性疾病、气候变化等非传统安全威胁持续蔓延。"②坚持和平共处的全球合作关系无疑是应对全球危机的必然选择。在人类文明智慧结晶的基础上和在科学理论的指导下，努力克服全球危机和挑战，推进全球治理体系变革与可持续发展，顺应世界发展潮流和人类社会发展趋势推进国际关系调整，构建合作共赢的新型国际关系，建立人类命运共同体，增进世界各国人民的福祉。

4.中华文明的社会观与马克思主义的契合

"社会"概念由来已久，由"社"和"会"组成。在中国古籍中，"社"代表祭祀的场所或区域。"社，土地之主也。土地阔，不可尽祭，故封土为社，以报功也。"（《太平御览》）古代贵族、王者、诸侯、庶民有着不同的场所设置。"会"则主要表达集会的意思。所以"社会"一词最早是指一群人共同祭祀。"礼部奏请千秋节休假三日，及村间社会，并就千秋节先赛白帝，报田祖。然后坐饮敬之。"（《旧唐书·玄宗本纪》）

---

① 《马克思恩格斯文集》第3卷，人民出版社，2009，第117页。
② 《习近平谈治国理政》第2卷，外文出版社，2017，第538页。

"社会"概念在现代不断发生变化和演绎,主要指在生产实践活动中形成的,由经济基础和上层建筑共同构成的一个系统整体,以"人"的活动为中心建立起人类社会的共同秩序,包含原始社会、奴隶社会、封建社会、资本主义社会和共产主义社会五种基本社会形态。社会观是人在社会化的过程中关于社会本质、社会运行、社会关系、人与社会关系等基本问题的认识和态度,包括对社会结构、国家形态、法律制度和意识形态等问题的分析和判断,属于哲学意义上的世界观的一部分。

马克思说:"大体说来,亚细亚的、古代的、封建的和现代资产阶级的生产方式可以看作是经济的社会形态演进的几个时代。"[①]中国是典型的以"亚细亚"生产方式为代表的东方社会,其社会结构和运行机制受自然经济、农业社会、血缘关系的影响深远,特别是受中国传统哲学思想的深层渗透,具有重视个人与社会的依附关系、以"民为贵"、崇尚仁义伦理道德、重视家庭血缘亲情、创造大同理想社会等特征,建立起了一个"个人—家庭—社会—国家—自然"一体同构的社会观念系统。

王阳明曾创造一种"万物一体"的社会观,试图建立一个"有序、守德、公平、活力、向上、富强的理想社会",其主要特征包括追求美德成风尚、恢复本然之良知、各尽其性显其才、唯能是举选人才[②]。正是受社会经济结构和传统文化的综合影响,中国古代历史发展主张"民为贵"、重民本思想、创新发展的社会功能和社会人才的支撑力量,从而产生了以"民为邦本、革故鼎新、任人唯贤"为代表的社会观。这一社会观重视发挥人民在历史中的最终决定性作用,重变革求创新,重人才求发展,推进中华民族在几千年农耕文明发展中生生不息,创造了一种独具中国特色又深刻影响世界的中华文明形态。

一是"民为邦本"。中国传统的民本思想历史久远,早在《尚书·五子之歌》就有"民惟邦本,本固邦宁"的记载。"民为邦本"的思想产生

---

① 《马克思恩格斯选集》第2卷,人民出版社,1995,第33页。
② 娄果:《阳明文化的当代价值》,人民出版社,2019,第102页。

于三代，春秋战国时期理论化系统化，秦汉之后成熟完善，贯穿于中国历史发展的始终。韦政通在《中国的智慧》一书中将民本思想的内容概括为六个方面，即民为邦本、天意即民意、安民爱民、重视民意、民贵君轻和革命思想[①]。"民为邦本"是传统民本思想的核心内容，是立国之本。

在中国传统文化中，"民为邦本"的思想主要包括以民为本、民贵君轻，以及富民爱民教民等基本要求。贾谊说："闻之于政也，民无不为本也。国以为本，君以为本，吏以为本。"（《新书·大政上》）。唯有人民安稳，才能国家安定，国君安宁，政治昌明，人心聚齐。历史反复说明，"与民为仇者"，"民必胜之"，民心向背决定天下大势。民贵君轻的思想认为，民比君有着更为重要的历史作用，君要为民服务才能长治久安。孟子提出"施仁政"的思想，主张"民为贵，社稷次之，君为轻。是故得乎丘民而为天子。"（《孟子·尽心上》）。荀子则有"君者，舟也；庶人者，水也。水则载舟，水则覆舟"（《荀子·王制》）的关于君民关系的生动比喻。此外，坚持民为邦本要富民爱民教民，"民有三患：饥者不得食，寒者不得衣，劳者不得息"（《墨子·非乐上》）。唯有老百姓富起来才能实现社会安稳，"民富国强，众安道泰"（《吴越春秋·勾践归国外传》）。为此，要兴修水利、制民生产、"薄税敛"、"振贷"等[②]，真正实现百姓的富裕。同时，还应加强对于百姓的教化和引导，才能更好地实现国家治理，"善政不如善教之得民也。善政，民畏之，善教，民爱之。善政得民财，善教，得民心"（《孟子·尽心上》）。

贯彻"民为邦本"的思想精髓，要坚持以民主促发展，在民主选举、民主协商、民主决策、民主管理、民主监督中实现"全过程人民民主"，实现物质文明、政治文明、精神文明、社会文明和生态文明协调发展，既发挥好人民群众的主体作用，又满足人民群众的发展需求和对美好生活的向往。党的二十大报告指出："中国共产党领导人民打江山、守江山，守

---

① 转引自王荣：《中国传统文化中的民本与官德》，人民出版社，2020，第69页。
② 李双：《孟子白话今释》，中国书店，1992，第11页。

的是人民的心。"坚持"以人民为中心",树立"人民至上"理念,增进民生福祉,是传承弘扬"民为邦本"思想的重要体现。党的二十大报告明确提出"要实现好、维护好、发展好最广大人民根本利益,紧紧抓住人民最关心最直接最现实的利益问题,坚持尽力而为、量力而行,深入群众、深入基层,采取更多惠民生、暖民心举措,着力解决好人民群众急难愁盼问题……扎实推进共同富裕"。

二是"革故鼎新"。"革故鼎新"一词来源于《周易》:"井道不可不革,故受之以《革》。革物者莫若鼎,故受之以《鼎》。""《革》,去故也。《鼎》,取新也。""革"和"鼎"二字合成就有了"革故鼎新"的意思,既要去除陈旧,又要追求创新。中华文明正是在变革、除旧、创新、发展的历史进程中,坚持与时俱进和与时偕行,从而生生不息的。

"革故鼎新"包含多层含义。首先,包含"生生"之理。中国古代很多思想家都主张万事万物都是处于变化、运行、生长即"生生"之中,也就是"新新不停,生生相续"。《周易》最早阐释了"生生"的思想,"富有之谓大业,日新之谓盛德,生生之谓易,成象之谓乾,效法之谓坤,极数知来之谓占,通变之谓事,阴阳不测之谓神"。"生生是说生而又生,亦不断变化之义。"[①]因此,改革和创新没有止境,应始终保持思维敏捷和行动迅速。其次,意为顺天应时,日益创新变革。既然"生生"是永续存在的,为了适应变化的环境就要时刻做到因时而变,因势而变。"天地革而四时成","汤武革命,顺乎天而应乎人"(《易传·彖传下》)。自然界和人类社会要始终做到顺天应时。"苟日新,日日新,又日新。"(《礼记·大学》)改革创新及时才能有效,否则延误时机。"革故鼎新"的思想绵延几千年而影响至今,就是要求遵循社会与世事变化规律,不断调整改革创新发展。最后,个人的成长与修行也要不断进步。"大学之道,在明明德,在亲民,在止于至善。"(《礼记·大学》)个体也应无时无刻做到精

---

① 朱伯崑:《易学哲学史》,北京大学出版社,1986,第91页。

进不已，奋发向上，顺应时局而创造人生价值。

"革故鼎新"的思想精髓不仅推进了中国历史的发展，还将继续推进当代中国社会主义现代化建设。"穷则变，变则通，通则久。"（《易传·系辞传下》）唯有不断进行变革才能激发创造创新活力。梁启超说："万国蒸蒸，大势相逼变亦变也，不变亦变也。变而变者，变之全操诸己。不变而变者，变之权让诸人。"（《饮冰室合集·变法通议》）近代洋务运动、维新变法运动的产生，辛亥革命的爆发，中国共产党领导中国人民为了救亡图存而进行新民主主义革命和社会主义革命与建设、改革开放等，在一定意义上说，都是对"革故鼎新"思想精髓的传承、运用和创造性发展。

党的二十大报告指出要"坚持创新在我国现代化建设全局中的核心地位"，改革和创新成为报告中的核心词，充分体现了"革故鼎新"作为中华民族永恒的精神气质与马克思主义唯物史观的契合性，其必将继续指引着未来中国的创新和发展。党的二十大报告还指出："我们以巨大的政治勇气全面深化改革，打响改革攻坚战，加强改革顶层设计，敢于突进深水区，敢于啃硬骨头，敢于涉险滩，敢于面对新矛盾新挑战，冲破思想观念束缚，突破利益固化藩篱，坚决破除各方面体制机制弊端，各领域基础性制度框架基本建立，许多领域实现历史性变革、系统性重塑、整体性重构，新一轮党和国家机构改革全面完成，中国特色社会主义制度更加成熟更加定型，国家治理体系和治理能力现代化水平明显提高。"

三是"任人唯贤"。"任人唯贤"一词出自《尚书》："任官惟贤材，左右惟其人。"（《尚书·咸有一德》）在中华文明中，"任人唯贤"的思想精髓就是在选拔用人时要选举贤才，选拔德才兼备的人才，并且要广泛招贤纳士。墨子说："王公大人为政于国家者，不能以尚贤事能为政也。"（《墨子·尚贤》）所谓"尚贤"，就是任人唯贤。

"任人唯贤"包括识人、选人、用人三个环节，就是做到会识人、会选人、会用人。识人主要是指对人才要充分识别和观察，不以言举人。

"巧言令色,鲜矣仁。"(《论语·学而》)"口能言之,身能行之,国宝也;口不能言,身能行之,国器也;口能言之,身不能行,国用也;口言善,身行恶,国妖也。治国者敬其宝,爱其器,任其用,除其妖。"(《荀子·大略》)选人主要是指要有一套行之有效的选人办法,通过科学程序和方法才能将贤才和德才真正选拔出来。纵观历史,用贤则兴,弃贤则衰,用人是治国理政的根本,而选人是重要保障。用人主要是指能够知人善任。《资治通鉴》载唐太宗李世民说:"吾为官择人,唯才是与,苟或不才,虽亲不用……如其有才,虽仇不弃。"唯有任人唯贤才能取得政绩。诸葛亮说:"治国之道,务在举贤。"

中国共产党执政传承弘扬"任人唯贤"的思想精髓,使之成为治国理政的重要法宝。早在新民主主义革命时期,毛泽东就指出:"在这个使用干部的问题上,我们民族历史中从来就有两个对立的路线:一个是'任人唯贤'的路线,一个是'任人唯亲'的路线。前者是正派的路线,后者是不正派的路线。共产党的干部政策,应是以能否坚决地执行党的路线,服从党的纪律,和群众有密切的联系,有独立的工作能力,积极肯干,不谋私利为标准,这就是'任人唯贤'的路线。"[1]

中国共产党将"任人唯贤"的优良传统一直延续至今。党的二十大报告提出要"建设堪当民族复兴重任的高素质干部队伍",提出全面建设社会主义现代化国家"必须有一支政治过硬、适应新时代要求、具备领导现代化建设能力的干部队伍。坚持党管干部原则,坚持德才兼备、以德为先、五湖四海、任人唯贤,把新时代好干部标准落到实处"。《中国共产党章程》指出:"党的干部是党的事业的骨干,是人民的公仆,要做到忠诚干净担当。党按照德才兼备、以德为先的原则选拔干部,坚持五湖四海、任人唯贤,坚持事业为上、公道正派,反对任人唯亲,努力实现干部队伍的革命化、年轻化、知识化、专业化。"只有坚持"任人唯贤""德才兼

---

[1] 《毛泽东选集》第2卷,人民出版社,1991,第527页。

备"的干部标准，才能保障和实现中国共产党长期执政的政治目标。

以民为邦本、革故鼎新、任人唯贤为代表的中国人的社会观，与马克思主义社会观具有高度契合性。首先，两者都把社会看成是"自然—人—社会"之间相互生成的系统。中国人的社会观，是一个建立在"个人—家庭—社会—国家—自然"一体同构的基础上的社会观念系统。马克思主义所理解的社会，同样是"人—自然—社会"一体的社会实践系统。"社会是人同自然界的完成了的本质的统一，是自然界的真正复活，是人的实现了的自然主义和自然界的实现了的人道主义。"人作为"社会存在物"，统一于社会生产和实践活动中。其次，两者都以"人"为中心。马克思主义社会观是以"人"为中心的社会观，强调"人的社会存在"，"全部人类历史的第一个前提无疑是有生命的个人的存在"[1]。"人的本质不是单个人所固有的抽象物，在其现实性上，它是一切社会关系的总和。"在未来社会形态中，"每个人的自由发展是一切人的自由发展的条件"[2]。其思想与中华文明中的"民为邦本"思想具有相通性。最后，马克思主义的社会观把社会看成是有机的、动态的、发展变化的存在形态，从两者的生成论视角考察人与社会的相生相依相存关系。"现在的社会不是坚实的结晶体，而是一个能够变化并且经常处于变化过程中的有机体。"[3]其思想与中华文明中的"革故鼎新"思想具有相通性。同时，中国共产党的干部路线也是马克思主义的组织路线与中华文明的"任人唯贤"思想相统一的重要体现。新时代新征程全面建设社会主义现代化国家，必须坚持以人为本，坚持人民至上，坚持改革创新，坚持德才兼备的干部标准。

5.中华文明的道德观与马克思主义相契合

中国传统文化中的"道德"一词，是由"道"与"德"二字组成的，最早也是分开使用的。"道"的原意是指"道路"，《说文》曰："道，所行

---

[1]《马克思恩格斯文集》第1卷，人民出版社，2009，第519页。
[2]《马克思恩格斯文集》第2卷，人民出版社，2009，第53页。
[3]《马克思恩格斯文集》第5卷，人民出版社，2009，第10—13页。

道也。"后来引申为规律、规则、规范等含义,如"道可道,非常道"(《道德经·第一章》)。"道"代表事物运动变化所应该遵循的普遍规律与规则。在中国古代,"得"与"德"相通,朱熹说:"德者,得也,行道而有得于心者也。"(《四书集注·学而》)将"道"内化于心便成为"德"。"德"是一种内在于人的品质,具备了"德",也就具备了一种自律能力。最早把"道"与"德"作为一个概念应用的是战国末期思想家荀子,他说:"故学至乎礼而止矣,夫是之谓道德之极。"(《荀子·劝学》)意思是说假如做任何事都能按"礼"的划定,就达到了道德的最高境界。所以,"道德"一词的本义是指人们在行道过程中内心对道的体认、获得以及由此形成的内在品质。道德观正是建立在对于道德认识的基础上,通过讨论道德起源、道德本质、道德功能等基本问题,形成关于道德意识、道德行为和道德活动等基本问题的看法。

中国人的道德观受中国传统文化特别是儒家文化的影响深远,以"仁爱"为核心,重视"内圣外王之道",以"修身、齐家、治国、平天下"为阶梯式的道德要求,在"家国同构"中践行"以德治国"和"以德树人"。梁漱溟先生曾阐释中国是一个"以道德代替宗教"的国度,认为道德气氛"融国家于社会人伦之中,纳政治于礼俗教化之中,而以道德统括文化,或至少是在全部文化中道德气氛特重,确为中国的事实"[1]。道德在治国安邦、为政修为、理想建构、宗法等级维系等各方面都发挥着重要作用。中国古代十分强调道德的重要性,提出"国无德不兴,人无德不立"。中国人的道德观正是在"天地"与"个人"中间建立起了"天道—地道—人道"统一的道德结构体系。这一结构体系源于周代,在"三纲""五常""六纪"等系列纲常伦理中得到完善,用来调整社会和人际关系,构建起涵盖"修、齐、治、平"的道德规范体系。

由"仁爱"思想构筑的中国传统道德观,深刻影响了整个中华文化系

---

[1] 梁漱溟:《中国文化要义》,上海人民出版社,2003,第27页。

统的发展历程。"在中国文化中，有'一本万殊'的理念，于是坚信一切文化都有一个共同的基础，这基础就是道德。中国传统中讲道德，不像西方人讲道德只限制在人生的范围内，而是弥漫在文化的一切领域。"[①]概括起来讲，中华文明的道德观体现为伦理道德与政治哲学互为融合、重血缘亲情和家庭关系、强调修己安人和道德修养、重自然和谐与人伦日常等特征，集中表现为自强不息、厚德载物、为政以德等道德境界和道德规范。

一是"自强不息"。"自强不息"一词出自《周易》："天行健，君子以自强不息。""天行健"的意思是自然宇宙万物都是周而复始、生生不息、变化流传的，生长、变化和流转是世界存在的合理状态，也就是"天道"，刚健不已、生生不息、蓬勃发展。为此，君子应该遵循"天道不息"而自强自立、坚忍不拔、永不停息，形成"天道"与"人道"的融合统一。"自强"是一种精神状态，在坚持不懈、奋发有为、积极进取的状态下做事情才能取得成效，而且这种"自强"精神不能懈怠停止，始终要做到"自强不息"。《周易》中的"自强不息"精神与《周易》中的"生生不息"思想是相一致的。

"自强不息"也包含多层意思。首先，承认自然万物的生成、发展是永无止境的，周而复始，运行不止，为此要充分遵循自然和社会发展的规律，顺天应时，求新应变，自强奋斗，才能顺应万物生长、万象更新的世界。其次，作为个人的一种生活态度，"自强不息"强调时刻保持并积极有所作为，乃至"知其不可而为之"（《论语·宪问》）。最后，要"发愤忘食，乐以忘忧，不知老之将至"（《论语·述而》）。"自强不息"的精神、态度与行为需要后天培育和养成，并长期不断坚持才能取得成功。

中国古代儒家思想高度重视人的主体意识和精神价值，为了达到"内圣外王"的境界，主张必须拥有坚强的奋发意志、思维能力，在"自强不

---

① 韦政通：《中国文化概论》，岳麓书社，2003，第58页。

息"中主宰命运。如孟子认为君子应该具有一种浩然之气,"其为气也,至大至刚,以直养而无害,则塞于天地之间"(《孟子·公孙丑上》),主体唯有拥有发自内心的强大意志和动力,才能承担起更多的道义责任和社会使命。董仲舒则主张"强勉":"强勉学问,则闻见博而知益明;强勉行道,则德日起而大有功"[1],在"强勉"中成就伟大事业。

"自强不息"作为中华民族重要的精神支柱,不仅在中国几千年的古代文明发展中发挥了至为重要的激励作用,在近代救亡图存、抵御外敌侵略的过程中体现出伟大的斗争精神和不怕牺牲的大无畏精神,在新中国成立以来的社会主义国家建设中仍然发挥着十分重要的精神激励作用。党的二十大报告强调"自信自强""自立自强""自强不息",特别是强调在科技领域的"自立自强",唯有国家推进创新战略、提升软实力、全面深化改革才能实现民族兴盛不衰。坚持"自强不息",每个人要做到求知修德,用自强不息的态度和至大至刚的意志提升人生格局。

二是"厚德载物"。"厚德载物"一词源自《周易》:"地势坤,君子以厚德载物。"中国传统文化认为,大地有博厚之德可以承载万物,即"坤厚载物,德合无疆",君子要效仿大地,做到包容厚德。"天"的德行要求"自强不息","地"的德行则要求"厚德载物",天地相互对应,而"人"作为"三才"之一,要效天法地,具备天地之德,参赞天地化育。如果说"自强不息"是一种奋发有为、积极进取的精神风貌,那么"厚德载物"则是一种宽广仁爱、无私奉献的道德品格。"上善若水,厚德载物","厚德载物"更加强调胸怀的博大宽广。

"厚德载物"的内涵主要是以宽广深厚的德泽育人利物,像大地一样无所不载,无所不长,造福包容万物。首先是做到以宽厚之德包容万物。儒家认为"仁者无不爱也"(《孟子·尽心上》),建立了一套以"修身—亲亲—仁民—爱物"为一体的仁爱体系,将"仁爱"由血缘和人际关

---

[1] 《汉书·董仲舒传》第8册,中华书局,1962,第2498页。

系延伸到自然万物。"厚德载物"同样要求对自然万物的爱护、包容和关照。墨子以"天下兼相爱"的思想同样体现对万物的包容爱戴。其次是做到以宽厚之德立身修为。朱衮说:"君子忍人之所不能忍,容人所不能容,处人所不能处。"(《观微子》)君子厚德必然要求豁达坦然,同时还能隐忍,能够正确处理好周边的人和事,和谐相处。最后是做到以宽厚之德实现和而不同。宽厚之德可以容纳世间万物,既要追求和谐万邦、向往和平,又要允许多元世界、多样文化和谐共存。

张岱年先生认为,中华民族精神的内涵集中体现在《周易》的这两个命题上,即"天行健,君子以自强不息"和"地势坤,君子以厚德载物"。"厚德载物"思想作为中华民族精神的精髓,具有十分重要的精神价值和精神支撑作用。"上德若谷"和"上善若水",任何时代都需要追求如同山谷般宽广的胸怀,向往如水一样能够滋养万物,切实做到心胸宽厚、度量宽广、容纳百川。新时代以"厚德载物"的精神推进社会主义道德建设,在个人层面大力提升道德涵养,在社会层面大力实施公民道德建设工程,在国家层面有力推进以德治国和依法治国相结合,在国际层面坚守和而不同,将形成一个人与人、人与社会、人与自然、国与国之间博大包容、和谐有序的道德世界。

三是"为政以德"。中国传统文化十分重视"德"在国家治理中的作用,认为"德,国家之基也"(《左传·襄公二十四年》),从而形成了"为政以德"的道德理想和道德规范。早在西周时期,周公就提出了"敬德保民"和"明德慎罚"的观点。孔子目睹天下四分五裂状态,为构建上下有序、和谐稳定的社会秩序而系统化地阐释了"为政以德"的思想,"为政以德,譬如北辰,居其所而众星共之"(《论语·为政》)。在长期的发展过程中,"为政以德"成为一种包括多层意义的思想体系。

首先,要求为政者的德性修养是高尚的纯正的,要求统治者本身必须恪守政德,才能治理好国家,带动百姓形成良好社会风气。所谓"其身正,不令而行,其身不正,虽令不从"(《论语·子路》)。执政者只有品性端正，老百姓才能心服口服，即"政者，正也。子帅以正，孰敢不正"（《论语·颜渊》），为君者的道德行为对老百姓的影响巨大，因此要做好榜样示范和道德引领，仁爱施政才能号令天下。"上好礼，则民莫敢不敬；上好义，则民莫敢不服；上好信，则民莫敢不用情。"（《论语·子路》）上行下效，执政者首先要坚守德性。

其次，要求执政方式和执政目标都应合乎道德要求，通过"德治"来实现社会稳定、百姓祥和。"道之以政，齐之以刑，民免而无耻。道之以德，齐之以礼，有耻且格。"（《论语·为政》）通过"德"与"礼"让老百姓真正"有耻且格"，才能产生良好的社会治理效果。

最后，让百姓知耻行德还要保障老百姓的日常生活，坚持以民为本，在富民、安民、教民等一系列"德政"中稳固统治居民。因为"凡治国之道，必先富民。民富则易治也，民贫则难治也"（《管子·治国》）。唯有"仓廪实则知礼节，衣食足则知荣辱"（《管子·牧民》）。这些都是"为政以德"的内在要求。同时，"为政以德"还要举贤才、处理好德刑关系等。

中华文明中的"为政以德"思想，是中华民族几千年道德文化的智慧结晶，在新时代中国共产党的治国理政过程中依然具有十分重要的意义和思想价值，应将其转化为现代治国理政的道德智慧和执政为民的具体要求，充分融入新时代政德建设，实现两者的有机融合。

第一，"坚持依法治国和以德治国相结合"，强化道德在国家治理中的重要作用，发挥道德在社会教育和民众素养提升中的重要作用。党的二十大报告提出要"实施公民道德建设工程，弘扬中华传统美德，加强家庭家教家风建设，加强和改进未成年人思想道德建设，推动明大德、守公德、严私德，提高人民道德水准和文明素养"。

第二，通过政德建设提升党的执政能力和执政形象，化解社会风险。随着新时代全面深化改革步伐加快，党的执政面临国内国外的新情况新问题新考验，特别是社会风险因素加剧，如果应对不当必然影响党的执政基础。加强政德建设可以更好地稳固执政根基，不断推进"以党的自我革命引领社会革命"。

第三，强化党风廉政建设，提升领导干部道德修养和道德境界。"政治上的领袖资格在本质上表现为道德上的说服力，王朝的改革力量主要建立在帝王官吏的伦理品质之上。"①"党风问题关系执政党的生死存亡。"②要持之以恒地以领导干部的作风带动党风、政风和民风建设。"德不称位，能不称官，赏不当功，罚不当罪，不祥莫大焉。"（《荀子·正论》）如果执政者没有道德修为，必然损坏执政党作风建设和执政党形象。

中华文明的道德观与马克思主义道德观同样具有相通性和契合性。马克思主义道德观是以历史唯物主义为基础的无产阶级道德观，它之所以为中华民族所弘扬践行，是由其理论的历史性、阶级性和科学性决定的，与中华文明的传统道德观相比，其科学性、先进性、系统性毋庸置疑③，同时两者具有高度的契合与统一。马克思主义道德观是建立在"批判和建构"基础之上的，一方面彻底揭露了资本主义旧道德，包括制度的不道德与社会价值秩序的颠倒；另一方面重建共产主义新道德。在此过程中，马克思主义重视人的主体地位发挥，强调每个人的全面而自由发展，看到了物质利益对于道德的决定作用，倡导人与人及社会的和谐相处等内容。中华文明的道德观高度重视人的价值实现，强调人的主观能动性的积极发挥，突出道德理想、道德精神和道德境界对于人和社会发展的推动作用，提出"天—地—人"和谐共生的存在关系，认为"仓廪实则知礼节"等，两者在多方面都具有契合性。新时代既要扎根于中国道德文明的深厚土壤，又要以马克思主义道德观为指导，在实践中融会贯通马克思主义道德观与中华文明的道德观，共同解决当今社会乃至当今世界发生的信仰缺

---

① 杜维明：《道、学、政：论儒家知识分子》，上海人民出版社，2000，第6页。
② 习近平：《高举中国特色社会主义伟大旗帜　为全面建设社会主义现代化国家而团结奋斗——在中国共产党第二十次全国代表大会上的报告》（2022年10月16日）。
③ 周辉：《马克思主义道德观与中国传统道德观的"合"与"分"》，《学术论坛》2013年第7期。

乏、精神丧失和价值迷茫等问题，大力推进全社会的道德建设与文明发展。

（三）归根到底是马克思主义和中国化时代化的马克思主义行

马克思、恩格斯在批判地继承前人成果的基础上，发现了唯物史观和剩余价值学说，创立了马克思主义，从而为最广大人民群众认识历史和时代问题提供了一种崭新的、科学的世界观和方法论，为人类建立社会主义和共产主义新社会的理想目标和现实道路指明了前进方向，在全世界产生了广泛而深远的影响。列宁说："马克思主义这一革命无产阶级的思想体系赢得了世界历史性的意义。"

马克思主义是关于人类社会发展的一般规律的科学。在《社会主义从空想到科学的发展》一书英文版导言中，恩格斯用"历史唯物主义"来表述这一科学的社会历史观。他说："认为一切重要历史事件的终极原因和伟大动力是社会的经济发展，是生产方式和交换方式的改变，是由此产生的社会之划分为不同的阶级。"即生产力决定生产关系，生产关系对生产力有反作用，生产关系一定要适应生产力的发展。伴随着生产力的发展，人类社会从原始社会、奴隶社会、封建社会、资本主义社会、社会主义社会，最终走向共产主义社会。唯物史观科学地揭示了人类社会发展的一般规律，肯定了人民群众的社会历史地位，找到了实现社会变革的决定力量和实现社会主义可依靠的阶级力量，揭示了实现未来理想社会的正确道路。

无产阶级政党——共产党之所以以马克思主义作为指导思想，就在于马克思主义不仅代表最广大人民群众的根本利益，而且是先进的意识形态，是先进理论，是科学真理。它从根本上揭示了人类社会发展的一般规律，揭示了人类社会必然走向社会主义，并将最终走向共产主义的历史必然性。马克思主义之所以具有巨大的生命力，就在于其能够给实践提供科学指导，使人们在认识规律、把握规律、运用规律的基础上更好地改造客观世界和主观世界。也就是说，马克思主义不仅体现了最广大人民群众的根本利益和意志要求，而且为最广大人民群众建设未来新社会提供了全新的、科学的、强大的思想武器。

纵观近现代一百多年来的人类历史，我们可以深刻地感受到：马克思主义已不仅仅是一个"幽灵"，而是已经转化为活生生的实践；已不只是在欧洲游荡，而是冲出了欧洲大陆，影响了全世界，马克思主义以强大的生命力指导着社会主义的伟大实践和极大地影响着人类社会的思想发展。尽管各种学说、理论、主义纷纭，但没有哪一种理论、学说、主义能像马克思主义那样保持勃勃生机，对推动社会进步发挥这样巨大的作用，产生这样深远的影响。西方著名思想家熊彼特曾经这样评价马克思主义："我们完全可以称之为伟大的创作，这个把伟大和生命力链接在一起的称谓不会不恰当。"1999年9月，英国广播公司（BBC）评选"千年第一思想家"，在全球互联网上公开征询，全球投票结果，马克思位居第一，爱因斯坦位居第二。2005年7月，英国广播公司以"古今最伟大的哲学家"为题调查了3万名听众，结果马克思仍然荣登榜首（得票率27.93%），休谟位居第二（得票率12.6%）。

马克思主义是中国共产党的指导思想，共产主义是中国共产党的远大理想。没有马克思主义信仰、共产主义理想，就没有中国共产党，就没有中国特色社会主义。社会主义是共产主义的第一阶段，或初级阶段，是为实现共产主义创造条件的历史发展阶段，但同属于共产主义范畴，两者之间具有内在的、必然的本质联系，这是显而易见的。传承弘扬中国传统文化，积极培育和践行社会主义核心价值观，必然要求坚持马克思主义指导思想，高扬共产主义理想的价值旗帜。这是建设中国特色社会主义的本质要求，也是社会主义先进文化前进方向的实质体现。

众所周知，鸦片战争以后，中华民族许多仁人志士苦苦追寻中华民族摆脱落后挨打、走上民族复兴的道路，但在中国共产党成立之前都失败了，例如太平天国运动、洋务运动、戊戌变法、辛亥革命，包括从"西方资产阶级革命时代的武器库中学来了进化论、天赋人权论和资产阶级共和国等项思想武器和政治方案",都不能改变中国半殖民地半封建社会的悲惨命运。十月革命一声炮响,给中国送来了马克思主义,中华民族才最终找到了走向民族独立和国家富强的正确道路。

在领导中国革命的过程中,毛泽东曾经反复强调马克思主义是我们最好的武器,中国共产党就是拿起这个武器的倡导者、宣传者和组织者。他说,中国近百年来,无数的爱国志士为了拯救我们灾难的祖国,一直在向西方学习,寻求真理。可是先生总是欺负学生,最后都失败了。十月革命帮助了全世界,也帮助了中国的先进分子用无产阶级的宇宙观作为观察国家命运的工具。正因为中国共产党应用了这个宇宙观来分析中国的国情,才找到了中国革命的正确道路,最终取得了革命的胜利,建立中华人民共和国。

历史已经证明,马克思主义是我国新民主主义革命、社会主义革命和建设、改革开放的指导思想,也是发展社会主义先进文化,弘扬革命文化,传承中华优秀传统文化的理论基础和科学指南。如果背离了马克思主义指导思想,就会迷失方向,沦为西方资本主义文化和核心价值观的附庸。西方社会民主党宣扬的"民主社会主义",反对将马克思主义作为指导思想,企图否定社会主义的历史必然性和共产主义的理想目标,鼓吹"自由""公正""互助"等所谓的"社会主义基本价值",因始终不能超越资产阶级改良主义的范畴而流于空想,正如恩格斯所说:"这些字眼固然很好听,但在历史和政治问题上却什么也证明不了。"前苏共领导人宣扬"人道的民主的社会主义",也鼓吹打破马克思主义作为指导思想的所谓"精神垄断",将十月革命视为"法国大革命所追求的自由、平等、博爱的回声",接受所谓的"人道主义和全人类价值原则""民主和自由原则""社会公正原则","从经济基础到上层建筑"根本改造"整个社会大厦",最终导致苏共垮台、苏联解体的历史性悲剧。这些惨痛教训,必须认真地总结和汲取。

习近平深刻指出:世界社会主义实践的曲折发展历程告诉我们,马克思主义政党一旦放弃马克思主义信仰、社会主义和共产主义信念,就会土崩瓦解。共产党人如果没有信仰、没有理想，或信仰、理想不坚定，精神上就会缺"钙"，就会得"软骨病"，就必然导致政治上变质、经济上贪婪、道德上堕落、生活上腐化。发展社会主义先进文化，弘扬革命文化，传承中华优秀传统文化，只有毫不动摇地坚持以马克思主义为指导，坚持科学社会主义的价值观主张，并将其与我国社会主义现代化建设和实现中华民族伟大复兴的具体实践紧密结合起来，才能在国际国内错综复杂的文化交流与价值碰撞过程中立于不败之地。党的二十大报告深刻指出："马克思主义是我们立党立国、兴党兴国的根本指导思想。实践告诉我们，中国共产党为什么能，中国特色社会主义为什么好，归根到底是马克思主义行，是中国化时代化的马克思主义行。拥有马克思主义科学理论指导是我们党坚定信仰信念、把握历史主动的根本所在。"

第三章

传承弘扬中国传统文化的新时代要求

党的十九大报告明确提出，要"深入挖掘中华优秀传统文化蕴含的思想观念、人文精神、道德规范，结合时代要求继承创新，让中华文化展现出永久魅力和时代风采"。在中国特色社会主义进入新时代的历史背景下传承弘扬中国传统文化，首先要科学地把握新时代对传承弘扬中国传统文化提出的新要求。"结合时代要求"这一新的历史方位，深刻地回答了新时代传承弘扬中国传统文化的发展方向、根本依据和进步标准问题。中国特色社会主义进入新时代，必须深入探讨和把握"新时代要求"的科学内涵，结合新时代要求传承弘扬中国传统文化，"使中华民族最基本的文化基因同当代中国文化相适应、同现代社会相协调"，从而"把跨越时空、超越国界、富有永恒魅力、具有当代价值的文化精神弘扬起来"。

一　人民群众对美好生活的向往的新要求

　　不断满足人民群众对美好生活向往的新要求，是新时代必须解决的时代课题。党的十九大报告提出："我国社会主要矛盾已经转化为人民日益增长的美好生活需要和不平衡不充分的发展之间的矛盾。"新时代要更加突出"以人民为中心"和人民群众对美好生活的向往，不断满足人民群众日益增长的精神文化需求，这是实现文化强国的根本目的。社会主义既不能物质贫乏，更不能精神贫瘠。人民群众在物质生活不断得到提升的条件下，就会更加注重满足精神文化生活上的需要，这势必要求我国加速从

"文化大国"到"文化强国"的发展，不仅要确保人民群众的文化权益不受侵犯，而且要让人民群众享有更丰富、更安全、更高质量的精神文化生活。

(一)"美好生活需要"的文化逻辑

在我国语境中，"美"的本意是羊大肥美，"好"的本意是女子貌美，"美好"合用往往指女子容貌漂亮。总体来看，"美好"一词一直是用来表示带来愉悦心情的事物。从语词的结构上看，"美好生活"是一个复合概念，"美好"作为"生活"的限定词带有"真、善、美"的意思，具有"令人愉快幸福的""人们所喜爱或向往的（多用于抽象事物）"的属性。所谓"美好生活"，就是能够给人带来愉悦、快乐的生活。这与我国传统文化中的"悦纳万物""享受生活"的乐感特质有着极大关系。

在西方语境中，何谓"美好生活"以及"美好生活何以可能"，从古希腊开始就一直是伦理学、哲学、政治学的主题。苏格拉底将哲学看作是"美好生活"的向导，认为只有追求智慧的生活才是"美好的生活"。亚里士多德则对"美好生活及其何以可能"作了经典论述，他认为"美好生活"或"优良的生活"是人们在拥有一定的生活必需品即所谓的"外在的善"之后，经过一定的深思熟虑而选择的生活方式和活动，即所谓的"最高的善"。亚里士多德还进一步指出，"美好生活"或"优良的生活"不等于物质得到满足，而是智慧或沉思的生活。亚里士多德对"美好生活"的理解对西方文化影响至今。

追求所谓的"美好生活"或"优良的生活"，一直是西方思想家思索的焦点和核心。埃德蒙德·古斯塔夫·阿尔布雷希特·胡塞尔强调回归"生活世界"、马丁·海德格尔期待"诗意地栖居"、艾瑞克·弗洛姆呼唤"重生存"的生存方式、赫伯特·马尔库塞主张"审美革命"、尤尔根·哈贝马斯反抗"生活世界的殖民化"等，可以说在一定程度上都受到亚里士多德这一思想的影响。

虽然古今中外对"美好生活"的理解各有侧重，但实质上是一致的。"美好生活"之"美好"的生成，不仅要有富足的物质生活条件作保障，还必须有丰盈的精神生活相匹配。所谓"文化",究其本质乃是一种精神需要和价值体系。拥有了相对富足的物质生活,如果精神文化生活得不到相应的满足,那么"美好生活"就会残缺不全,甚至会成为一句空话。一般而言,满足人民对美好生活的向往,除了要满足人民较高品质的物质生活需求之外,还要满足人民较高品质的精神文化生活的需求。可以说,在"美好生活"的需要中,人们对于精神产品的需求更为突出和强烈,因为在与物质生活水平的比较中,精神生活的满足越发会显示出它的重要。

(二)"文化"与"美好生活"的内在关系

马克思、恩格斯开创的无产阶级革命事业和共产主义事业,在本质上是为全人类最大多数人谋取"美好生活"的事业。马克思在高中毕业时就立下了"为全人类幸福而奋斗"的职业志向,这也成为马克思一生光辉而伟大的注脚。在马克思心中,全面的、高级的、美好的需要构成了现实的人的"美好生活"需要,而真正的"美好生活"是建立在社会生产力高度发达、物质产品极大丰富、交往普遍化、人的觉悟极大提高的基础上,每个人都得到自由而全面发展。资本主义之所以必然为共产主义所代替,就在于它从根本上扭曲或消解了人的美好生活需要,推翻资本主义正是为了使全人类获得真正的"美好生活"成为可能。

同时,马克思认为,实现人的美好生活和人类的自由解放是一个历史过程。马克思主义对未来社会的理想追求,是中国革命、建设、改革一以贯之的思想主线、逻辑主线和实践主线。坚持"以人民为中心"的发展理念,是中国共产党在新时代"为中国人民谋幸福,为中华民族谋复兴",实现人民对美好生活向往的生动体现。

"文化"与人的"美好生活"有着深层的内在联系。

首先,"精神文化生活"是人的"美好生活"的必要内容。所谓"必要"是指失却了这个条件就不会产生人所期待的某种结果。同理,剥离了"精神文化"要素,失却了"精神文化"的支撑,生活的"美好"属性就不可能得到充分彰显。马克思说,欣赏"音乐之美"要有懂得音乐的耳朵，而懂得音乐的耳朵必然是经过熏陶而被"化成"的耳朵，在本质上是经由"文化"塑造而形成的人的精神世界。

其次，"文化"对"美好生活"具有提升功能。因为"文化"可以塑造人的精神世界、提升人的精神境界，因而能够锻造人的思想境界、道德品格和独特人格，使人的生活具有超越世俗生活的精神品质、生活品位和价值追求。所以，在中国传统文化中有"不为五斗米折腰"的文人气节，有"渴不饮盗泉水，热不息恶木阴"的君子操守，有"先天下之忧而忧，后天下之乐而乐"的人生情怀，有"采菊东篱下，悠然见南山"的气定神闲。"文化的力量大于生死"，这便是"文化"对生活之"美好"属性的品格提升。

改革开放以来，与我国经济建设的迅速发展和物质生活水平的提升相比，精神文化生活相对滞后，形成了一定落差。这种落差明显反映出满足人民群众对精神文化生活的美好向往的必要性重要性紧迫性。人的生活、生存和生命，原本就离不开精神文化，因为精神文化可以为人们诠释物质生存之外的另一种人生道理、生命价值和生活意义，能够为人们提供物质生活之外的另一种精神存在方式，进而将人的生存境遇、人生姿态和社会生活提升到另外一个精神层次和精神境界。因此，"美好生活"必然内在地包含精神属性与文化元素。没有文化的精神生活，不可能是真正的人的"美好生活"，人在此种情况下就与动物的存在没有了差别。

（三）新时代人民群众对美好精神文化生活的新要求

党的十九大报告指出："中国特色社会主义进入新时代，意味着近代以来久经磨难的中华民族迎来了从站起来、富起来到强起来的伟大飞跃，迎来了实现中华民族伟大复兴的光明前景；意味着科学社会主义在二十一世纪的中国焕发出强大生机活力，在世界上高高举起了中国特色社会主义伟大旗帜；意味着中国特色社会主义道路、理论、制度、文化不断发展，拓展了发展中国家走向现代化的途径，给世界上那些既希望加快发展又希望保持自身独立性的国家和民族提供了全新选择，为解决人类问题贡献了中国智慧和中国方案。"这三个"意味着"与党的十九大报告对我国社会主要矛盾转化的判断一道,反映到中国特色社会主义文化建设中来,至少包含三个层面的"服从"和"服务"的新时代要求:

一是中国特色社会主义文化建设的主要任务应该服从并服务于全面建设社会主义现代化国家和实现中华民族伟大复兴的伟大目标;

二是中国特色社会主义文化建设的主要任务要服从并服务于新时代国家经济、政治、社会、生态文明建设的发展需要;

三是中国特色社会主义文化建设的主要任务应该服从并服务于新时代所要解决的我国社会发展的主要矛盾。

满足人民群众对"美好生活"的文化需要是新时代我国社会主要矛盾的重要内容,是由新时代我国社会主要矛盾的转变决定的。"新时代"是我国社会发展新的历史方位。一定的文化观念和文化形态,是对一定的社会阶段经济、政治和社会状况的反映。进入新时代的中国,由站起来、富起来迈向强起来,由建设"社会主义现代化国家"迈向建设"社会主义现代化强国",应该有与这样的经济、政治、社会、生态文明等发展状况相适应的文化发展。一个社会的文化立场、价值取向、精神文化生活选择,都是由这个社会的经济基础、上层建筑所决定的,而这个社会的政治上层建筑和思想上层建筑又是由这个社会的经济基础和所面临的主要社会矛盾所决定的。

没有全面建成小康社会的物质生活条件固然不会有"美好生活",没有与全面小康生活水准的物质生活水平相匹配的精神文化生活水平,同样不会有"美好生活"。在全面建成小康社会基础上,进入新时代的中国之所以要建设社会主义文化强国,就是要解决好与更高水平上的美好物质生活相匹配的美好精神文化生活需要的供给问题,向基本实现和全面实现社会主义现代化的更高水平的美好生活迈进。尽管新时代中国特色社会主义文化建设面临着诸多任务,肩负重大使命,且在特殊阶段或特殊情形下,对不同任务或许有不同程度的关注和用力的差异,但就文化建设的根本任务而言，其出发点和落脚点都应该是满足人民群众日益增长的美好生活的文化需要。离开了满足人民群众的"美好精神文化生活需要"这一目标任务，新时代的社会主义文化强国建设就有可能偏离正确轨道。

中国特色社会主义文化包括传承弘扬中国传统文化、中国共产党的革命文化和发展社会主义先进文化等样态。新时代中国特色社会主义建设要满足人民群众对"美好生活"之"美好精神文化生活"的需要这一目标任务，不仅应该将不同样态的文化形成内涵丰富、错落有致、有机统一的整体，还应该积极借鉴和大胆汲取世界上不同文明、不同文化样态的有益成果，形成融合古今中外、功能互补的文化滋养供给侧，最大限度地满足人民群众对美好生活之"精神文化生活"的需要。

"建设社会主义文化强国，关键是增强全民族文化创造活力。"[①]人民群众在精神文化生活方面有着不同的需求和爱好，必须大力生产出丰富多彩的精神文化产品，不断满足人民群众多样化的、发展着的精神文化生活需求。既要充分挖掘中国传统文化资源，以其哲学思想、人文精神、道德规范涵养新时代中国人民的精神文化生活需求，又要充分挖掘中国共产党革命文化中的理想信念资源和不懈奋斗精神，让革命文化和革命精神激励新时代中国人民的精神文化生活追求，更要不断创新、丰富和发展社会主义先进文化，以改革创新为核心的时代精神造就新时代中国人民全面建设社会主义现代化强国的精神境界。社会主义文化强国建设要始终贯彻为人民服务的根本宗旨，坚持从人民群众的精神文化生活需求出发，坚持以人民为中心，坚持与时代同步伐，坚持以精品奉献人民，坚持用明德引领风尚，使得人民的精神世界得到极大丰富和充实。

（四）立足人民精神文化需求传承弘扬中国传统文化

新中国成立以来尤其是改革开放以来，我国人民在经济文化生活水平

[①] 《十八大以来重要文献选编》（上），北京：中央文献出版社，2014，第24页。

上有了显著提高，中华民族的共同体意识、对新中国的认同感不断增强。中国特色社会主义建设在取得巨大发展成就的同时，也带来了生产方式、经济体制、市场机制、社会结构、利益格局的巨大变迁，我国人民在思想观念、理想信念、价值理念、道德观念等领域发生了复杂变化，个体的独立性与权利意识得以彰显、价值观多元多样乃至多变，意味着社会治理的难度、风险和成本也在增加。随着改革开放全面深化，我国经济社会发展更加深入，人民群众的生存条件、生活方式、思想观念发生了很大变化，人们在利益上、思想上的多样性、独立性显著增强，在获得知识和文化交流上的广泛性、自主性、选择性显著增强，人民群众的物质精神文化需求也在不断调整变化，在民主、法治、公平、正义、安全等方面的要求日益增长。

中国特色社会主义新时代，是全面建成小康社会的决胜阶段、是开启全面建设社会主义现代化强国的历史新阶段，是实现中华民族伟大复兴的关键时期，培育和弘扬社会主义核心价值观，建设社会主义文化强国，提升中华民族文化软实力，是中华民族凝魂聚气、强基固本的基础工程。中国特色社会主义文化建设必须坚持社会主义核心价值体系，积极培育和弘扬社会主义核心价值观，必须与我们这个民族、这个国家的人民正在进行的奋斗相结合，同需要解决的时代问题相适应。习近平说："不同民族、不同国家由于其自然条件和发展历程不同，产生和形成的核心价值观也各有特点。一个民族、一个国家的核心价值观必须同这个民族、这个国家的历史文化相契合，同这个民族、这个国家的人民正在进行的奋斗相结合，同这个民族、这个国家需要解决的时代问题相适应。"[①]传承创新中国传统文化是涵养社会主义核心价值观、丰富社会主义价值体系的重要源泉，必须立足当今中国实际和进步发展的实践需要，服从并服务于全面建设社会主义现代化强国和实现中华民族伟大复兴的宏伟奋斗目标，服从并服务于

---

① 《习近平谈治国理政》，外文出版社，2014，第171页。

满足人民群众对精神文化生活的新时代需要。

随着改革开放的全面深化和社会主义市场经济的深入发展，我国社会的所有制结构、经济成分、组织形式、就业方式、利益关系和分配方式日益多样化，经济基础决定上层建筑、社会存在决定社会意识，必然推动我国社会思想文化的多样多元乃至快速变化，与我国社会处于转型期相对应，我国社会的思想文化也必然呈现出多元多样多变的状况，甚至思潮起伏、沉渣泛起。

例如，新自由主义、普世价值论、宪政论、新闻自由论、复古主义、历史虚无主义等有一定市场；一些人价值观发生严重扭曲，拜金主义、享乐主义、极端个人主义滋长，以权谋私等消极腐败现象屡禁不止；一些领域诚信丧失，假冒伪劣产品层出、欺骗欺诈活动蔓延；一些地方封建迷信、邪教和"黄赌毒"等社会丑恶现象死灰复燃；历史虚无主义虚无的不仅是历史，尤其虚无了文化和"价值"，以至造成思想上的混乱、道德上的失范、价值观上的迷茫、理想上的动摇、信仰上的苍白；等等。这些都极大地影响和制约着我国经济社会又好又快发展。

建设社会主义文化强国必须传承弘扬中国传统文化。中国传统文化内容丰富、博大精深，在新时代可以用改革创新的时代精神对其进行理性审视，有鉴别地对待、有扬弃地继承。中国传统文化所蕴含的哲学思想、人文精神、价值理念和道德观念是中华民族走向伟大复兴的深厚历史底蕴和宝贵精神财富，蕴含着破解当今社会面临的人生难题、道德困境和价值困惑的思想启迪、价值启示和道德智慧。

大力弘扬中华文化注重整体利益的价值取向和精神传统，有利于形成中华民族的共同体意识，树立民族自尊心、自信心、自豪感和自强意识，有助于树立个人对社会、民族、国家的使命意识、责任意识和担当精神、奉献精神，自觉批判、抵制和克服极端个人主义思想；大力弘扬重视人格修养、道德教化和追求道德境界的价值取向，有利于批判和克服当前存在的一些理想缺失、信念迷失、价值困惑、道德沦丧和精神颓废等错误和不良倾向；大力弘扬自律自省、修身处世、治国理政的思想和智慧，有利于批判和克服社会中存在的自私自利、尔虞我诈、不守法纪、拜金主义、享乐主义等倾向。

二 新时代坚守中华文化立场的新要求

如何对待本国历史和传统文化，是任何一个国家在迈向现代化的进程中都必须面对的一个重大问题。党的十九大报告指出："发展中国特色社会主义文化，就是以马克思主义为指导，坚守中华文化立场，立足当代中国现实，结合当今时代条件，发展面向现代化、面向世界、面向未来的，民族的科学的大众的社会主义文化，推动社会主义精神文明和物质文明协调发展。""坚守中华文化立场"是中国特色社会主义文化建设的总要求之一。所谓"立场"，从哲学上说就是指人们认识事物与处理问题的立足点与出发点，是渗透和贯穿在认识过程中的基本态度和基本倾向。当今世界文化交流交融交锋日益频繁，更加需要以理性、科学的态度对待自己的民族文化和其他民族文化。新时代坚守中华文化立场，更要充分认识中华文化的独特优势和发展前景，进一步坚定我们民族的文化自信、文化信念、文化传统和文化追求。

（一）中华文化承载着永恒的精神价值

任何一个民族都有自己的精神命脉和精神家园。

朱熹说："半亩方塘一鉴开，天光云影共徘徊。问渠那得清如许？为有源头活水来。"（《观书有感》）一个民族的源头活水就是它的文化传统。

梁启超说："凡一国之能立于世界，必有其国民独具之特质。上自道德法律，下至风俗习惯、文学美术，皆有一种独立之精神。"[1]

---

[1] 梁启超：《饮冰室合集》专集之四，中华书局，1989，第6页。

一个民族和国家的这种"独具之特质"和"独立之精神",蕴含着这个民族和国家的主体意识和主体精神,形成了一种内在精神力量。中国传统文化是中华民族的精神命脉和精神家园,"积淀着中华民族最深层的精神追求,代表着中华民族独特的精神标识,为中华民族生生不息、发展壮大提供了丰厚滋养"①。

中华民族的伟大复兴离不开中国传统文化的精神智慧和内在力量。中华民族在长期的历史发展过程中形成的优秀思想文化,如"大道之行也,天下为公"的大同精神,"天行健,君子以自强不息;地势坤,君子以厚德载物"的君子人格,是中华民族直面人生、奋力拼搏的精神追求。

孔子的"朝闻道,夕死可矣"(《论语·里仁》)、"三军可夺帅也,匹夫不可夺志也"(《论语·子罕》),孟子的"生,亦我所欲也;义,亦我所欲也。二者不可得兼,舍生而取义者也"(《孟子·告子上》)等,记载着中华民族追求真理、追求道义的求道精神。

文天祥的"人生自古谁无死?留取丹心照汗青"、谭嗣同的"我自横刀向天笑,去留肝胆两昆仑"、方志敏的"敌人只能砍下我们的头颅,决不能动摇我们的信仰"等,记载着中华民族"精忠报国"的爱国情怀,视死如归的浩然正气、执着信念和信仰追求。

这些优秀思想观念、理想信念、人文精神不断发展和积淀,已经深深融入中国人的内心,成为中华民族的文化基因、精神血脉和独特品质。

一个国家的治理体系和治理能力,也是与这个国家的历史传承、文化传统密切相关的。"2000多年前,中国就出现了诸子百家的盛况,老子、孔子、墨子等思想家上究天文、下穷地理,广泛探讨人与人、人与社会、人与自然关系的真谛,提出了博大精深的思想体系。"②中华民族五千多年的文明史是中国特色社会主义的文化沃土,是当代中国发展进步的历史根脉。在漫长的历史发展中,中华民族积累了丰富的政治智慧、治国理政经

---

① 《习近平谈治国理政》,外文出版社,2014,第260页。
② 习近平:《在布鲁日欧洲学院的演讲》(2014年4月1日)。

验和历史遗产。其中,既有"升平之世""太平盛世"等社会发展进步的成功经验,也有"衰乱之世"、社会动荡的深刻教训。习近平说:"一个国家的治理体系和治理能力是与这个国家的历史传承和文化传统密切相关的。"①

中国传统文化处处体现着治国理政的哲学思想、人文精神、价值理念和道德规范,如"政者,正也。子帅以正,孰敢不正"(《论语·颜渊》)、"理国要道,在于公平正直"(《贞观政要》)、"不患寡而患不均,不患贫而患不安"(《论语·季氏》)、"老吾老,以及人之老,幼吾幼,以及人之幼"(《孟子·梁惠王上》)、"为政以德,譬如北辰,居其所而众星共之"(《论语·为政》)、"上好礼,则民易使也"(《论语·宪问》)、"县集而郡,郡集而天下,郡县治,天下无不治"(《史记》)等治国理政之要。再如,借鉴传统"民本""仁政"思想,树立"以人民为中心"的发展理念,切切实实实现好维护好发展好人民的根本利益;运用"修其心,治其身,而后可以为政于天下"(《洪范传》)的"修身治国"之道,加强党员领导干部的党性修养和党风建设;运用"其身正,不令而行;其身不正,虽令不从"(《论语·子路》)、"古之欲明明德于天下者,先治其国;欲治其国者,先齐其家;欲齐其家者,先修其身;欲修其身者,先正其心……心正而后身修,身修而后家齐,家齐而后国治,国治而后天下平"(《礼记·大学》)、"心不动于微利之诱,目不眩于五色之惑"(《佛祖历代通载》)等思想资源,推进全面从严治党;借鉴传统文化中"道法自然""天人合一"等思想,倡导尊重并顺应自然之道,重视绿色发展,推进新时代社会主义生态文明建设;借鉴"和而不同""政通人和""协和万邦"的思想,主张世界文明的多样性和多样文明的交流互鉴,以推动人类文明进步和世界和平发展;等等。

总之,中国传统文化蕴含的哲学思想、人文精神、价值理想、政治信

---

① 《习近平关于协调推进"四个全面"战略布局论述摘编》,中央文献出版社,2015,第84页。

念和修身之道，体现了人类思想文化的精髓，是人类文明发展的宝贵精神财富，许多内容并不会因为时代变迁而消逝，相反随着时代发展而愈发焕发出智慧与思想的光芒，具有永恒的价值魅力。

习近平多次指出，中国传统文化对于中华民族具有特殊的价值和意义，要根据新时代的发展要求，深入挖掘中国传统文化的精神财富，实现创造性转化和创新性发展，赋予其新的时代内涵和新的表达方式，激活其生命力，增强其影响力和感召力，"使中华民族最基本的文化基因与当代文化相适应、与现代社会相协调，以人们喜闻乐见、具有广泛参与性的方式推广开来，把跨越时空、超越国度、富有永恒魅力、具有当代价值的文化精神弘扬起来"[①]。

（二）坚守中华文化立场的时代选择

在当今世界文化的交互激荡中，一个国家和民族如何既守护文化传统又拥有创造活力？如何将独具特色的民族文化展示给世界，又如何以海纳百川的胸怀接受世界其他民族文化？归结到一点，就是如何处理好文化传承与文化创新、文化包容与文化坚守的关系。坚守中华文化立场，是新时代中国特色社会主义文化建设的根本要求。所谓立场，也是一个重要的价值选择范畴，它内在地蕴含着价值主体观察、认识和处理问题时的态度和定位，是主体运用自己的价值尺度去衡量、评判客体的重要标尺。不同的文化立场，影响和决定人们看待文化问题的角度和方式。

首先，坚守中华文化立场要求处理好文化传承与文化创新的关系。一个民族的文化传承，就是在尊重传统的基础上提炼出传统文化中特有的具有永恒价值的精神财富。文化传承之所以必要，从根本上讲是因为人是一种历史存在，是一种目的性存在，每个人都无法割断与历史的联系，都需要首先明确自己"从哪里来，要到哪里去"，才能肩负起历史使命继续前行，在文化传承中文明的成果才能积累，在文化积累的基础上才能开始新

[①]《习近平谈治国理政》，外文出版社，2014，第161页。

的征程。通过传承，文化世界才能不断地绵延拓展、生生不息。中华民族的历史智慧和传统文化是中国人民世世代代形成和积累的，新时代要总结传承弘扬，使之服务于实现中华民族伟大复兴的历史伟业，中华文化的生命力才能在文化传承中得以展现，在时代精神中得到升华。

文化之所以需要创新，是因为超越是人的本性，唯有不断寻求超越才能凸显出生活的价值与意义，人类社会才会获得持续性进步的不竭动力。而创新是人寻求超越的基本途径，超越自我，创新求变，人类生活才能不断获得源头活水。因此，创新是人类文化发展的内在动力，是一个民族永葆旺盛生命力和强大凝聚力的动力所在。从人类文明的发展史看，文化传承与文化创新相辅相成，呈现出内在的张力性。一方面，文化传承是文化创新的基础和根由。没有文化传承，文化创新就成了无源之水、无本之木，甚至没有了价值与意义。另一方面，只有文化创新，才能促进文化的不断繁荣发展，才能促进人的自由而全面的发展。立足文化传承，着力文化创新，是新时代推进中国特色社会主义文化建设的必然选择。

任何时代的精神文化都是特定历史条件和时代的产物。历史条件和时代不同，精神文化的内容和形式必然不同。恩格斯说："每一个时代的理论思维，包括我们这个时代的理论思维，都是一种历史的产物，它在不同的时代具有完全不同的形式，同时具有完全不同的内容。"[①]是否形成新的理论思维、人文精神和文化样式，是判断我国发展历史方位是否变化的一个重要标志。新时代对待中国传统文化决不能因循守旧甚至复古，而是需要更加深入、全面地体现新时代新要求，实现中国传统文化的创造性转化和创新性发展，使其与新时代发展要求相协调相一致。

习近平提出的"两创"原则，深刻地揭示了文化发展的内在规律，为新时代坚守中华文化立场、铸就中华文化新辉煌提供了科学方法。他说："弘扬中华优秀传统文化，要处理好继承和创造性发展的关系，实现中华

---

① 《马克思恩格斯选集》第3卷，人民出版社，2012，第873页。

文化的创造性转化和创新性发展。"[1]所谓"创造性转化"就是要"按照时代特点和要求，对那些至今仍有借鉴价值的内涵和陈旧的表现形式加以改造，赋予其新的时代内涵和现代表达形式，激活其生命力"[2]，所谓"创新性发展"就是要"按照时代的新进步新进展，对中华优秀传统文化的内涵加以补充、拓展、完善，增强其影响力和感召力"[3]。

其次，坚守中华文化立场要求处理好文化包容与文化坚守的关系。新时代是中华民族日益走近世界舞台中央、为解决人类问题贡献更多中国智慧和中国方案、为人类发展作出新的更大贡献的时代。在古今中外文化交汇的时空条件下，如何在世界舞台充分展现中华文化的民族特性和独特魅力？如何更好地展现出中华文化的时代作用？解决问题的关键在于要处理好中华文化的民族性与世界性的关系。既有民族特色又有全球视野，既坚定文化自信又坚持开放包容，既构筑中国精神、凝聚中国力量，又具有世界情怀、贡献中国智慧，推进中华文化走向世界。文化的民族性与世界性的关系，是个别与一般、个性与共性、特殊与普遍、本土与世界的关系。民族性意味着个体性、特殊性、本土性，世界性意味着各民族文化之中又贯穿着一般性、共同性、普遍性。文化的民族性与世界性反映了世界各种民族文化的差异性和统一性的辩证关系。坚守中华文化立场，把握好文化包容与文化坚守之间的关系，就是要处理好文化的民族性与世界性的矛盾。

唯物史观把人类社会看作是一个有机统一的系统。马克思认为，人类社会是"一切关系在其中同时存在而又互相依存的社会机体"[4]。所谓文化包容，就是要尊重文化的多样性，理解与欣赏异质文化、多样多彩的文化。

---

[1] 《习近平总书记系列重要讲话读本》，学习出版社、人民出版社，2016，第203页。
[2] 《习近平总书记系列重要讲话读本》，学习出版社、人民出版社，2016，第203页。
[3] 《习近平总书记系列重要讲话读本》，学习出版社、人民出版社，2016，第203页。
[4] 《马克思恩格斯选集》第1卷，人民出版社，2012，第223页。

当今世界，任何一种文化都不可能在单一语境中自给自足，不同文明的交流互鉴是当今世界文明发展的必由之路。

在世界多元、多样文化的共存与对话中，中华文化中所蕴含的"包容"精神是特别值得重视和提倡的。我国先哲早就认识到"和实生物，同则不继"的道理，将"和"作为一种理想社会状态。在治国理政方面，希望做到海涵大量，宽大为怀，宽容包纳，虚怀若谷，不以一人之智为智，而以众人之智为智；在文化选择方面，既坚持思想文化的主体性又以开放心态充分汲取其他民族文化的合理因素，为思想整合、文化构建创造更为广阔的空间，保持生命活力。

习近平指出："中华文化既是历史的、也是当代的，既是民族的、也是世界的。"[①]他还说："我们不仅要了解中国的历史文化，还要睁眼看世界，了解世界上不同民族的历史文化，去其糟粕，取其精华，从中获得启发，为我所用。"[②]在"求同存异"的前提下努力寻找多元多样文化的共鸣点、交叉点和平衡点、共同点，为建设"你中有我、我中有你"的人类文化命运共同体奉献力量。

在与世界多元多样文化的互动交汇交融之中，既要坚持文化包容又要做到文化坚守。近现代以来，随着全球化的推动和中西文化的交流、对撞和冲突，在我国文化领域曾出现色彩斑斓、纷繁复杂的局面，在文化选择上也曾出现种种主张，如全盘西化论、文化复古论、文化虚无主义、文化消费主义等思潮，既有坚持民族本位文化的立场，也有全盘西化的立场等。随着经济全球化、社会信息化、文化网络化的迅猛发展，民族文化难免受到前所未有的冲击和挑战，在文化领域出现一些极端现象，如有些人盲目崇尚外来文化尤其是西方文化，信仰新自由主义、"普世价值"，搞历史虚无主义；有些人则过度迷恋中国传统文化，主张"全面复兴儒学"、"全盘复古"乃至"以儒代马"等。

---

① 《习近平谈治国理政》第2卷，外文出版社，2017，第352页。
② 《习近平谈治国理政》，外文出版社，2014，第406页。

新时代建设中国特色社会主义文化，需要不断增强中华民族的文化认同和共同体意识，坚守中华文化立场，坚定中华文化自信。习近平深刻指出："坚定文化自信，是事关国运兴衰、事关文化安全、事关民族精神独立性的大问题。"[①]坚守中华文化立场，就是要正确处理好历史与时代、"守"与"变"、"中"与"外"的关系，"尊重世界文明多样性，以文明交流超越文明隔阂、文明互鉴超越文明冲突、文明共存超越文明优越"[②]。同时，积极借鉴和大胆吸收人类文明发展的一切优秀成果，着力提升文化软实力，以更加自信的文化心态积极参与世界文明对话和交流，更好地展示中华文化的独特魅力，增强世界影响力。

（三）体现社会主义先进文化要求

党的十九大报告和二十大报告对发展中国特色社会主义文化提出了两个重要思想。

一是提出了发展中国特色社会主义文化的总体要求。党的十九大报告指出："以马克思主义为指导，坚守中华文化立场，立足当代中国现实，结合当今时代条件，发展面向现代化、面向世界、面向未来的，民族的科学的大众的社会主义文化，推动社会主义精神文明和物质文明协调发展。"党的二十大报告进一步指出："全面建设社会主义现代化国家，必须坚持中国特色社会主义文化发展道路，增强文化自信，围绕举旗帜、聚民心、育新人、兴文化、展形象建设社会主义文化强国，发展面向现代化、面向世界、面向未来的，民族的科学的大众的社会主义文化，激发全民族文化创新创造活力，增强实现中华民族伟大复兴的精神力量。"这一总体要求，明确了发展中国特色社会主义文化的指导思想、性质、目的和途径。

二是提出了发展中国特色社会主义文化要坚持的"三个重大原则"，即党的十九大报告提出的"要坚持为人民服务、为社会主义服务，坚持百

---

① 《习近平谈治国理政》第2卷，外文出版社，2017，第349页。
② 习近平：《决胜全面建成小康社会　夺取新时代中国特色社会主义伟大胜利——在中国共产党第十九次全国代表大会上的报告》（2017年10月18日）。

花齐放、百家争鸣，坚持创造性转化、创新性发展，不断铸就中华文化新辉煌"和党的二十大报告提出的"坚持马克思主义在意识形态领域指导地位的根本制度，坚持为人民服务、为社会主义服务，坚持百花齐放、百家争鸣，坚持创造性转化、创新性发展，以社会主义核心价值观为引领，发展社会主义先进文化，弘扬革命文化，传承中华优秀传统文化，满足人民日益增长的精神文化需求，巩固全党全国各族人民团结奋斗的共同思想基础，不断提升国家文化软实力和中华文化影响力"。在这三个"坚持"中，第一个"坚持"是文化发展方向，第二个"坚持"是文化发展方针，第三个"坚持"是文化发展方法。这三个"坚持"，构成了发展中国特色社会主义文化的大政方针和方法途径。

发展中国特色社会主义文化的总体要求和必须坚持的"三个重大原则"，也是传承弘扬中国传统文化的新时代要求。"发展面向现代化、面向世界、面向未来的，民族的科学的大众的社会主义文化"是社会主义先进文化的发展方向，也是中国特色社会主义文化的重要特征，新时代传承弘扬中国传统文化必须符合社会主义先进文化的性质要求和前进方向，必须服务于发展中国特色社会主义文化。是否与当代文化相适应，是否与现代社会相协调，是衡量和判断传承弘扬中国传统文化的重要标准。

传承弘扬中国传统文化，必须立足当代中国发展实际和实践需要，结合新时代要求，在继承中创新、在创新中发展、在发展中弘扬，重点是深入挖掘中国传统文化所蕴含的思想观念、价值理念、人文精神和道德规范，阐释其普遍意义、当代价值和永恒魅力，促进中国特色社会主义文化强国建设。

社会主义先进文化的核心要义是社会主义核心价值观，它集中体现了新时代的中国精神，凝结着全体人民共同的价值追求，为新时代中国社会发展进步提供了精神引领。社会主义核心价值观包括"富强、民主、文明、和谐，自由、平等、公正、法治，爱国、敬业、诚信、友善"等十二个价值理念，它规定和指引着新时代传承弘扬中国传统文化的时代内涵，传承弘扬中国传统文化必须接受其检验和洗礼。社会主义核心价值观不仅为我国社会发展进步所需要，其中许多价值理念也是我国传统社会一直崇尚的价值遵循，但是并不是每一个价值遵循都包含在中国传统文化之中，像"民主、自由、平等、法治"这些核心价值遵循，则更多的是属于现代社会发展进步所遵循的核心价值理念，为中国传统文化所忽视，或者说很少成为中国传统文化自觉的、核心的价值追求。

新时代传承弘扬中国传统文化，要用现代的、世界的、发展的眼光看问题，决不是简单地回归过去，"文化复古主义"是没有出路的，甚至还可能成了"开历史的倒车"。新时代要继承和弘扬中国传统文化的哪些内容，批判和抛弃哪些内容，以什么样的方式传承弘扬，必须坚持社会主义先进文化的进步标准和时代要求，要用民主、自由、平等、公正、法治等现代社会发展进步的核心价值追求来衡量和取舍，而不能与之相违背、相背离。凡是与现代社会发展进步的核心价值追求相冲突、相违背的传统文化元素，都不应该拿来继承、学习和弘扬，必须经过创造性转化和创新性发展，赋予其符合现代社会发展进步的新的时代内涵，才能为今天所用。

（四）赋予中国传统文化以时代内涵和现代表达形式

根据新时代新要求实现中国传统文化的创造性转化和创新性发展，不仅要体现在性质、原则、内涵上，还要体现在形式、方式和方法上。传承弘扬中国传统文化，要去伪存真，取其精华，去其糟粕，古为今用，厘清中国传统文化的源流发展，把中国传统文化的原义他义和传统形式转化为时代今义和现代形式。

党的十八大以来，以习近平同志为核心的党中央对实现中华优秀传统文化在新时代的创造性转化和创新性发展提出了一系列重要论断。习近平指出："传统文化在其形成和发展过程中，不可避免会受到当时人们的认识水平、时代条件、社会制度的局限性的制约和影响，因而也不可避免会存在陈旧过时或已成为糟粕性的东西。这就要求人们在学习、研究、应用传统文化时坚持古为今用、推陈出新，结合新的实践和时代要求进行正确取舍，而不能一股脑儿都拿到今天来照套照用。要坚持古为今用、以古鉴今，坚持有鉴别的对待、有扬弃的继承，而不能搞厚古薄今、以古非今，努力实现传统文化的创造性转化、创新性发展，使之与现实文化相融相通，共同服务以文化人的时代任务。"[1]

所谓"创造性转化"，就是要按照时代要求、时代特点和时代发展进步潮流，对那些至今仍有启迪意义的内容和陈旧表现形式加以改造，赋予其以新的时代内涵和现代表达形式，激活其生命活力。

所谓"创新性发展"，就是要按照时代发展进步要求和新技术新形式，对中国传统文化的内涵加以补充、拓展和完善，增强其影响力和感召力。

在传播方式上，既需要立足传统传播方法又需要创新传播理念，进行观念革新、方法拓展，想方设法让中国传统文化"活起来"；既需要创新传播模式，通过网络媒体等构筑互动、多元、立体的传播路径，又需要创新传播方式方法，进行时尚、动感、有趣的传播，让人们在形象化、深刻化的感知中接受中国传统文化。经过诸如此类的扬弃、拓展和完善，中国传统文化才能在更多层面广泛流传。

首先，赋予中国传统文化以新的时代内涵。传承弘扬中国传统文化，要根据新时代新要求，以社会主义核心价值观为基本遵循，科学分析、仔细厘清中国传统文化中的"精华"与"糟粕"，去伪存真，即使对待"精华"也要通过创造性阐释和现代性转换，赋予其以新的时代内涵。中华传统美德是中国传统文化的精髓，传承弘扬中国传统文化首先要深入挖掘其所蕴含的思想观念、价值理念、人文精神和道德规范。习近平指出，要运用历史唯物主义立场观点方法研究孔子和儒家思想，坚持古为今用，去粗取精，去伪存真，因势利导，深化研究，使其在新时代条件下发挥积极作用。他要求对历史文化，特别是先人传承下来的思想观念、

---

[1] 习近平：《在纪念孔子诞辰2565周年国际学术研讨会暨国际儒学联合会第五届会员大会开幕会上的讲话》（2014年9月24日）。

人文精神和道德规范，要坚持古为今用、推陈出新，坚持有鉴别的对待、有扬弃的继承。

例如，"孝"作为父母与子女关系的一种基本伦理原则，是每个人必须传承的中华传统美德，然而对待中国传统文化所推崇的"孝"，新时代并不能抱着"拿来主义"的态度全盘接收。这是因为自汉代以来，为了政治需要，原来作为人伦关系的"孝"已经被君主专制政治注入和附加了很多政治性内容，最终演变成一种无条件的依附、服从和忠诚。因此，我们首先必须剥离出"孝"中的政治内容，恢复人伦关系之"孝"的本原。在现代社会，人伦之"孝"中的父母与子女已不再是单向的依附和顺从，而是一种基于平等人格的双向权利与义务关系。以现代标准来看，包含"埋儿奉母""恣蚊饱血""卧冰求鲤"这些有违基本人伦行为的"二十四孝"就不能不加选择、不经阐释就直接拿来大肆宣传。

其次，赋予中国传统文化以现代表达形式。习近平指出："要系统梳理传统文化资源，让收藏在禁宫里的文物、陈列在广阔大地上的遗产、书写在古籍里的文字都活起来。"[①]赋予中国传统文化以现代表达形式，就是让文物、遗产、文字"活起来"的重要方式。

在现代社会，不仅科学技术、传播载体和传播方法等有了重大进步和发展变化，而且人们的生活环境、思想观念、认知方式、思维方式和审美情趣等也发生了很大变化，如果仅仅沿用以往的传统表达方式和传播渠道，甚至主张恢复文言文、以"之乎者也"的方式来继承中国传统文化，则中国传统文化很难在现代社会得以有效弘扬和广泛传播。在这种情况下，必须与时俱进，适应现代社会人们的思想观念、审美特点和接受心理，创新传播载体和手段、方法和途径，用人民群众喜闻乐见的方式弘扬中国传统文化。

近年来，一些媒体陆续推出的《中国汉字听写大会》《中国成语大会》

---

① 《习近平谈治国理政》，外文出版社，2014，第161页。

《中国诗词大会》《国家宝藏》等节目，一些地方推行的经典阅读、家风评比、书院讲座，由于内容鲜活、形式活泼，找准了中国传统文化与中国特色社会主义文化的结合点、找准了中国传统文化与新时代的连接点、找准了中国传统文化与受众的共鸣点，取得了很好的传播效果，深受广大人民群众好评。我们要总结和借鉴这些好经验好做法，审时度势，因势利导，在内容、手段、载体、方法和途径上不断创新，对中国传统文化作出古今相承、喜闻乐见、通俗易懂的当代表达，赋予其新的时代内涵和现代表达方式，让中国传统文化在新时代发扬光大。

三 新时代建设社会主义文化强国的新要求

文化是一个国家、一个民族的灵魂，文化认同是一个国家、一个民族文化自信的源泉和根基。人类社会的每一次跃进，人类文明的每一次提升，无不伴随着文化的历史性进步和质的飞跃。文化兴则国运兴，文化强则民族强。没有中华新文化的繁荣和兴盛，就没有中华民族的伟大复兴。"全面建成社会主义现代化强国"是中国特色社会主义建设事业在新时代的战略安排，"建成社会主义文化强国"是"全面建成社会主义现代化强国"的重要组成部分，是我国"五位一体"总体布局中的重要内容之一。在全面建成小康社会的基础上，我国将开启全面建成社会主义现代化强国、迈向"强起来"的新征程。这无疑对新时代中国特色社会主义文化建设提出了新要求，新时代中国特色社会主义文化建设承担着新的历史使命。

（一）文化软实力是现代化强国的题中应有之义

全面建成社会主义现代化强国，是一个综合性的发展目标。就国内而言，它不仅包含着经济实力、科技实力、军事实力等方面的各项任务和发展目标，也包含着政治、文化、社会、生态发展等方面的各项任务和发展目标。也就是说，全面建成社会主义现代化强国需要两条腿走路：一是发展硬实力，二是提升软实力。习近平说："硬实力不强一打就败，软实力不强不打自败。"全面实现社会主义现代化强国目标，本质是实现中华民族从"大国"到"强国"的巨变。

我国已经是世界的第二大经济体，无论是从国土面积、人口数量还是从经济总量、综合实力，无疑都是一个名副其实的大国，但是还称不上是"强国"，还不够"强"。从"大国"到"强国"的跨越和提升，是完成从数量向质量、从效率向公平的提升，是完成从硬实力向硬实力和软实力并重的整体提升，是向世界既输送物质产品、技术产品又输送思想理论、精神产品、制度产品的提升。这是"全面建成社会主义现代化强国"的重要标志。党的十九大从中国特色社会主义事业"五位一体"的总体布局出发，把"文明结构"规定为物质文明、政治文明、精神文明、社会文明、生态文明等"五大文明"框架，并把它作为全面实现社会主义现代化强国目标的主要内涵，就体现了这一从整体上、质量上提升的要求。

让软实力也"硬起来""强起来"，将是我国全面建设社会主义现代化强国的重中之重，是中华民族为人类社会作出新的重要贡献不可偏废的重要内容。英国前首相撒切尔夫人曾轻蔑地认为我国永远也成不了超级大国，因为我国没有那种可以用来推进自己的权力和思想，进而削弱西方国家的具有"传染性"的学说。她甚至认为根本不用担心我国的发展，因为我国在未来几十年甚至一百年内，无法给世界上提供任何新思想。她认为我国不会成为世界上的超级大国，因为我国出口的是产品而不是思想观念。她认为我国的知识体系不能参与世界知识体系的建构，不能成为知识生产的大国。她认为即使我国在快速地发展和崛起，但充其量也只能成为一个物质生产大国，而在精神文化的生产和创新乃至输出上仍然是一个无须重视的"小国"。

任何一个国家在迈向现代化的进程中，在提升经济实力、科技实力、军事实力等硬实力要素的同时，也必须提升政治（制度）软实力、文化软实力和国际影响力等软实力要素，这些也是更为特殊和重要的现代化元素。约瑟夫·奈曾指出，一个国家的综合国力既包括经济实力、科技实力、军事实力等硬实力，也包括以思想文化和意识形态吸引力体现出来的软实力。他认为，硬实力依然重要，但是在信息时代，软实力正在变得比以往更为突出，更为重要。

所谓"文化软实力"，是判断一个国家现代化水平和状态不可或缺的衡量指标，是除了经济实力、科技实力、军事实力、政治（制度）软实力等以外的文化力量，既包括思想观念、理想信念、价值理念、道德观念、文化教育、国民心态、国民形象、民族精神、语言文字，也包括文化产品如图书、报纸、期刊、电影、电视、新媒体等的影响及其产生的无形力量，体现的是一种隐形力量和影响力，如思想影响力、观念传播力、道德辐射力和文化产品亲和力等。文化的力量表面上看似乎很"软"，但却是一种不可忽略的伟力。"文化软实力"作为引领和支撑社会发展的精神动力、智力支持和思想保证，越来越成为一个国家或民族凝聚力和创造力的重要源泉，越来越成为综合国力竞争的要素，越来越成为"现代化强国"的重要内容。

党的十八大以来，我国正在加速补足成为世界性强国所需要的基本要件，并在经济总量、贸易总量、资源能源生产总量、一般性工业化能力和科技创新等方面取得了突破。中国特色社会主义新时代更加需要加紧在人均富裕程度、核心科技创新、前沿军事技术、文化软实力、国际影响力等领域补齐短板，尽快实现从"大国"到"强国"的跨越。到中国共产党成立100周年时即2021年全面建成惠及十几亿人口的更高水平的小康社会，到新中国成立100周年时即2049年将全面建成富强民主文明和谐美丽的社会主义现代化强国——这就是中国特色社会主义建设的强国目标和宏伟蓝图。党的二十大对全面建成社会主义现代化强国、以中国式现代化全面推进中华民族伟大复兴进行了谋篇布局，作出了战略部署，并在深刻把握社会主义文化建设规律和文化在新时代新征程中的地位作用基础上，对建设社会主义文化强国作出了具体部署，为新时代不断推进中国特色社会主义文化的自信自强、铸就社会主义文化新辉煌、增强实现中华民族伟大复兴的精神力量提供了行动纲领和基本遵循，提供了"路线图"和"方法路径"，充分体现了以习近平同志为核心的党中央的"社会主义现代化强国观"和"社会主义文化强国观"。

（二）文化强国是现代化强国的战略支撑

人类社会发展的历史规律表明，一个民族和国家的崛起和强盛，离不开这个民族和国家辉煌的优秀的先进的文化指引，离不开这个民族和国家强大的隐形的民族精神和民族凝聚力作支撑。从人类社会发展的历史进程看，每次巨大的社会进步往往都是以进步观念引领、思想启蒙解放、文化转型升级和文化复兴繁荣为先导的。

中外历史证明了这一规律。如果没有我国春秋战国时期的"百家争鸣"，就不会有秦汉"大一统"思想和国家的形成，以及经济、政治、文化的发展繁荣；没有欧洲中世纪的"文艺复兴"、宗教改革和思想启蒙运动，就不会有欧洲近代以来的科技革命、工业革命和西方资本主义文明的蓬勃兴起。在日新月异的变革时代，"文化"更是作为一种看不见的精神力量，对一个国家的"综合国力"起着越来越重要的作用。因此，在当今时代，"文化强国"战略越来越成为许多国家"强国"的必然选择。

建设社会主义文化强国，是我国全面建设社会主义现代化强国的先导和重要标志，是全面建设社会主义现代化强国的战略支撑。全面实现社会主义现代化强国目标，离不开中华文化的复兴和新辉煌。就目前现状而言，我国的经济社会发展虽然取得了举世瞩目的巨大变化，尤其是在经济总量上已经跃居为世界第二大经济体，但相比之下，我国的文化发展水平与经济发展水平还不平衡、满足人民群众日益增长的精神文化需求还不充分，与我国的国际地位还不协调，这不利于社会主义现代化强国目标的实现，也不利于我国从"大国"到"强国"地位的跃升。

习近平指出："中国特色社会主义文化积淀着中华民族最深层的精神追求，代表着中华民族独特的精神标识，是中国人民胜利前行的强大精神力量。"①建设中国特色社会主义文化是凝聚民族精神、塑造和铸就人民信仰的基础工程,是促进国家繁荣、保障民族兴旺发达、满足人民精神文化需求的根本举措。因而,要改变我国目前的发展不平衡不充分的现状,就要实现文化建设上的创新驱动,让文化建设引领经济社会发展,实现"文化强国"的夙愿,从而树立我国在世界上的文化大国、文化强国形象。

因此,在经济、科技、军事等方面快速发展的基础上,走文化兴国、文化强国之路,是全面实现社会主义现代化强国的重要内容和必然抉择,这不仅可以极大地提升我国广大人民群众的思想道德素质、增强我国广大人民群众科学文化本领、提升全社会的文明程度,而且能够针对不同群体实现其创造性和自我价值,从而为全面建设社会主义现代化强国注入源源不断的创造活力。建设社会主义文化强国,不仅可以加强全体人民对中国特色社会主义文化的维护和认同,而且可以从更深层次向国际社会展示一个更全面更丰富更生动的中国形象,从而增强国与国之间的更深了解与交流合作,增强中华文化的国际感染力、影响力和魅力。习近平指出,提高国家文化软实力"不仅关系我国在世界文化格局中的定位,而且关系我国国际地位和国际影响力,关系'两个一百年'奋斗目标和中华民族伟大复兴中国梦的实现"②。

(三)服务于中华民族伟大复兴的新要求

实现中华民族伟大复兴,是近代以来饱受欺凌的中华民族一直梦寐以求的愿望和期盼,是我们这个民族、这个国家正在勠力同心奋斗的宏伟目标,是当代中国最宏大、最精彩的故事。要实现这一宏伟目标,世界上没有固定的发展道路和发展模式可供选择,必须立足我国自己的基本国情,走适合中国实际的发展道路,才是唯一正确的选择。习近平指出:"当代中国的伟大社会变革,不是简单延续我国历史文化的母版,不是简单套用马克思主义经典作家设想的模板,不是其他国家社会主义实践的再版,也

---

① 《习近平谈治国理政》第2卷,外文出版社,2017,第51页。
② 《习近平关于社会主义文化建设论述摘编》,中央文献出版社,2017,第198页。

不是国外现代化发展的翻版，不可能找到现成的教科书。"①中华民族独特的文化传统、独特的历史命运、独特的基本国情，注定了中华民族必然走适合自己特点的发展道路。

实现中华民族伟大复兴，首先必须有文化主体意识的觉醒和民族文化的自觉，必须找回近代以来中华民族失落的精神家园。我们必须围绕我国的发展大势与世界发展大势以及面临的重大时代课题，着力构建体现中国特色、中国风格、中国气派的思想理论体系和哲学社会科学体系，提出能够体现中国立场、中国价值、中国智慧的观念、理念和主张，为全面实现社会主义现代化强国目标提供思想基础、精神支撑和智力支持，为改善全球治理贡献中国方案。有着几千年深厚积淀的中国传统文化，应该也可以发挥其创造性潜能，为实现中华民族伟大复兴和改善全球治理体系发挥强劲的精神力量。

近现代以来，西方现代化发展道路的利弊已经为世界所认识，我们要走出西方现代化的误区，要走出不加反思地应用西方学科框架和解释范式来重塑中华文化的误区，"如其所是"地研究中国传统文化的源流发展、本来面目及其应有价值。对待中国传统文化不能仅仅满足于将"过去"解释清楚，更要根据历史发展、时代要求和现实条件，从"现在"和"未来"去看"过去"，把中国传统文化的"过去""现在""未来"贯通起来，把它的"原义"搞明白、"他义"和"歧义"搞清楚，才能结合时代要求实现其创造性转化和创新性发展，把它的"今义"搞透彻，才能真正使其为建设中国特色社会主义文化服务。

根据新时代新要求，从历史和现实的维度看，我国要继续走中国特色社会主义发展道路，实现中华民族伟大复兴的中国梦，必须立足中国实际，顺应世界发展潮流和时代发展趋势，把"重思中国"和"反思西方"有机地结合起来。"重思中国"和"反思西方"并不是彼此分割的两个独

---

① 《习近平关于社会主义文化建设论述摘编》，中央文献出版社，2017，第88页。

立的文化过程，而往往是同时进行、相互联系的文化批判过程。所谓"重思中国"，就是要求我们必须走出近百年来中华民族动辄检讨自己和揭老底，缺乏历史文化自尊、自信的"文化自卑"心理，去正视中国传统文化的积极价值，取其精华，去其糟粕，构建起具有中国特色、中国风格、中国气派的思想体系和理论框架。所谓"反思西方"，就是要求我们必须克服盲目崇拜、片面移植西方理论的"全盘西化"怪圈，反思近代以来西方现代化发展模式的弊端，警惕"全球化"语境下西方强国凭借其经济、科技、军事等强势力量推行文化霸权的野心和图谋。"文化自大""文化自卑""全盘西化"都是错误的。

在鸦片战争后的很长一段时间，由于"救亡图存"的历史任务压倒一切，中华民族为了完成民族独立、人民解放和国家富强、人民幸福的两大历史任务，曾以原发型或始发型现代化的西方强国为师，很少意识到西方现代化进程的弊端和困境，缺乏对西方现代化和西方文化的反思和鉴别，处处时时以西方的思想观念、理论体系、科技教育等来观照中国传统文化，曾无法自知民族文化的应有价值，不能正确地认识中国传统文化在中华民族现代化进程中的应有定位，"中国传统文化落后论""中国传统文化过时论""全盘西化论"等曾经甚嚣尘上。中国特色社会主义进入新时代，随着人们对现代性的反思和批判，中国传统文化的当代价值和世界意义已经被越来越多的人所肯定，也为世界上越来越多的国家所认同。亚洲四小龙的现代化实践，向人们生动地诠释了以儒家文化为主体的东方文化经过创造性转化和创新性发展，不但不会阻碍现代化的历史进程，而且同样能为现代化发展提供优秀的思想文化资源和精神动力。

新时代传承弘扬中国传统文化，不仅是因为中国传统文化是我们祖先留传下来的民族文化遗产，而且还在于中华文明是世界上唯一绵延五千多年而不绝的世界古老文明，是一种开辟了具有世界历史意义的东亚文明和东亚世界的文化，是一种包含了普遍性关系和普遍性原则的文化传统和文明形态。中国传统文化由于具有世界性影响、世界性意义，包含着普遍性原则，因而不仅属于过去，而且必将属于世界、属于未来、属于现代化，必将为实现中华民族伟大复兴提供丰富深厚、源源不断的文化资源和历史底蕴。

（四）新时代凝聚和弘扬中国精神的现实要求

毛泽东说："人总是要有一点精神的。"一个国家、一个民族更是如此。人无精神不立，国无精神不强。精神的力量是无穷的，这种精神是一种情怀、一种超越，是一种不甘沉沦平庸、不甘屈服落后、不甘得过且过的血性和品格。

中华民族是一个十分注重修炼精神世界和精神砥砺的民族。在五千多年的文明历史进程中，培育和塑造了中华民族伟大的民族精神，这种民族精神包括"民为贵，社稷次之，君为轻"的民本精神、"先天下之忧而忧，后天下之乐而乐"和"天下兴亡，匹夫有责"的爱国精神；包括"天行健，君子以自强不息"的奋斗精神和"地势坤，君子以厚德载物"的道德精神、"仁义博爱""扶危济困"的利他精神；包括"诚实守信""谦敬礼让"的自律精神、"忧劳兴国""俭以养德"的勤俭精神；等等。中华民族精神的核心是爱国主义精神，主要内容是团结统一、爱好和平、勤劳勇敢、自强不息。这种民族精神，是凝心聚力的兴国之魂、强国之魂。正是凭着这种民族精神，中华民族不断创造和发展出灿烂的中华文明。

新的历史时期呼唤新的时代精神。中国共产党成立以来，中国共产党领导中国人民以一往无前的"大无畏"精神、开拓进取精神开展波澜壮阔的伟大实践，为中国精神注入了全新的时代内涵和时代精神。改革开放新时期最突出的标志是解放思想、实事求是、与时俱进，最显著的成绩是快速发展。改革开放40多年来，妨碍发展的思想观念被逐步冲破，束缚发展的陈规陋习被逐步改变，影响发展的体制机制弊端被逐步革除，迎来人的思想大解放、观念大转变、精神大振奋、发展大突破，改革创新成为时代最强音和社会主旋律，成为引领时代进步潮流、引领我国社会发展的精神伟力。

伟大的时代孕育伟大精神，伟大精神支撑伟大梦想。中国特色社会主义进入新时代，习近平对"伟大的中华民族精神"提出了四个新的重要论断：中国人民是具有伟大创造精神的人民、是具有伟大奋斗精神的人民、是具有伟大团结精神的人民、是具有伟大梦想精神的人民，"创造、奋斗、团结、梦想"八个字成为中华民族精神的核心要义，是中国人民不竭的力量源泉。他说："中国人民的特质、禀赋不仅铸就了绵延几千年发展至今的中华文明，而且深刻影响着当代中国发展进步，深刻影响着当代中国人的精神世界。中国人民在长期奋斗中培育、继承、发展起来的伟大民族精神，为中国发展和人类文明进步提供了强大精神动力。"[1] 始终发扬"创造、奋斗、团结、梦想"的伟大民族精神，是新时代中华民族走向未来、实现梦想最坚实的底气、最强大的动力和最根本的保证。

在新时代全面建设社会主义现代化强国的新征程中，只有大力弘扬伟大民族精神和时代精神，让强基固本、凝心聚力的兴国之魂、强国之魂融入全面建设社会主义现代化强国的全过程，中华民族才能创造新的辉煌历史，谱写伟大复兴的精彩乐章，更加朝气蓬勃地迈向未来，才能更加自信、更加昂扬地屹立于世界民族之林。传承弘扬中国传统文化，就是要让伟大的中华民族精神焕发出更加强劲的精神伟力。"有这样伟大的人民，有这样伟大的民族，有这样的伟大民族精神，是我们的骄傲，是我们坚定中国特色社会主义道路自信、理论自信、制度自信、文化自信的底气，也是我们风雨无阻、高歌行进的根本力量！"[2]

（五）增强中华文化国际影响力的必然要求

当今时代，世界各民族文化交流交锋交融、世界文明交流互鉴，是人类社会文明的发展趋势，也是建设社会主义文化强国应有的世界眼光和国际视野。文化自信是道路自信、理论自信和制度自信的基础，是更基本、更深沉、更持久的自信。实现中华民族伟大复兴，需要中国文化和文化中国的世界传播，需要具有文化自信、文化自强、文化自觉的中国人应有的

---

[1] 习近平：《在第十三届全国人民代表大会第一次会议上的讲话》（2018年3月20日）。
[2] 习近平：《在第十三届全国人民代表大会第一次会议上的讲话》（2018年3月20日）。

骨气和底气。建构中华文化的主体性是建设社会主义文化强国的必要前提，增强文化自信是建设社会主义文化强国的底气和骨气，弘扬中国精神、凝聚中国力量、彰显中国价值是建设社会主义文化强国的丰富内涵，为世界文明发展贡献中国智慧和中国方案是建设社会主义文化强国的大国担当。只有文化的全面繁荣发展，才能让中华民族伟大复兴之路走得远走得好。

增强我国文化软实力，建设社会主义文化强国，提升中国特色社会主义文化的国际影响力，是我国全面建设社会主义现代化强国的重要内容。历史启示我们，在一定意义上，文化是一个民族在世界民族之林赢得尊严和敬意的根本，国际话语权是一个国家"文化软实力"和世界影响力的重要体现。国际话语权的大小强弱，关系到一个国家和民族的根本利益，关系到国家的主权和尊严，关系到国家在世界上的地位和影响力。努力提高我国国际话语权，是建设社会主义文化强国的必然要求。

中国特色社会主义进入新时代，中华民族决不能在重大国际场合和国际斗争中"无语""失声""缺位"。习近平明确提出，要努力增强我国的国际话语权，精心构建我国的对外话语体系，创新对外话语表达，提高我国对外话语的创造力、感召力和公信力，大力提升中华文化国际影响力。党的十九大报告明确要求："加强中外人文交流，以我为主、兼收并蓄。推进国际传播能力建设，讲好中国故事，展现真实、立体、全面的中国，提高国家文化软实力。"

一是打造融通中外的对外话语体系，讲好中国故事。历史证明，落后就要挨打，贫穷就要挨饿，失语就要挨骂。用西方的话语体系裁剪我国的实践、衡量我国的发展，常常让我国陷入西方的"话语陷阱"，使我国在国际争论和交锋中处于劣势。我们要在中外利益的交汇点、话语的共同点、情感的共鸣点上下功夫，寻找"最大公约数"，形成可以"通约"的对外话语体系，达到同频共振，才能让全世界真正理解当代中国道路、中国理论、中国制度和中国文化。注意区分政治话语、学术话语与大众话语，实现三者有机统一，更好地传播中国理念、中国立场和中国方案。只有打造融通中外的对外话语体系，讲好中国故事，才能在世界上树立起我国的"文明大国形象"、"东方大国形象"、"负责任大国形象"和"社会主义大国形象"[①]。

二是增强国际传播能力，传播好中国声音。当今世界的舆论格局仍然是"西强我弱"，这种情况对提升我国国际话语权及影响力是极为不利的，打造融通中外的对外话语体系，创新对外话语表达和对外文化交流方式，大力增强我国的国际传播能力，就显得极为重要。习近平指出："要下大气力加强国际传播能力建设，加快提升中国话语的国际影响力，让全世界都能听到并听清中国声音。"

三是积极参与全球治理，贡献具有世界意义的中国方案。当今世界，全球治理面临着一系列难题和挑战，原有的治理方案效力递减，世界期待着新的治理思路、主张和方案。围绕全球治理和世界发展面临的一系列重大问题，我国应该积极参与全球治理，提出具有中华文化底色、中华民族特色的治理理念、主张和方案，提升我国在地区性乃至全球性治理中的话语权和影响力。党的十八大以来，我国发起成立了亚洲基础设施投资银行、金砖国家新开发银行、丝路基金、南南合作援助基金、国际发展知识中心等地域性或全球性机构，提出了"一带一路"和构建"人类命运共同体"倡议，丰富了全球治理的体制机制，为破解世界难题提供了新思路，受到普遍赞誉。

四 在文明互鉴中升华中国传统文化的新要求

世界文化的多样化和丰富性，是各民族不同文化相互依存、对话、交流的产物，也是在不同民族文化的相互依存、对话、交流中发展的，

---

① 参见《习近平谈治国理政》，外文出版社，2014，第162页。

表现为不同民族文化之间"你中有我、我中有你",具有"和而不同"、丰富多彩的特征。当今世界,随着经济全球化、政治多极化、社会信息化的深入发展,不同地域、不同民族和国家的思想文化交流交汇交融交锋更加频繁,文化、文明的多样性更是成为世界文明发展的常态,任何一个民族都无法离开世界文明发展而孤立地发展,要发展和弘扬本民族文化离不开对其他民族文化文明成果的积极学习借鉴。中国特色社会主义新时代,中华民族必须以更加开放的姿态和宽阔的胸怀,在向世界其他民族优秀文明成果学习借鉴中不断地丰富升华中华文化,不断推进社会主义先进文化的繁荣发展。文明交流互鉴是升华中国传统文化的重要途径。

(一)文明多样性是世界文明发展的常态

远在历史还没有转变为世界历史之前,零星地活动在地球上的各个民族的先民们,已经开始了认识世界和改造世界的生存实践活动或物质生产劳动,开启了认识自然和改造自然、创造人类社会的文明活动。每一个民族的先民们都是立足于他们当时所面临的自然环境,根据自己的生存活动方式而独立地,因而也是孤立地开启了自己民族文化发展的征程。

然而,近代以来由于资本主义国家为了殖民扩张、扩大商品销路而开拓世界市场所掀起的"全球化"运动,使地球上越来越多的国家生产和消费都变成世界性的了,完全打破了过去那种民族性、地域性和区域性的自给自足、闭关自守的社会状态,无论是在物质生产生活方面还是在精神生产生活方面,不同民族、国家和地域间的互相往来越来越多,互相依赖越来越强,成为世界历史发展的必然趋势。马克思、恩格斯说:"民族的片面性和局限性日益成为不可能,于是由许多种民族的和地方的文学形成了一种世界的文学。"[①]这种由许多民族和地方的文学彼此参与、交流、碰撞、融合而形成的"世界的文学",全面地包容着不同民族由各自先民们

[①] 《马克思恩格斯选集》第1卷,人民出版社,2012,第404页。

所创造出来的具有独特个性、特殊性的文化或文明类型，因而拥有多样性的世界文明。

从根本上来说，任何一个民族传承下来的民族文化，在整个世界文明发展格局中都是不可忽视和抹杀的一元，都是具有独立个性、特殊性的文化，都具有自己特殊的价值和意义，因为它们深刻地融入在各个民族生存、发展的历史过程中。在与大自然相斗争、抗衡、互动的过程中，在认识世界和改造世界的过程中，各个民族所形成和积累起来的认识、经验和体验，蕴含着独特的人生理想、生活意义和生命价值追求。不同民族文化或文明，因各自的独特个性或特殊性而必然促成世界文明的多样性。这是一个不争的历史事实，而且不同文明间的差异性与整个世界文明的多样性，构成了共生的关系，两者不可分割地相互联系在一起。

文明的多样性，不仅是世界文明形成的客观历史基础，而且是世界文明健康发展的前提。在人类历史上，在不同的历史时期，先后有不少民族都曾创造了辉煌的文明，然而经历了一定的时代之后，由于各种原因诸如自然灾害、战争、疾病等，有的归于沉寂。例如，古埃及文明、古印度文明、古巴比伦文明、古玛雅文明等，今天人们只能到博物馆或文物遗址去瞻仰和追思。德国著名历史学家、哲学家奥斯瓦尔德·斯宾格勒曾相信任何文明都像有机体那样必然经历一个生成、发展、衰亡的过程，因而对文明的发展持有一种悲观态度。然而，事实上，尽管历史上的确出现过一些曾经无比辉煌的文明走向了衰亡，但文明并不必然走向衰亡。具有五千多年历史绵延至今的中华文明，是其中一个不可否认的例子。客观而言，导致一些民族文明衰亡的因素极为复杂多样，然而不可忽视的事实是，当今人类社会依然存在着不同的文明类型，文明的多样性是世界文明发展的常态。

承认文化、文明的多样性是世界文明发展的常态，它要求人类社会要自觉地认识到，无论哪一个国家或民族，任何想用强制的手段来解决世界文明的差异、矛盾和冲突的做法，不仅是极端愚蠢的，而且也是不可能的，因为那样一来不仅无法取得任何成功，而且只能导致不同民族之间更大的冲突乃至灾难。还要认识到，无论哪一个国家或民族，只有自觉地接受文化、文明的多样性这一客观事实，自觉地通过与其他民族文明之间的交流、学习与互鉴，才能真正地解决当今世界不同民族文明之间的碰撞、矛盾和冲突的问题，充分地促进不同民族之间的和谐共处，共同促进人类社会文明的进步、发展和繁荣。

（二）文明互鉴是推动民族文化发展繁荣的重要条件

正如前面提到的，奥斯瓦尔德·斯宾格勒所阐释的文明发展规律，虽然具有悲观主义论调的色彩，但文明确实会消亡却是一个被历史证明了的事实。因此，文明可能出现衰亡，的确时刻在警告着任何一个民族，即任何一个民族对自己所创造的文化和文明决不能抱有盲目乐观的想法，不能幻想它会永久地繁荣和昌盛下去。相反，它很可能在不知不觉中不可避免地趋于衰亡、消灭。

奥斯瓦尔德·斯宾格勒的研究启示我们，任何一个民族都必须以高度的忧患意识、警惕意识和积极态度去推动民族文化的发展，去不断传承和弘扬自己优秀的文化传统，去创造新的文明成果和文明形态。客观而言，在由不同民族文化所促成的文明多样性的世界文明发展格局中，任何一个民族都需要通过不同文明之间的交流、学习、互鉴，才能推动本民族文化的发展和繁荣。

文明互鉴是世界上任何民族推动自身民族文化发展和繁荣的重要条件，无论从何种角度或立场否定或忽视文明互鉴，都是极其愚蠢的，对本民族文化的发展和繁荣势必造成不可估量的损失。不可否认，世界上各个民族因为彼此间相对独立而创造出了各具鲜明民族特色、民族个性或民族特殊性的民族文化，为人类贡献了不可抹杀的文明成果。从某种意义上说，正是因为相对独立、个性和特殊性，这种贡献才具有意义，因为"只有民族的才是世界的"，民族性和世界性是一个辩证的有机统一体。然而，在文化或文明发展过程中，民族文化的独立性、个性和特殊性既是优势也可能是劣势。如果没有必要的文明互鉴，一味地固守本民族文化的独立性、个性和特殊性或民族特色，或者刻意保护这种独立性、个性和特殊性，从而排斥和抵制与世界上其他民族的文化进行必要的交流与互鉴，就不可避免地出现文化的同质化，势必逐渐导致民族文化的封闭、僵化，甚至衰亡。

一种民族文化如果不经常地吸收和容纳新的文明因素，就会不断被同质化，而同质化的结果就是僵化和衰亡。文化的同质化是任何民族在传承和发展自身民族文化时必须警惕的趋势，如何克服和避免这种同质化趋势，是发展和繁荣民族文化不可不深入研究的重要问题。无数历史证明，要想克服和避免民族文化的同质化，不断促进和推动民族文化的发展和繁荣，就必须积极地、广泛地与世界上其他民族优秀的文化进行交流、学习和互鉴，通过文化、文明的交流互鉴，以保持和不断丰富本民族文化的独立性、个性和特殊性，在保持民族特色的前提下积极地吸收和借鉴其他民族文化所创造的有益的、优秀的文明成果。

（三）建设社会主义文化强国需要文明互鉴

中华民族具有五千多年的文明历史，绵延发展至今，创造了辉煌灿烂的中华文明，而且不断焕发出生机，呈现出伟大复兴的态势。这是人类文明发展史上令人无比感叹的奇迹。事实上，这一奇迹的出现并不神秘，它只不过是中华民族善于以开放的胸怀和世界眼光，积极地与其他民族、其他文明不断交流、学习、互鉴的结果。历史表明，光辉灿烂的中华文明就是在与其他文明不断交流互鉴中丰富发展起来的。历史也将继续证明，在当今时代，更加积极开放的中华民族，必将通过文明互鉴而不断创造新的、辉煌灿烂的文明成果，在建设中国特色社会主义文化强国的过程中推进中华民族、中华文明的伟大复兴。

发展、壮大民族文化，不断延续和丰富本民族所创造的文明成果，是任何一个民族都必须科学对待、谨慎对待的严肃课题，是一个需要运用科学的原则和方法论加以指导的极端重要的工作。也就是说，学习外来文化决不是一件瞎子摸象般纯粹盲目的事情，而是一件科学、严谨的事情，容不得半点的马虎与大意。因为在人类文明发展史上，不同民族之间文化或不同文明之间的互动、作用或影响极为复杂，既有野蛮民族借助武力、暴力，即通过战争的方式征服文明民族，最终导致先进文明毁灭的可悲结局，也有文明民族虽被一时征服但往往又以自己的文明征服发起侵略的野蛮民族的奇特现象，更有盲目地学习，全盘照搬其他民族文化、文明模式而彻底否定本民族文化，造成文化上的民族自我迷失的愚蠢现象。

善于学习借鉴外来文明成果，是中华民族的优良传统。发展社会主义先进文化，推进新时代社会主义文化强国战略，增强中国特色社会主义文化自信，更需要我们始终做好与世界文明的交流互鉴。要着眼于社会主义先进文化的本质规定和发展要求，自觉运用马克思主义世界观、方法论，对世界上其他国家、民族创造的文明成果进行科学认识、学习和借鉴。学习借鉴其他国家、民族的文明成果或优秀文化，必须立足于建设中国特色社会主义事业，立足于推进社会主义文化强国战略，目的在于全面建设社会主义现代化强国和实现中华民族伟大复兴中国梦。坚持科学的、正确的文明互鉴，是建设中国特色社会主义文化任何时候都不能放弃的原则。习近平说："对丰富多彩的世界，我们应该秉持兼容并蓄的态度，虚心学习他人的好东西，在独立自主的立场上把他人的好东西加以消化吸收，化成我们自己的好东西，但决不能囫囵吞枣、决不能邯郸学步。照抄照搬他国的政治制度行不通，会水土不服，会画虎不成反类犬，甚至会把国家前途命运葬送掉。只有扎根本国土壤、汲取充沛养分的制度，才最可靠、也最管用。"[1]

善于学习外来文化和进行文明交流互鉴，关键在于一个"善"字。一个"善"字蕴含着丰富的内涵。首先，应当充分认识到，任何文化在本质上都是"人"的文化，是特定的文化主体或民族创造出来的，学习、借鉴

---

[1] 习近平：《在庆祝全国人民代表大会成立60周年大会上的讲话》（2014年9月5日）。

外来文化、文明成果，首要的前提就是必须牢牢树立民族文化主体意识，确立民族文化主体地位，要以我为主，为我所用。其次，应当在全面认识和科学把握本民族文化自身状况和品格的基础上，做到取长补短、择善而从，即善于吸收借鉴外来优秀的文明成果，而不是简单地奉行拿来主义——对外来的东西不加分辨，一概奉为宝贝，奉为灵丹妙药，全盘照搬，直接拿来就用。最后，要始终保持开放姿态，以宽广胸怀和博大气魄，积极参与多层次、多领域的世界文化交流对话，不断丰富和发展本民族文化的内涵和形式。

只有在世界文明的交流互鉴中，才能创造中华文化的新辉煌。列宁曾言："只有确切地了解人类全部发展过程所创造的文化，只有对这种文化加以改造，才能建设无产阶级的文化。"[1]建设新时代中国特色社会主义文化不是闭门造车，更不是闭关自守，而是要在广泛汲取人类一切优秀文化的智慧和营养的基础上进行综合创新，才能创造中华文化的新辉煌。习近平指出："只有交流互鉴，一种文明才能充满生命力。"[2]新时代中国特色社会主义文化建设要紧跟世界发展大势，以全球眼光、国际视野和世界胸怀深入分析当今世界文化发展的内在规律及其发展趋势，以开放、包容、平等的心态尊重、看待、欣赏世界多样文化，在世界多样文化的交流互鉴中广泛吸收文明成果和有益养分，使新时代中国特色社会主义文化在世界文化发展大势中焕发出鲜活的生命力。

五　努力构建"人类命运共同体"的新要求

党的十八大以来，积极构建"人类命运共同体"这一重大命题的提出，顺应了人类社会发展的时代潮流和世界各国人民对和平、发展的美好

---

[1] 《列宁专题文集：论无产阶级政党》，人民出版社，2009，第281页。
[2] 习近平：《在联合国教科文组织总部的演讲》（2014年3月27日）。

价值诉求，是中国化马克思主义对人类文明发展作出的新贡献。构建"人类命运共同体"，不仅需要各国通力协作，注重经济发展与贸易往来等方面的合作与交流，也需要各国从价值、实践、心理等文化维度出发，推动"人类命运共同体"在文化向度的建设与发展，为构建"人类命运共同体"注入文化力量，夯实人文基础。

（一）构建"人类命运共同体"的文化向度

唯物史观认为，文化的民族性、多样化、丰富性是人类社会长期发展的产物，是人类社会文化发展的一个基本特征。人类社会经过长期发展，形成了形态各异、丰富多彩、异彩纷呈的世界各民族文化，当今世界共有200多个国家和地区、2500多个民族、6000多种语言，不同区域的不同的民族、国家和地区各自创造了独特的文化，共同创造了丰富多彩的世界文化。维护和促进世界文化的民族性和多样化，是不同民族、国家和地区的共同愿望，也是推动人类文明进步的重要动力。构建"人类命运共同体"的倡议有利于凝聚不同文化之间的价值共识，从而化解不同文化之间的隔阂与冲突，为世界各国人民携手共建和平发展的美好世界奠定文化根基。

马克思曾说："人们为之奋斗的一切，都同他们的利益有关。"[①]纵观人类文明发展的历史，世界各民族之间发生文化冲突与隔阂的根本原因，归根到底是由"零和博弈"的利益矛盾所引起的，而"人类命运共同体"理念倡导的是"在追求本国利益时兼顾他国合理关切，在谋求本国发展中促进各国共同发展，建立更加平等均衡的新型全球发展伙伴关系，同舟共济，权责共担，增进人类共同利益"[②]。这种理念和主张，从经济层面为化解文化冲突与隔阂提供了物质经济支撑，并在构建"人类命运共同体"的实践过程中得到发展。

文化具有多样性，每个地区、民族、国家都有自己独特的文化，尊重彼此的文化差异，增进文化上的相互理解与认同，是构建和谐互助的"人类

[①] 《马克思恩格斯全集》第1卷，人民出版社，1995，第187页。
[②] 《十八大以来重要文献选编》（上），中央文献出版社，2014，第37页。

命运共同体"的题中之义。不同文化之间如果缺乏有效的沟通交流,就容易产生误解、矛盾、冲突与隔阂,长此以往势必影响国家之间经济、政治等方面的对话与合作。因而要构建和谐共生的"人类命运共同体"就必须在尊重文化差异性、多样性的前提下,促使不同文化、文明之间相互交流、了解和学习,寻找彼此间的文化共识,化解文化上的误解、矛盾乃至冲突,增进相互理解和感情共鸣的基础。"开放包容""和而不同,美美与共""兼容并蓄""交流互鉴"等关键词是"人类命运共同体"理念所倡导的文化共识和人文基础。习近平说:"我们应该维护各国各民族文明多样性,加强相互交流、相互学习、相互借鉴,而不应该相互隔膜、相互排斥、相互取代。"[1]只有这样才能推进人类文明实现创造性发展,并为维护世界和平与发展提供价值共识。

如果说"人类命运共同体"是新时代中国为解决全球治理危机而提供的一种可行性方案,那么促进文化的交流互鉴、化解文化冲突与隔阂,则是推动"人类命运共同体"构建的必由之路。古语云:"和羹之美,在于合异。"推动世界文明交流互鉴,是推动构建"人类命运共同体"的不二路径。构建"人类命运共同体"的理念,充分尊重世界文明与文化的民族性、多样性,倡导世界各国文化交流互鉴,建设一个开放包容的世界。正如习近平所说:"人类文明多样性赋予这个世界姹紫嫣红的色彩,多样带来交流,交流孕育融合,融合产生进步。"[2]

不同文明和文化间的交流互动互鉴,是推进世界各国在情感上认同、支持"人类命运共同体"理念的有效途径之一。世界各国人民之间不仅需要加强经济合作,同时也需要注重人文交流与对话。"人类命运共同体"理念在本质上是构建一种新型的人类文明观、全球文化观。而只有通过不同文明、文化间的相互交流、融合与吸收,才能为"人类命运共同体"的构建奠定一定的文化共识和人文基础。"应该推动不同文明相互尊重、和

---

[1] 习近平:《在纪念孔子诞辰2565周年国际学术研讨会暨国际儒学联合会第五届会员大会开幕会上的讲话》(2014年9月24日)。

[2] 《习近平谈治国理政》第2卷,外文出版社,2017,第524页。

谐共处，让文明交流互鉴成为增进各国人民友谊的桥梁、推动人类社会进步的动力、维护世界和平的纽带。我们应该从不同文明中寻求智慧、汲取营养，为人们提供精神支撑和心灵慰藉，携手解决人类共同面临的各种挑战。"[1]当今时代随着经济全球化和社会信息化的进一步发展，世界范围内的文化交流与互鉴正日益广泛而深入，这无疑为"人类命运共同体"的构建提供了文化支撑。构建"人类命运共同体"需要不断推进文化的交流互鉴。

一是提高对外开放水平，增强文化的国际传播力。近年来，随着我国国际地位的提高，文化的交流互鉴将会在更高层次、更广阔的空间上展开，要善于抓住关键时间节点、重要会议场合，积极创设具有影响力的话语和议题。例如，要善于利用作为建设"人类命运共同体"的主要实践平台的"一带一路"，不仅要将其打造成沿线国家间贸易畅通和资金融通之路，更要将其建设成各国之间文明交流互鉴之路。

二是加强文化交流话语体系建设，增进国家间的相互理解与支持。习近平说："要以文明交流超越文明隔阂、文明互鉴超越文明冲突、文明共存超越文明优越，推动各国相互理解、相互尊重、相互信任。"[2]推进世界文明的交流互鉴，必须加强文化交流话语体系建设，这直接关系到国家间相互理解、相互尊重、相互信任的程度。因而，构建"人类命运共同体"要因地制宜地建设一套符合不同国家交流习惯的文化话语体系，进一步增进国家间的理解与支持，在无形中促进国家间的信任。

三是积极搭建文化交流载体和平台，实现合作共赢、和谐共生。构建"人类命运共同体"不是要搞中国一家的"独奏"，而是要演奏不同民族不同文化在相互交流、借鉴、融合过程中的"大合唱"，即在相互尊重不同文明和文化差异性和多样性的基础上，实现合作共赢、和谐共生。在互联网和信息技术的推动下，文化的交流与传播发生了巨大变化，除了利用传统的报纸、电视、电影等文化交流手段之外，还要善于运用网络媒体、手

---

[1] 《习近平谈治国理政》，外文出版社，2014，第262页。
[2] 《习近平谈治国理政》第2卷，外文出版社，2017，第513页。

机、数字报刊等数字化、现代化的传播交流手段。

（二）构建"人类命运共同体"的文化担当

构建"人类命运共同体"不仅关涉不同民族、国家间经济、政治、社会、外交等的合作与交流，而且与世界各国之间的文化建设密切相关。文化建设是构建"人类命运共同体"的重要方面。从人类文明发展的过程看，"人类命运共同体"在本质上是一种新型的文明观，"文化共同体"是"人类命运共同体"的重要组成部分。因而，要想让世界各国树立"人类命运共同体"意识，将"人类命运共同体"理念内化于心、外化于行，离不开各国之间文化的交流互鉴与融合。面对世界范围内各国思想文化交流交融交锋的新情况新特点，如何在推动构建"人类命运共同体"的进程中提高我国在国际上的话语权，增强中国文化软实力，是新时代全面建设社会主义现代化强国、实现中华民族伟大复兴中国梦迫切要解决的一个重大课题。同时，提高中国文化话语权，切实遵循文化发展与传播规律，大力促进世界文明交流互鉴机制的形成，积极搭建世界文明交流互鉴的平台，主动推动国际文化新秩序的建构，也是推动构建"人类命运共同体"的重要路径。

习近平指出："文明因交流而多彩，文明因互鉴而丰富。任何一种文明，不管它产生于哪个国家、哪个民族的社会土壤之中，都是流动的、开放的。这是文明传播和发展的一条重要规律。"[①] 推动文化在世界各国之间的相互交流、互学互鉴，不仅有利于为不同文明之间架起了解与沟通的桥梁，也有助于为构建"人类命运共同体"奠定坚实的文化基础。随着中国日益走进世界舞台的中央，与不同文明间的对话交流势必会不断增强，文化空间与视野也必将会得到不断扩宽。因而，要提高中国文化的国际影响力和号召力，首先要切实遵循文化发展和传播的规律。

在推进世界文明交流互鉴的过程中，不仅要坚持因地制宜、因国施

---

① 习近平：《在纪念孔子诞辰2565周年国际学术研讨会暨国际儒学联合会第五届会员大会开幕会上的讲话》（2014年9月24日）。

策，充分尊重不同民族和国家的文化思维习惯和风俗，运用交流互鉴容易接受和理解的语言方式和表达方式，传播中国文化，而且要在遵循传播规律的前提下，运用生动形象、丰富多彩、符合不同民族和国家语言习惯的话语体系和表达方式，真正做到"中国故事，国际表达"的目标要求。

新时代中国特色社会主义文化是面向世界、面向未来、面向现代化的文化，必须要有胸怀天下的胸襟，把自身的大繁荣大发展作为世界文化发展的一个重要方面，在世界文明的坐标系中来审视自身，以回答和解决关乎人类前途命运的重大问题、共同面临与关注的时代命题和全球性问题为己任，明确我国作为一个文明古国、发展中大国和社会主义国家在构建"人类命运共同体"进程中所承担的时代使命，为世界和平发展和人类文明发展提供中国智慧和中国方案，作出中国贡献。"占人类四分之一的中国人民，将会在决定人类共同命运中起重大的作用。"[1]

新时代中国特色社会主义文化建设，要勇于承担促进世界文明交流互鉴的世界担当，塑造一个"坚持和平发展、促进共同发展、维护国际公平正义、为人类作出贡献的负责任大国形象，对外更加开放、更加具有亲和力、充满希望、充满活力的社会主义大国形象"[2]。

建设新时代中国特色社会主义文化强国，要积极向世界充分展示中华文化的精神禀赋和历史智慧。当今世界，西方资本主义国家主张的文化霸权主义和文化帝国主义，"丛林法则式"的文化发展道路造成了全球范围内越来越严重的文化冲突和文明冲突。全球性对西方现代化模式、文化发展模式的现代性反思，为中国特色社会主义文化走向世界舞台提供了时代契机和国际平台。我们要充分利用这一时代契机和国际平台，通过生动形象地向国际世界展现中华民族的发展历史，表明中华文化的发展立场和开放包容的博大胸襟，阐述中国特色社会主义文化中所蕴含的和平开放的价

---

[1] 伊曼纽尔·沃勒斯坦：《现代世界体系》第1卷，高等教育出版社，1998，第2页。
[2] 习近平：《建设社会主义文化强国　着力提高国家文化软实力》，《人民日报》2014年1月1日。

值理念、中国特色社会主义文化的丰富内涵，承担起中国作为世界上最大发展中国家对维护世界和平发展大局的历史使命和责任担当，让世界客观全面充分地了解中国文化、了解中国，进一步彰显中华文化的世界意义，为全球化背景下的文明进步提供中国智慧和中国方案。

（三）坚持文化的民族性和世界性相统一

人类社会的发展历史表明，人类文明因交流而多彩，因互鉴而丰富，文明的交流互鉴是推动人类文明进步和世界和平发展的重要动力。不同民族和国家在数百年甚至数千年的历史发展变迁中，经过岁月的淘洗，都积淀了异彩纷呈的民族传统文化，虽然这些民族传统文化风格迥异，但都闪耀着人类智慧的光辉。中华民族具有五千多年文明历史，历来具有开放性和包容性，新时代在传承创新中国传统文化的过程中，更要以世界胸怀、全球眼光和国际视野，大胆吸取和借鉴人类文明发展所凝结的一切有益成果，不断丰富中华文化的殿堂，充分体现文化的民族性与世界性的有机统一。

新时代我国对外开放的大门将持续打开，将不断拓展对外开放的深度，不断拓展对外开放的广度。习近平说："中国的大门对世界始终是打开的，不会关上。开着门，世界能够进入中国，中国也才能走向世界。"[①] 从这个意义上说，新时代中国特色社会主义文化建设也必将秉持开放态度，必须具有全球眼光、国际视野和世界胸怀，把社会主义文化强国建设"放到世界和我国发展大历史中去看"[②]，"放在我国和世界发展大势中来审视"[③]。新时代传承弘扬中国传统文化，要善于运用辩证唯物主义和历史唯物主义的立场观点方法，正确处理文化的民族性与世界性的辩证关系。这一时代要求，主要包括两个方面：

一是在世界文明的交流互鉴中充分彰显中国传统文化的本色、优点和

---

① 习近平：《共担时代责任　共促全球发展》，《人民日报》2017年1月18日。
② 习近平：《在哲学社会科学工作座谈会上的讲话》（2016年5月17日）。
③ 习近平：《在文艺工作座谈会上的讲话》（2014年10月15日）。

长处。推进世界文明交流交融、互学互鉴是让世界变得更加美丽、各国人民生活得更加美好的必由之路。习近平指出："对人类社会创造的各种文明，无论是古代的中华文明、希腊文明、罗马文明、埃及文明、两河文明、印度文明等，还是现在的亚洲文明、非洲文明、欧洲文明、美洲文明、大洋洲文明等，我们都应该采取学习借鉴的态度，都应该积极吸纳其中的有益成分。"①

在长期的历史发展中，中华民族培育和形成了自己独特的思想观念、理想信念、价值理念、人文精神和道德规范，有讲仁爱、重民本、守诚信、崇正义、尚和合、求大同等思想观念和理想信念，有天下为公、天人合一、自强不息、厚德载物、精忠报国等价值理念和人文精神，有为政以德、敬业乐群、扶正扬善、扶危济困、见义勇为、孝老爱亲等道德规范和传统美德，无论是过去还是现在都有其永不褪色的永恒价值。

在关于文化建设的一系列讲话中，习近平系统阐发了民族文化的独立性与世界文明的交流互鉴之间的辩证关系。他指出文明特别是思想文化是一个民族、一个国家的灵魂。无论哪一个民族、哪一个国家如果不珍惜自己民族的思想文化，丢掉了思想文化这个灵魂，那么这个民族、这个国家是立不起来的。本国本民族要珍惜和维护自己的思想文化，也要承认和尊重别国别民族的思想文化。他说："每一个国家和民族的文明都扎根于本国本民族的土壤之中，都有自己的本色、长处、优点。我们应该维护各国各民族文明多样性，加强相互交流、相互学习、相互借鉴，而不应该相互隔膜、相互排斥、相互取代，这样世界文明之园才能万紫千红、生机盎然。"②

新时代传承弘扬中国传统文化，要立足于世界文明的道义制高点，深刻阐明中华文明对世界文明发展进步作出的重大贡献，深刻阐发中国传统

---

① 习近平：《在纪念孔子诞辰2565周年国际学术研讨会暨国际儒学联合会第五届会员大会开幕会上的讲话》（2014年9月24日）。
② 习近平：《在纪念孔子诞辰2565周年国际学术研讨会暨国际儒学联合会第五届会员大会开幕会上的讲话》（2014年9月24日）。

文化在增强国家文化软实力、建设社会主义现代化强国中的重要作用，鲜明提出中华民族在维护世界和平发展和维护世界文明多样性进程中的中国方案和国际主张，充分彰显"和而不同、求同存异"等中华文化精髓在世界舞台上的风采，充分体现中华文化在处理国际事务、实施国际战略中的中国智慧和独特优势，充分展现中华文化作为我们中国人的底气和骨气，充分展现我们民族的文化自信。

二是大胆借鉴人类文明发展的一切有益成果。"越是民族的越是世界的"，在新时代，我们对世界形势的发展变化、对世界上出现的新事物新情况、对各国出现的新思想新观点新知识，我国都要加强宣传报道，以利于积极借鉴人类文明创造的一切有益成果。习近平指出："强调承认和尊重本国本民族的文明成果，不是要搞自我封闭，更不是要搞唯我独尊、'只此一家，别无分店'。各国各民族都应该虚心学习、积极借鉴别国别民族思想文化的长处和精华，这是增强本国本民族思想文化自尊、自信、自立的重要条件。"[①]在充分彰显中国传统文化的本色、优点和长处的同时，"还要睁眼看世界，了解世界上不同民族的历史文化，去其糟粕，取其精华，从中获得启发，为我所用"[②]。

建设中国特色社会主义文化，创造新时代中华文化的新辉煌，要求我们在外来文化面前既要坚守中华文化立场，又要重新审视中国传统文化的时代意义和现代价值，全面认识中国传统文化，取其精华，去其糟粕；既要充分看到和发掘中国传统文化的独特优势，又要大胆借鉴和吸收人类文明发展所取得的一切有益成果，实现其现代化转换，使其与世界发展潮流相一致，与现代文明相融合，对内形成实现中华民族伟大复兴中国梦的强大引领力凝聚力，对外不断增强其在世界范围内的吸引力和影响力。

习近平指出："强调民族性并不是要排斥其他国家的学术研究成果，

---

① 习近平：《在纪念孔子诞辰2565周年国际学术研讨会暨国际儒学联合会第五届会员大会开幕会上的讲话》（2014年9月24日）。

② 《习近平谈治国理政》，外文出版社，2014，第406页。

而是要在比较、对照、批判、吸收、升华的基础上，使民族性更加符合当代中国和当今世界的发展要求，越是民族的越是世界的。解决好民族性问题，就有更强能力去解决世界性问题；把中国实践总结好，就有更强能力为解决世界性问题提供思路和办法。这是由特殊性到普遍性的发展规律。"①

英国哲学家罗素曾对中国文化发展寄予厚望。他说："如果中国能免受外国的戕害，那么，从现在起，这一复兴的精神可以发展出一种较世界上任何文化都更加优秀的文化。"②百年前罗素的慨叹在当今世界依然具有现实意义。

当今中国已经进入新时代，已经成功解决了中华民族"站起来"和"富起来"的问题，现在正在解决"强起来"的问题。"强起来"不仅是强大的经济实力、科技实力、军事实力，还是强大的文化软实力、制度软实力、国际影响力及其先进文明模式。中华文化传承着中华民族昨天的历史，书写着今天的奋斗，引领着明天的未来。新时代中华民族在民族独立、国家富强后提出坚定文化自信，建设社会主义文化强国的目标，在实现中国梦的追求中共同创造人民的美好生活，既是对中华民族走向"强起来"的伟大奋斗，也是对人类文明发展作出新的重大贡献，中华民族将更好地以文明大国、东方大国、负责任大国以及社会主义大国的形象与姿态展现在世界面前。

---

① 习近平：《在哲学社会科学工作座谈会上的讲话》（2016年5月17日）。
② 罗素：《中国问题》，学林出版社，1996，第197页。

第四章

新时代传承弘扬中国传统文化的重要指针

党的十八大以来，中国特色社会主义进入新时代。新时代催生了新的历史使命，也对传承弘扬中国传统文化提出了新任务新要求，吹响了全面建设社会主义文化强国、实现中华民族伟大复兴的号角。在新的历史条件下和社会实践基础上，习近平着眼于全面建设社会主义现代化国家、实现中华民族伟大复兴中国梦的宏伟目标，坚持马克思主义立场观点方法，坚持和发展中国共产党对待中国传统文化的科学态度，对新时代传承弘扬中国传统文化提出了一系列新要求，为新时代传承弘扬中国传统文化指明了前进方向。

一　在世界文化激荡中站稳脚跟的历史根基

党的十九大报告十分明确地指明了中华优秀传统文化、中国革命文化和社会主义先进文化三者的不同地位、作用和内在联系。中国传统文化是新时代中国特色社会主义文化的重要根源和历史根基，即中国特色社会主义文化根植于中国特色社会主义伟大实践，源自中华民族五千多年文明历史所孕育的中华优秀传统文化，熔铸于中国共产党领导中国人民在革命、建设、改革进程中创造的中国革命文化和社会主义先进文化。不忘历史才能创造未来，善于继承才能创新发展。习近平指出："抛弃传统、丢掉根本，就等于割断了自己的精神命脉。"[1]只有从延续民族文化的精神血脉中

---

[1] 《习近平谈治国理政》，外文出版社，2014，第164页。

开拓前进，才能发展今天的中国特色社会主义事业。

（一）中国传统文化这个源头不能丢

文化就像是一条河，是一条从"过去"经"现在"而流向"未来"的长河。这条河流生生不息，延续着一个国家和民族的精神血脉，很难被人为地隔断。如果我们仅仅把传统与现代看成是一种历时性关系，用实体性思维来看待一个国家、一个民族的传统，那么传统文化就变成了封闭的、僵死的东西，变成可有可无的故纸堆和历史的"垃圾堆"。

实际上，一个国家、一个民族的传统文化，不仅属于"过去"，还深刻影响甚至规定"现在"，影响着"未来"。中国传统文化并非只局限于禁宫里的文物和故纸堆中的文字，它其实离我们的生活世界并不遥远，渗透于日常生活的方方面面。作为前人生存活动的结果和实践智慧的结晶，中国传统文化总是影响并形塑着今天的每一个中国人，成为今天中国人的精神世界的一部分。每一个中国人从一出生就必须面对和接受祖先留传下来的语言文字、礼仪习俗和人文精神、道德规范等，没有办法选择逃避。

中国特色社会主义文化源自中国传统文化。随着时代变迁和历史发展进步，中国传统文化的具体形态虽然也不断与时俱进，但是它所积淀的哲学精髓、思想观念、价值理念、人文精神和道德规范却没有根本改变。由于文化发展的相对独立性，有的时候即使生产力与生产关系、经济基础发生了巨大变革，文化也具有相对的稳定性、连续性和传承性。中国传统文化已经深深地融入中华民族的精神血脉并成为中华文化的文化基因，植根于每一个中国人的内心，潜移默化地影响着中国人的思维方式和行为习惯，塑造着中国人的民族性格和民族认同。

习近平深刻指出："我们生而为中国人，最根本的是我们有中国人的独特精神世界，有百姓日用而不觉的价值观。"[①]中国传统文化这个源头不

---

① 《习近平关于社会主义文化建设论述摘编》，中央文献出版社，2017，第116页。

能丢,也无法丢。一旦离开中国传统文化这片土壤,中国特色社会主义文化建设将成为无源之水、无本之木,不可能得到繁荣发展。对于中国人来说,如果抛弃了中国传统文化这个根和魂,我们的精神世界将变得不再丰富和完整,精神生活的独特性也将很难得以维系。习近平说:"历史和现实都表明,一个抛弃了或者背叛了自己历史文化的民族,不仅不可能发展起来,而且很可能上演一场历史悲剧。"①

(二)中华民族共同体意识的文化纽带

文化是一个民族共同体意识的重要载体。中华优秀传统文化源远流长、海纳百川、博采众长、博大精深,是中华民族共同体意识形成和巩固的黏合剂,是中华民族具有强大凝聚力、向心力和整合力的重要根源。如果抛弃中华优秀传统文化、丢掉根本,就等于割断了中华民族的精神命脉。因此,深化中华文化认同,建设各民族共有的精神家园,是巩固中华民族共同体意识的文化纽带。

我国有56个民族,是一个统一的多民族国家,各民族在分布上交错杂居、文化上兼收并蓄、经济上相互依存、情感上相互亲近,形成了你中有我、我中有你的多元一体格局。建设中华民族共有精神家园、铸牢中华民族共同体意识,是各民族共同的责任。党的十九大报告指出,要铸牢中华民族共同体意识,加强各民族交往交流交融。习近平用朴实而深刻的话语道出了铸牢中华民族共同体的真谛,他说各民族多元一体是老祖宗留给我们的一笔重要财富,也是我们国家的一个重要优势。我国各族人民共同缔造了中华人民共和国,都为中华民族形成和发展作出了卓越贡献。历史证明,深化中华优秀传统文化认同,对筑牢中华民族共同体意识具有重要意义。

中华民族在几千年的文明发展历程中,为克服内忧外患所付出的代价是无比巨大的,但正是这些代价换来了中华民族共同体的生存和发展。

---

① 《习近平关于社会主义文化建设论述摘编》,中央文献出版社,2017,第12页。

中华民族虽历经无数次天灾人祸的苦难，有时几近灭亡的边缘，但作为一个统一的多民族国家始终没有被消灭，而是顽强生存至今，成为世界上唯一没有中断文明历史的伟大民族，究其根本原因，就是中华优秀传统文化中所蕴含的厚德载物、自强不息、奋发图强、和谐共生的伟大精神。

1937年，中华民族国难当头，毛泽东同志亲笔撰写《祭黄帝陵文》，这样歌颂始祖黄帝："赫赫始祖，吾华肇造。胄衍祀绵，岳峨河浩。聪明睿知，光被遐荒。建此伟业，雄立东方。"在祭文中，毛泽东同志深切地表达了中华儿女奋起抗击日本帝国主义、为民族独立解放而奋斗的决心。他还在另文中这样礼赞伟大的中华民族："我们中华民族有同自己的敌人血战到底的气概，有在自力更生的基础上光复旧物的决心，有自立于世界民族之林的能力。"[1]

中国特色社会主义进入新时代，习近平深切指出："中华民族具有5000多年连绵不断的文明历史，创造了博大精深的中华文化，为人类文明进步作出了不可磨灭的贡献。经过几千年的沧桑岁月，把我国56个民族、13亿多人紧紧凝聚在一起的，是我们共同经历的非凡奋斗，是我们共同创造的美好家园，是我们共同培育的民族精神，而贯穿其中的、更重要的是我们共同坚守的理想信念。"[2]

2005年9月至10月，中国政研会曾在北京市组织开展了"弘扬以仁义礼智信为主要内容的中华民族传统美德抽样问卷调查"。调查显示，71.9%的人听说过仁义礼智信，69.1%的人了解或了解一些仁义礼智信的基本内涵；68.7%的人会把仁义礼智信作为衡量他人道德水平的重要标准，71.3%的人会以其要求自己。调查表明，以仁义礼智信为主要内容的中华传统美德影响深远，今天依然发挥着一定的影响力，得到人民群众的广泛认同。调查还显示，80.7%的人认为弘扬以仁义礼智信为主要内容的中华传统美德有现实意

---

[1] 《毛泽东选集》第1卷，人民出版社，1991，第161页。
[2] 《习近平谈治国理政》，外文出版社，2014，第39页。

义。这说明，人民群众对弘扬以中华传统美德为重要内容的中华优秀传统文化的愿望十分强烈，顺乎民意，具备较为深厚的群众基础。[1]

中华优秀传统文化是由我国各民族的优秀传统文化组成的，中华各民族有着不同的文化传统和特色，但都是中华优秀传统文化的组成部分，都是中华民族共有的精神财富。筑牢中华民族共同体意识，就要深化中华文化认同、建设中华民族共有精神家园、筑就民族之魂、汇聚民族力量。新时代繁荣发展中国特色社会主义文化，一个非常重要的内容就是要传承创新发展中华优秀传统文化，形成各民族同呼吸、共命运、心连心的强大精神纽带；切实尊重、保护和传承各民族文化，在尊重差异、包容多样中实现各民族文化交融共生、和谐发展，共筑各民族共有的精神家园。

（三）做中华优秀传统文化的忠实传承者和弘扬者

近代以来，随着西方强势文化的入侵和传播，中国传统文化受到西方文明尤其是近代以来资本主义文化的冲击。如何处理外来文化和本土文化的关系，成为近代以来中华民族寻求现代化过程中遭遇的一大难题。从最初的"盲目排外"到洋务派坚持"中学为体，西学为用"，再到五四时期新文化运动高调宣扬"打倒孔家店"，中国人民在对待中西文化的立场上经历了很大的转变。中国共产党坚持历史唯物主义的观点，既反对不加辨别、全盘肯定传统文化的复古主义态度，也反对全盘否定、全盘抛弃传统文化的历史虚无主义态度。以毛泽东同志为主要代表的中国共产党人虽然是在五四新文化运动的洗礼中成长起来的，但是他并不是一个传统主义者和全盘西化论者，而是主张融合中西文化的优点，改造两种文化的缺点。

毛泽东充分肯定新文化运动在反帝反封建的民主革命中所起的积极作用，但是明确反对在对待中国传统文化上的过激做法。他说："世界文明

---

[1] 参见《中国人的美德：仁义礼智信》，中国人民大学出版社，2006，第36页。

分东西两流,东方文明在世界文明内,要占个半壁的地位。然东方文明可以说就是中国文明,吾人似应先研究过吾国古今学说制度的大要,再到西洋留学才有可资比较的东西。"[1]可见批判中国传统文化的前提就是要对其有必要的了解、研究和分析。

中国共产党历来都主张辩证地看待中国历史遗产和文化传统,传承弘扬中华优秀传统文化,做中华优秀传统文化的忠实继承者和弘扬者。毛泽东说:"今天的中国是历史的中国的一个发展;我们是马克思主义的历史主义者,我们不应当割断历史。从孔夫子到孙中山,我们应当给以总结,承继这一份珍贵的遗产。"在新的历史条件下,习近平重申:"在带领中国人民进行革命、建设、改革的长期历史实践中,中国共产党人始终是中国优秀传统文化的忠实继承者和弘扬者,从孔夫子到孙中山,我们都注意汲取其中积极的养分。"[2]显然这种辩证态度和方法是科学的、理性的、正确的。2013年习近平在中共中央政治局第十二次集体学习时提出,要引导人们向往和追求讲道德、尊道德、守道德的生活,让13亿人的每一分子都成为传播中华美德、中华文化的主体。

中华民族有着源远流长的文化传统和博大精深的传统文化,在中国特色社会主义新时代一定能够创造出中华文化的新辉煌。

二 关键是做到"四个讲清楚"

中华民族独特的文化传统、独特的历史命运、独特的基本国情注定了中国特色社会主义的发展道路。2013年8月19日,在全国宣传思想工作会议上习近平提出的"四个讲清楚",深刻阐述了中国传统文化所蕴含的丰

---

[1] 《毛泽东早期文稿》,湖南出版社,1990,第474页。
[2] 习近平:《在纪念孔子诞辰2565周年国际学术研讨会暨国际儒学联合会第五届会员大会开幕会上的讲话》(2014年9月24日)。

富内容及其与中国特色社会主义的内在联系、与中国特色社会主义文化的传承关系。

一是讲清楚每个国家和民族的历史传统、文化积淀、基本国情不同，其发展道路必然有着自己的特色；

二是讲清楚中华文化积淀着中华民族最深沉的精神追求，是中华民族生生不息、发展壮大的丰厚滋养；

三是讲清楚中华优秀传统文化是中华民族的突出优势，是我们最深厚的文化软实力；

四是讲清楚中国特色社会主义植根于中华文化沃土、反映中国人民意愿、适应中国和时代发展进步要求，有着深厚历史渊源和广泛现实基础。

习近平还指出，在培育和践行社会主义核心价值观进程中也要讲清楚中国传统文化的历史渊源、发展脉络、基本走向，讲清楚中华文化的独特创造、价值理念、鲜明特色，增强中国特色社会主义文化自信和价值观自信。要深入挖掘和阐发中国传统文化讲仁爱、重民本、守诚信、崇正义、尚和合、求大同的时代价值，使中国传统文化成为社会主义核心价值观的历史根基和重要源泉。要正确处理好继承与创造性发展的关系，重点是做好创造性转化和创新性发展。

中华文明是具有五千多年悠久历史的古老文明，不仅对中国发展产生了深刻影响，而且对人类文明进步作出了重大贡献。习近平说："中国优秀传统文化的丰富哲学思想、人文精神、教化思想、道德理念等，可以为人们认识和改造世界提供有益启迪，可以为治国理政提供有益启示，也可以为道德建设提供有益启发。对传统文化中适合于调理社会关系和鼓励人们向上向善的内容，我们要结合时代条件加以继承和发扬，赋予其新的含义。希望中国和各国学者相互交流、相互切磋，把这个课题研究好，让中国优秀传统文化同世界各国优秀文化一道造福人类。"[①]

---

① 习近平：《在纪念孔子诞辰2565周年国际学术研讨会暨国际儒学联合会第五届会员大会开幕会上的讲话》（2014年9月24日）。

三　重点是深入挖掘中国传统文化的精髓精华

文化是民族的精神血脉，是人民的精神家园。在五千多年文明发展历史的长河中，中华民族所创造的源远流长、博大精深的中国传统文化，是中华民族的"根"和"魂"，是中华儿女共有的精神家园。中国传统文化体现了中华民族自古以来在建设家园的奋斗中开展的一切物质的和精神的创造活动、理性思维和感性思维所形成的实践成果，蕴含着独特的思想观念、理想信念、价值理念、人文精神和道德规范，是中华民族的文化基因和精神标识，是中华民族在世界文明史上独树一帜和在世界文化激荡中卓然屹立的坚实根基。

中华民族独特的思想观念、人文精神和道德规范是中国传统文化的核心内容，三者是相互贯通、互为支撑、相辅相成的，共同构成中国传统文化的有机整体。新时代传承弘扬中国传统文化，首先应当在挖掘和阐发中华民族独特的思想观念、人文精神和道德规范上下功夫，用其智慧结晶提振当代中国人的精神力量，用其精髓精华滋养当代中国人的精神世界，用其创造性转化和创新性发展成果丰富中国特色社会主义文化内涵，提振中华儿女做中国人的志气、骨气和底气，提振中国特色社会主义文化自信。

中华民族独特的"思想观念"是中国传统文化的"气血"，从根本上决定着中华民族认识世界和改造世界的世界观和方法论，决定着中华民族的性格禀赋、民族特性和思维方式，决定着我们中国人的世界观价值观人生观，架构起中华儿女的心灵空间。比如"道法自然、天人合一"的整体观念，"五行相生、太虚即气"的朴素思想，"阴阳相对、阳生阴长"的辩证思维，"民惟邦本、惠民安民"的治国思想，"革故鼎新、与时俱进"的进步观念，"尚和合、求大同"的价值理念，"民胞物与、念兹在兹"的道德观念，"实事求是、知行合一"的实践观点等已深入中华儿女的思想意识深处。

中华民族独特的"人文精神"是中国传统文化的"血脉"，极大地激发着中华民族的生生不息和创新创造活力，展现了中华民族生活世界的丰富性多样性独特性。崇尚仁爱、坚守正义的为人之道，求同存异、和而不同的处世方法，修齐治平、兼济天下的理想抱负，自强不息、厚德载物的进取精神，脚踏实地、实事求是的思想作风，文以载道、以文化人的教化观念，兼收并蓄、开放包容的博大胸怀，俭约自守、中和泰和的生活理念，业广惟勤、爱业乐业的敬业态度，鞠躬尽瘁、死而后已的奉献情怀，形神兼备、情景交融的美学追求，"日三省吾身"的道德修养等，滋养了中华民族独特丰富的人生哲学、价值观念、道德情操、人文学术、文学艺术、科学技术，为人类文明增添了厚重的中国分量、中国色彩和中国气质。

中华民族独特的"道德规范"是中国传统文化的"血肉"，维系着几千年来中华民族的大融合与团结统一，维系着泱泱大国的"超稳定"和社会秩序，维系着中华儿女的"中国心"和共同情感。在中华民族的道德规范体系中，蕴含着丰富的道德观念、价值理念和道德规范，体现着评判善恶、是非、美丑、曲直的价值标准，潜移默化地影响着中国人的道德选择、思维方式和行为方式。例如，舍生取义、精忠报国的道义观念，天下兴亡、匹夫有责的担当意识，仁民爱物、民胞物与的博大情怀，崇德向善、见贤思齐的社会风尚，敬业乐群、诚实守信的职业操守，扶危济困、见义勇为的公德意识，孝悌忠信、礼义廉耻的荣辱观念，孝老爱亲、夫妻恩爱的家庭美德等，标注着中国传统文化的道德底色，可以为新时代培育和践行社会主义核心价值观提供丰厚的思想道德资源。

四　实现创造性转化和创新性发展

新时代吹响了坚定中国特色社会主义文化自信、全面建设社会主义文化强国的号角。中国传统文化是中华文化的重要来源和组成部分。党的十八大以来，习近平反复强调新时代传承弘扬中国传统文化要处理好继承和创新性发展的关系，重点是做好创造性转化和创新性发展工作。系统深入地研究习近平的重要论述，正确认识和准确把握"创造性转化"和"创新性发展"的原则要求和科学内涵，根据新时代要求，实现中国传统文化在新时代的创造性转化和创新性发展，使之与时代发展潮流相一致，与全面建设社会主义现代化强国相适应，与社会主义先进文化相协调，为铸就中华文化新辉煌、实现中华民族伟大复兴服务。

（一）"两创"原则是传承弘扬中国传统文化的时代指针

只有科学对待传统文化，才能更好地传承弘扬传统文化。马克思主义认为，社会生产力决定生产关系，经济基础决定上层建筑，生产方式是人类社会发展的决定性力量，决定着社会制度的性质及其更替，决定着整个社会生活、政治生活和精神文化生活的过程。一定社会发展阶段的文化是一定社会发展阶段的经济、政治和社会在观念形态上的反映。传承弘扬中国传统文化，既不是对中华文化传统的简单套用、"食古不化"，更不是"文化复古"，而是要适应社会生产力和生产方式发展的根本要求，实现其创造性转化和创新性发展。习近平指出："在学习、研究、应用传统文化时坚持古为今用、推陈出新，结合新的实践和时代要求进行正确取舍，而不能一股脑儿都拿到今天来照套照用。要坚持古为今用、以古鉴今，坚持有鉴别的对待、有扬弃的继承，而不能搞厚古薄今、以古非今，努力实现传统文化的创造性转化、创新性发展，使之与现实文化相融相通，共同服务以文化人的时代任务。"

当代中国正在全面建设社会主义现代化国家的道路上奋力前行，如何使中国传统文化焕发新的生机活力，为建设中国特色社会主义文化、发展社会主义先进文化助力，为构建中华民族共有精神家园提供丰厚滋养，是建设社会主义文化强国亟待解决的现实课题。习近平提出的这一"两创"原则，是正确对待中国传统文化、建设社会主义文化强国的科学指针，是坚定中国特色社会主义文化自信和文化自觉的充分体现，也是铸就中华文化新辉煌的重要保障。"两创"原则既是对中国传统文化的充分肯定，坚守了中华文化立场，传承了中华民族的文化血脉，又是推动中国传统文化从传统向现代转型的科学态度、基本准则和必由之路。

辩证法告诉我们，辩证的否定是扬弃，是有所保留、有所抛弃、有所转化。对中国传统文化全盘否定是历史虚无主义，全盘袭用则是文化复古主义。"继承"应该是创造性转化的继承，"弘扬"应该是创新性发展的弘扬。没有创造性转化，"继承"就可能是因循守旧、照搬照抄，是食古不化、盲目继承；没有创新性发展，"弘扬"就可能是简单堆砌和数量扩张，是故纸堆和低水平重复。只有坚持创造性转化才能推陈出新、古为今用，只有坚持创新性发展才能与时俱进、"旧瓶新酒"；既不能用博物馆心态看待中国传统文化，也不能用盲目崇拜心态阐释中国传统文化，"全盘复古"和"全盘西化"都是极其有害的。要综合运用现代观念、现代意识、现代思维、现代技术和现代方法，充分挖掘和阐发中国传统文化的现代价值、时代今义和永恒魅力，将继承和创新有机结合起来，不仅尊重、礼敬和继承中国传统文化，而且善于转化、创新和发展中国传统文化。

（二）科学认识继承和创新性发展的辩证关系

传承弘扬中国传统文化，关键是要处理好继承和创新性发展的关系，这是事关中国特色社会主义文化重要来源的一个重大课题。中国传统文化是一个复杂的、需要具体分析的历史范畴，往往良莠并存、"一体两面"，"精华"和"糟粕"同在。而且，往往随着时间推移、时代需要的转变以及人们理解能力的不同，也常常会发生相应的变化，中国传统文化的许多内容往往存在原义、他义，甚至歧义。因此，我们今天要做"去粗取精、去伪存真"的工作、做好创造性转化和创新性发展，也是一个繁杂的、艰巨的过程，不是轻轻松松就能实现的。继承和弘扬中国传统文化必然要结合现实条件，赋予传统文化以新的时代内涵，创造出顺应新时代中国社会发展和时代进步要求的有独特民族风格的东西。唯有在继承中创新，中国传统文化才不会变成僵死的历史遗物，才能重新焕发出生机活力。

辨别中国传统文化的"精华"和"糟粕"，仅仅是科学对待中华传统文化的第一步。在现实生活中，经常听到有些人发表这样的议论：中国传统文化确实有很多精华性的东西，不过它只属于过去，对今天的中国没有什么价值和意义，似乎我们只能满足于"档案馆员"或"博物馆员"的身份，依据现代学科方法将中国传统文化的材料分门别类、贴签编号，充满敬意地送进档案柜或文物库房。

例如"四书五经"，是四书、五经的合称，泛指儒家经典著作。"四书"之名始于宋朝，"五经"之名始于汉武帝。在历史发展过程中，"四书"系指《大学》《中庸》《论语》《孟子》四部儒家经典，"五经"系指《诗经》《尚书》《礼记》《周易》《春秋》五部著作。《礼记》通常又包括三礼，即《仪礼》《周礼》《礼记》。"四书五经"翔实地记载了在中华民族的思想文化发展史上最活跃时期的经济、政治、军事、外交、制度、文化、道德、礼仪、技术等各方面的史实资料及影响中华文化几千年的孔孟思想的源流发展，是我国古代儒家思想的核心载体和历史文化古籍中的经典，被用作中国古代科举考试制度选拔人才的命题书和教科书，是中国传统文化经典中的代表性著作，在世界文化史、思想史上具有重要地位。

但是，从新时代要求看，"四书五经"既有精华也有糟粕。事实上对于这个问题，毛泽东早就给出了明确答案，那就是必须坚持"古为今用、推陈出新"的原则，重新焕发中国传统文化的生命力。毛泽东堪称是活学活用中国传统文化的典范，他认为"古为今用"并不是"毫无批判的硬搬和模仿"，否则就沦落为"最没有出息的最害人的文学教条主义"，"古为今用"必须"推陈出新"。在继承中国传统文化的过程中，我们要科学认识到，在中国传统文化中过时的内容与永恒的价值同在、积极元素与消极元素并存、"精华"与"糟粕"混杂，既不能简单地照搬复制、拿来就用，也不能简单地一盘否定、"洗脚水倾盆倒掉"，而是要历史地、辩证地、全面地分析中国传统文化。实现中国传统文化的创造性转化和创新性发展，一是要"有扬弃地继承"，二是要"有转化地创造"。

所谓"有扬弃地继承"，就是要尊重文化的发展规律，坚持不忘本来，结合新的时代和实践要求，有鉴别地加以对待，辩证取舍，取其精华，去其糟粕，既坚守中华文化立场，传承中华文化基因，又推动中国传统文化更好地融入新时代，服务中国特色社会主义文化和社会主义文化强国建设。只有"有扬弃地继承"，中国传统文化的"精华"才能得到充分挖掘，价值才能充分显现，生命力才会被充分激发。比如"孝"是中国传统文化中一个核心道德概念，中国传统社会十分强调"孝为德之本""孝治天下""百善孝为先""移孝作忠"。在社会主义，"孝"仍然是我们民族倡导的中华传统美德，但类似把"孝"作为君主专制、父权独裁的工具，像"郭巨埋儿"等有悖人性、有违法律的愚孝现象，应该摒弃。

所谓"有转化地创造"，就是坚守中华文化立场，坚定中国特色社会主义文化自信和文化自觉，敬重、礼敬和珍视千百年来我们民族创造的优秀文化和精神财富，挖掘和弘扬其中具有永恒魅力的思想精华和道德精髓，既守护其民族性和独特性，又守正开新、服务当代、面向未来，坚持古为今用，赋予其以新的时代内涵和现代表现形式，使其跨越时空、超越国度、富有永恒魅力、具有当代价值的优秀文化精神得以充分弘扬，为全面建设社会主义现代化强国和实现中华民族伟大复兴服务。例如立足新时代中国特色社会主义实践的发展需要，创造性地运用"修齐治平""自强不息，厚德载物""忠恕之道""讲仁爱、重民本、守诚信、崇正义、尚和合、求大同"等思想价值，为形成国家、社会、个人三个层面相统一的社会主义核心价值观和建设社会主义文化强国提供深厚历史根基和丰厚思想道德土壤。

中华文化源远流长，只有与时俱进、守正开新，适应中国特色社会主义的实践发展需要和深刻变化的时代要求，才能获得持久的生命力。无论是"扬弃继承"还是"转化创造"，传承弘扬中国传统文化都要突出实践检验的标准，突出"三个有利于"的标准，突出"三个面向"的时代要求，主要看能不能回应新时代的文化课题和文化挑战，能不能解决和满足新时代人民群众对美好生活向往的文化问题和文化需求，能不能转化为国家富强、民族振兴、人民幸福的宝贵精神财富和强大精神力量，能不能为全面实现社会主义现代化强国和中华民族伟大复兴提供有力的精神指引和文化支撑。通过"有扬弃地继承"和"有转化地创造"，使中国传统文化有利于新时代中国特色社会主义文化建设，有利于培育时代精神和时代新人，有助于创造中华文化新辉煌。

（三）创造性转化与创新性发展是一个有机整体

习近平提出的"两创"原则，虽然各有侧重、各有所指，却又紧密联系、不可分割。

创造性转化，意味着必须结合新时代中国特色社会主义发展的新要求、必须结合人类社会文明发展进步的状况和发展潮流，从理念、内涵、表达、形式等方面进行现代化转型。

一是要以现实实践为尺度，按照当今时代要求、现实社会标准、未来发展趋势和当代中国人的思维方式进行转化，同我们这个民族、这个国家的文明历史和文化传统相契合，同新时代我国人民正在进行的奋斗相结合，同我国社会主义发展需要解决的时代课题相适应，同人类文明发展进步的历史趋势相一致。二是要以服务于当代中国社会发展进步为旨归，力求与现代社会接轨、与民众需求吻合，为今天所用、为现实实践所用。三是要以创造性为特征，即不是简单地搬运、移植过来，而是必须具有新生、新造之韵，体现为符合新时代要求和发展趋势的新内涵、新蕴含、新样式。

创新性发展，意味着对中国传统文化的提升和超越，重在立足新时代中国特色社会主义伟大实践，创新和阐发当今时代文化问题的新内容新方法新形式。具体体现为：

一是从中国传统文化的基础出发，充分尊重而不是背离中国传统文化的民族特色、民族特征和民族风格，充分尊重民族文化传承、发展、创新的规律，把中国传统文化作为重要源泉，熔铸中国特色社会主义文化和社会主义先进文化。二是以回答和解决现实文化问题为旨归，紧扣时代需求与人民群众对美好生活的向往去创新发展，使之能够为全面建设中国特色社会主义现代化强国和实现中华民族伟大复兴中国梦服务。三是从中国传统文化中汲取思想文化养料，在现实条件下致力于中华文化的提升和思想超越，创造面向现代化、面向世界、面向未来的，民族的科学的大众的社会主义文化，创造中华文化新辉煌。

"创造性转化"和"创新性发展"虽然各有侧重，但又紧密联系，相辅相成。"创造性转化"立足的是根据新时代新要求，对中国传统文化本身进行新创造，本体是中国传统文化内容自身，目标是从传统内容、形式转化为现代内容与形式，要求是具有"创造性"，旨归是"服务"中国特色社会主义文化建设。"创新性发展"则是依托中国传统文化而进行的创新努力，中国传统文化是本色、底色，在接续传统文化、革命文化的基础上进一步"发展"是目标，"创新"是其根本特征，旨归不仅是"服务"中国特色社会主义文化建设，而且是重在提炼出符合人类文明发展进步潮流和融入新时代中国特色社会主义文化的新内容新方法新形式，一头联结着中国传统文化和革命文化，一头则进入到中国特色社会主义文化和社会主义先进文化的体系之中。

因此，实现对中国传统文化的创造性转化和创新性发展，是一个有机整体，相辅相成，体现出一些共同的原则要求：

一是要充分尊重中国传统文化，自觉礼敬中华民族五千多年的文明历史，实事求是地挖掘、整理、分析中国传统文化资源的思想精华和道德精髓。不忘本来才能开创未来，善于继承才能更好创新。

二是要科学地辨析、甄别中国传统文化的过时内容与永恒价值、"精华"与"糟粕"，区别优劣、进步与落后、特殊性与一般性、阶级性与公共性等内容，既要从历史的角度看待一定历史条件下中国传统文化的特定作用，又要从人类文明的视角看待中国传统文化所具有的超越时空的精神价值，确认哪些应当保留传承，哪些必须改造调整，甚至抛弃。既要坚决抵制无视历史文化传统的文化虚无主义、历史虚无主义思潮，又要坚决抵制唯历史传统至尊的文化排外主义、"文化复古主义"思潮，同时还要克服在市场经济条件下的功利主义、实用主义取向，防止转化、创新过程中的形式主义等。

三是要立足新时代中国特色社会主义建设的伟大实践，充分发挥中国传统文化对坚守中华文化立场、坚定中国特色社会主义文化自信、增强国家文化软实力的重要作用。要以服务于新时代中国特色社会主义发展为检验标准，以服务于我们的奋斗目标——全面建设社会主义现代化国家和实现中华民族伟大复兴为旨归，对中国传统文化进行转化、再造、丰富和发展，把承继精神与改造形式有机地结合起来，吸收有益文化成分，摈弃腐朽文化成分，抵制有害文化成分，赋予其以新的时代内涵，而不是食古不化，因循守旧，作茧自缚。

（四）创造性转化与创新性发展的实践要求

马克思说："理论的对立本身的解决，只有通过实践方式，只有借助于人的实践力量，才是可能的；因此，这种对立的解决决不只是认识的任务，而是一个现实生活的任务，而哲学未能解决这个任务，正因为哲学把这仅仅看作理论的任务。"[①]实现中国传统文化的创造性转化和创新性发展，既是一种思想理论创新和创造，也是一种实践创新和创造，必须以中国特色社会主义伟大实践为指针，付诸中国特色社会主义文化和社会主义先进文化发展的实践之中，才能服务于中国共产党的治国理政实践，才能成为培育和弘扬社会主义核心价值观的重要源泉，才能作用于培养担当民族复兴大任的时代新人，才能积极参与世界文明的交流互鉴，才能提升中华民族的文化软实力，作用于建设社会主义文化强国。

[①]《马克思恩格斯全集》第42卷，人民出版社，1979，第127页。

一是不忘本来，始终保持中华文化的民族性，但要反对"文化复古主义"。越是民族的越是世界的。长期以来，中国传统文化正是以独特的中国特色、中国风格和中国气派，以独特的思想、理念、智慧、气度、神韵，卓立于世界民族文化之林，绽放璀璨夺目的光彩。体现中国独特思想智慧的《论语》《道德经》《孙子兵法》等在海外有深远影响；中国传统戏曲在舞台上只有一桌二椅，却能够"三五步走遍天下，六七人千军万马"，以唱、念、做、打的综合表演为中心，这种气韵与程式、情感律动、节奏与韵律、意象构成、写意空灵的美学品格在世界上是独树一帜的。在与世界不同文明的交流对话中，必须坚守中华文化立场、坚定中华文化自信，坚持以我为主，相互尊重，保持中华文化的民族性和独特性，使中国风格、中国精神、中国气派在文化传承中生生不息。

新时代中国特色社会主义文化建设，决不能走"文化复古主义"的道路。在唯物史观看来，以儒家文化为主体和代表的中国传统文化，归根结底是由自给自足的自然经济基础所决定的，是从传统农业社会的生产方式与交换方式、封建君主专制政治基础上生长出来的文明形态，与在工业革命、市场经济基础上催生的生产方式与交换方式，在法治政治基础上生长出来的资本主义现代文明形态相比，我国传统文化处于相对落后的社会发展阶段，是一种相对落后的文化形态。如果新时代中国特色社会主义文化建设走的是一条全盘复兴甚至全盘复古，以儒家文化为主体和代表的中国传统文化之路，即我们用落后的农业文化、农耕文明去对抗现代资本主义相对先进的工业文化和工业文明，那么其结果可想而知。

马克思主义经典作家曾指出，任何形式的文化复古主义道路都是反动行为，都是开历史倒车，都是行不通的、毫无历史前途的。因此，"文化复古主义"道路不是一条建设中国特色社会主义文化和社会主义先进文化、增强当代中国文化软实力的道路，而是一条开中华文化历史倒车、使中华文化倒退、不是增强而是削弱中国文化软实力的道路。习近平说："传承中华文化，绝不是简单复古，也不是盲目排外，而是古为今用、洋为中用、辩证取舍、推陈出新，摒弃消极因素、继承积极思想，'以古人之规矩，开自己之生面'，实现中华文化的创造性转化和创新性发展。"①

二是吸收外来，广泛借鉴世界各国文化有益成果，但要反对"全盘西化"。新时代实现中国传统文化的创造性转化和创新性发展，不仅要正确处理"古今"的关系，而且要正确处理"中外"的关系，即中华文化与外来文化的关系。中华文化是在中国大地上产生、形成和发展的，同时也是在同其他国家、其他民族文化不断交流互鉴中发展的。自古以来，有张骞出使西域，开辟丝绸之路，有佛教传入、玄奘西行，有鉴真东渡、郑和下西洋，有南洋开发、西学传入等，都彰显了中华民族的开放胸怀和天下情怀，彰显了中华文化"海纳百川、有容乃大"的精神气度。

近代以来，伴随着西方列强的入侵和中西方文化激烈碰撞，中国传统文化遭遇空前危机，在民族兴衰、国运沉浮的危机之际，马克思主义传入中国，为正确处理中外文化的复杂关系提供了科学指针和进步衡量标准。正确处理中外文化的关系，必须以马克思主义为指导，不忘本来、吸收外来、面向未来。"不忘本来"即立足本土，始终坚守中华文化立场，保持对自身民族文化的自信、耐力和定力；"吸收外来"即面向世界，积极汲取各种文明的有益养分，对本民族文化不断补充丰富；"面向未来"即根据时代发展要求和发展进步潮流，实现本民族文化的不断创新发展。

每种文化都有自己的底色本色、长处优点，都有值得相互学习借鉴的营养成分。文明因交流而多彩，文明因互鉴而丰富。佛教产生于古代印度，传入中国后通过同儒家文化和道家文化交汇、磨合和交融，最终形成了具有中华民族特色的佛教信仰，对中国人的宗教信仰、哲学观念、价值理念、道德规范、文学艺术、礼仪习俗等产生了深刻影响。近现代以来，中华文化和世界其他民族文化尤其是西方文化的相互交流、学习、互鉴更

---

① 习近平：《在文艺工作座谈会上的讲话》（2014年10月15日）。

加广泛深入，从生产方式、工业文明、科学技术到思想理论、政治制度、文学艺术和生活方式，无不交流交锋交融。

例如，从文艺领域看，中国近现代的绘画、电影、话剧等既借鉴了国外的有益元素，又进行了民族化的创新，形成了独具特色的艺术风格。比如，著名画家徐悲鸿就是借鉴了西方油画的技法，讲求光线、造型和对对象的解剖结构、骨骼的准确把握，开辟了中国画新的艺术境界。

当今世界是开放的世界，是全球化的世界，一部近现代史就是一部"世界历史"的发展史；当今中国是开放的中国，是日益深入全面融入世界的中国，中外文化的交流互鉴以前所未有的广度和深度展开。只有放眼世界、敞开胸襟、胸怀全球，广泛学习借鉴和大胆吸收世界各民族思想文化中的一切有益成果，使其优势、长处和精华为我所用，真正做到"洋为中用"，才能为中国传统文化的创造性转化和创新性发展注入新的生机活力。

吸收外来不是主张"全盘西化"，而是同时反对"全盘西化"。自中国进入近代以来，关于中国传统文化和西方文化、关于"中学"与"西学"的关系，就成为一个事关中华民族前途命运的时代命题、政治命题和文化命题。在对待中外文化关系问题上，长期以来存在两种极端的错误倾向：

一种是"故步自封、盲目排外"的"文化复古主义"倾向，以全面复兴中国传统文化之名贬抑外来有益文化、抵制外来文明的积极成果。

另一种是"唯洋是举、唯洋是从"的"全盘西化"倾向，认为中国传统文化已经过时落后，不如西方文化。这种"全盘西化"倾向主张中国学习西方先进技术、移植西方近现代文化和价值观念，甚至照搬照抄西方资本主义政治制度、走欧美资本主义道路，涉及经济、政治、文化、科技、教育乃至生活方式等方方面面。

"全盘西化论"出现于戊戌变法时期，形成于20世纪30年代。20世纪80年代以来，在改革开放、大胆学习借鉴人类文明发展一切有益成果的进程中,"全盘西化"思潮又开始抬头,可以说,"普世价值论""新自由主义""宪政民主论""新闻自由论"等思潮与"全盘西化论"一脉相承。尽管其花样不断翻新,但在本质上是一致的。对于这些错误思潮,在新时代传承弘扬中国传统文化的过程中,需要高度关注,予以批判。

针对加快构建充分反映中国特色、民族特性、时代特征的价值体系,努力抢占价值体系的制高点,习近平这样指出:"在核心价值体系和核心价值观中,道德价值具有十分重要的作用。国无德不兴,人无德不立。一个民族、一个人能不能把握自己,很大程度上取决于道德价值。如果我们的人民不能坚持在我国大地上形成和发展起来的道德价值,而不加区分、盲目地成为西方道德价值的应声虫,那就真正要提出我们的国家和民族会不会失去自己的精神独立性的问题了。如果没有自己的精神独立性,那政治、思想、文化、制度等方面的独立性就会被釜底抽薪。"①

三是面向未来,传承弘扬中国传统文化,为全球治理贡献更多中国智慧。一个国家或一个民族的优秀传统文化是这个国家、这个民族的文化基因和精神血脉,如果丢掉了就等于割断了历史、割断了精神血脉。只有善于把传承弘扬中国传统文化与建设中国特色社会主义文化、发展新时代社会主义先进文化有机接续起来,熔铸于社会主义文化强国建设之中,中国传统才能在创造性转化中传承,在创新性发展中延续,从而生生不息。对待中国传统文化,习近平这样指出:要"结合新的实践和时代要求进行正确取舍,而不能一股脑儿都拿到今天来照套照用。要坚持古为今用、以古鉴今,坚持有鉴别的对待、有扬弃的继承,而不能搞厚古薄今、以古非今,努力实现传统文化的创造性转化、创新性发展,使之与现实文化相融相通,共同服务以文化人的时代任务"②。

同时,随着我国综合国力和国际地位的不断提升,当今中国日益靠近

---

① 《习近平关于全面深化改革论述摘编》,中央文献出版社,2014,第88页。
② 习近平:《在纪念孔子诞辰2565周年国际学术研讨会暨国际儒学联合会第五届会员大会开幕会上的讲话》(2014年9月24日)。

世界舞台的中心，在世界上扮演着越来越重要的角色，在纷繁复杂的全球治理中越来越体现大国意识、大国责任和大国担当，中国特色社会主义道路、理论、制度和在世界上的影响力日益增强。但是，同时也要看到，中华文化在世界上的传播力、引导力和影响力与我国的经济实力、综合国力及其国际地位还不相称，文化"走出去"与经济"走出去"还不相匹配。推动中华文化"走出去"，不断增强中华文化在世界上的传播力、引导力和影响力，还需要不断提高中华文化对外开放、对外交流、对外传播的水平，需要统筹好文化交流、文化传播、文化贸易，着力宣传中国文化立场、传播中国价值观念、打造中华文化品牌，让世界了解中华文化的博大、多彩和永恒价值。

中国作为一个文明古国、文化大国和社会主义大国，有深厚的文化底蕴，有高度的重任意识，有强烈的担当精神，有各美其美、美美与共的宽广胸襟，围绕破解世界发展和全球治理面临的共同难题，为了开创人类社会发展的美好未来，把中国传统文化中具有跨越时空、跨越地域，具有永恒价值和世界意义的思想道德资源挖掘出来、传播出去，为全球治理贡献更多的中国智慧和中国方案，与世界其他文化一道携手推进人类文明的发展进步。

五　构建中国传统文化的传承体系

进入21世纪以来，我国高度重视文化软实力在综合国力竞争中的地位作用，高度重视传承弘扬中华传统优秀文化的重要性，提出了文化强国战略，以顺应当今时代在世界多极化、经济全球化、文化多元化深入发展过程中更加注重文化软实力较量的历史趋势。实施文化强国战略，必须进一步增强和坚定中华民族的文化自信，必将更加系统、全方位地构建中国传统文化的传承体系，才能科学地传承弘扬中国传统文化。构建中国传统文化传承体系是建设社会主义文化强国的重大战略任务，是一项涉及多个领域、多个方面的系统工程，其重点任务在于全方位多层次多领域地协同推进传承和弘扬中国传统文化。

（一）建设社会主义文化强国的重大战略任务

中华民族伟大复兴的一个重要标志，就是中华文化的繁荣兴盛和新辉煌。增强和坚定中华文化自信，建设社会主义文化强国，根本目的在于全面建成社会主义现代化强国和实现中华民族伟大复兴，而传承和弘扬中国传统文化，充分展现中华文化的永久魅力和时代风采，是促进中国特色社会主义文化大繁荣大发展、建设社会主义文化强国的重要举措。建设社会主义文化强国，必须全面推进社会主义先进文化建设，传承和弘扬中国革命文化和中国传统文化。中国传统文化、中国革命文化和社会主义先进文化，共同构成了中国特色社会主义文化。这三种文化在中国共产党团结和带领中国人民在革命、建设和改革的不同历史阶段，发挥了重大作用，是中国人民树立中国特色社会主义文化自信的坚实基础，构建中国传统文化传承体系是其中需要完成的重大战略任务。

中国共产党人历来都非常注重运用马克思主义立场观点方法辩证地对待中国传统文化，提出了"取其精华、去其糟粕""古为今用、推陈出新""创造性转化和创新性发展"的方针原则，以科学地挖掘、分析、梳理中国传统文化的思想精华和道德精髓，传承中华民族的文化基因和精神血脉。党的十七届六中全会通过的《中共中央关于深化文化体制改革推动社会主义文化大发展大繁荣若干重大问题的决定》指出，在五千多年的奋斗历程中，中华民族积淀起来的中华优秀传统文化"凝聚着中华民族自强不息的精神追求和历久弥新的精神财富，是发展社会主义先进文化的深厚基础，是建设中华民族共有精神家园的重要支撑"。

弘扬和传承中国传统文化是一项极为复杂的社会系统工程，涉及文化资源的挖掘分析、文化典籍的整理出版、文化遗产和重点文物的甄别保护，还涉及历史文化名城名镇名村、非物质文化遗产、民族传统节日文的保护开发和优秀传统文化的教育普及等各项工作，只有全面系统地统筹，才能做好各项工作。因此，只有构建中国传统文化的科学传承体系，切实推进中国传统文化的传承创新发展，充分发挥中国传统文化在中国特色社会主义文化中的根基作用和血脉作用，才能有效地落实文化强国的战略目标。

（二）构建中国传统文化传承体系是一项系统工程

众所周知，中华民族五千多年的文明史积累了无比丰富的思想文化资源，形成了大量的典籍和文献，其中蕴含着极为丰富的思想内容。对于这些典籍和文献，以及以其他形式存在的传统文化资源，我们要做好全方位的工作，才能充分地发挥其价值。习近平说："中国古代大量鸿篇巨制中包含着丰富的哲学社会科学内容、治国理政智慧，为古人认识世界、改造世界提供了重要依据，也为中华文明提供了重要内容，为人类文明作出了重大贡献。"[①]传承和弘扬中国传统文化涉及多个系统、多个领域、多个方面，单单做好某一领域或某一方面的工作是远远不够的，必须全方位、多层次、多领域协同推进。概括说来，传承和弘扬中国传统文化，涉及研究阐发、教育普及、保护传承、创新发展、传播交流等多个层面。

深度挖掘和研究阐发中国传统文化的思想精华和道德精髓，是做好中国传统文化传承和弘扬工作的基础。所谓研究阐发，就是以马克思主义理论为指导，立足当代中国特色社会主义建设和改革实践，深入理解和把握中国传统文化典籍和文献的精髓，赋予其以新的时代内涵和时代特征，使之与马克思主义指导思想形成对话、交流与会通，创造性地推进马克思主义与中国传统文化的深度融合，推进马克思主义更高程度上的中国化和中国化马克思主义的创新发展。

所谓教育普及，就是积极主动地将中国传统文化纳入国民教育，贯

---

① 习近平：《在哲学社会科学工作座谈会上的讲话》（2016年5月17日）。

穿于教育的各个阶段、各个层次、各个领域、各个环节，全面地提升学生的思想道德修养、文化知识水平，锤炼意志和能力，达到以中国传统文化培育中国特色社会主义的合格建设者和可靠接班人的目的。

所谓保护传承，就是针对重要历史经典文献、文化遗产以及非物质文化等，及时制定保护政策和措施，进行科学的保护、修复、抢救和管理，以维护其现状、原貌，避免因保护不周、不当而造成难以挽回的损失。例如《周礼》是儒家经典，是十三经之一，世传为周公旦所著，但也可能是战国时期的学者归纳创作而成。《周礼》《仪礼》《礼记》合称"三礼"，是中华民族古代礼乐文化的经典和理论形态，对礼法、礼义作了最权威的记载和解释，对历代礼制影响深远。《周礼》记载了先秦时期社会经济、政治、文化、风俗、礼法、礼仪诸制，多有史料可采，所涉及内容极为丰富，无所不包，堪称中国文化史之宝库。

所谓创新发展，就是在中国传统文化原有思想文化资源和素材的基础上，以全面建设社会主义现代化强国的伟大实践为动力，以人们追求和向往美好幸福生活为指向，激发创造、创新灵感，实现中国传统文化的创造性转化和创新性发展，创造出中华民族的文化新辉煌和新贡献。

所谓传播交流，就是在保护、传承和创新中国传统文化的基础上，立足于中华文化立场，以强大的民族文化自信和宽广开阔的胸怀，以中华民族创造出来的优秀文明成果，与世界上各个民族进行平等交流和学习，促进文明互鉴，以更好地推进中国传统文化走出国门、走向世界，充分展现中国传统文化的中国特色、中国风格和中国气派，讲好中国故事，塑造好文明古国、文明大国、社会主义国家的中国形象。

毫无疑问，做好上述各领域、各方面的工作极为重要，是构建中国传统文化传承体系的重要任务。

此外，还涉及其他许多具体工作，该体系是一项极为复杂的社会系统工程。2017年1月，中共中央办公厅、国务院办公厅联合颁布了《关于实施中华优秀传统文化传承发展工程的意见》，对实施中华优秀传统文化传承发展工程、构建中华优秀传统文化传承体系提出了具体时间节点和目标任务。《关于实施中华优秀传统文化传承发展工程的意见》指出，到2025年基本形成中华优秀传统文化传承发展体系，研究阐发、教育普及、保护传承、创新发展、传播交流等方面协同推进并取得重要成果。协同推进各个领域、各个方面工作，使各个领域、各个方面的工作形成强大合力，才能生产创造出更多更富有中国特色、中国风格、中国气派的文化产品，更加坚定文化自信，增强国家文化软实力，提升中华文化国际影响力。

（三）构建全方位、多层次、宽领域的中华文化传播格局

中国传统文化传承体系的构建作为一项系统工程，既需要从战略上着眼全局，全面协调推进各方面的工作，又需要从战术上寻找突破口，做好重点工作以带动全局工作。虽然构建中国传统文化传承体系的任务艰巨、工作繁多，但构建全方位、多层次、宽领域的中华文化传播格局是其重点任务，是全面地适应传承、弘扬和传播中国传统文化的时代要求，是全面地适应现代新媒体技术特点的必然选择。

当代社会伴随着现代信息技术、网络技术的迅猛发展，各个国家和民族之间的交往日益频繁深化，形成了全方位、多层次的复杂格局。在这种趋势和情形之下，面向全世界传播中华文化、展现中华文明，必须着眼打造全方位、多层次、宽领域的传播格局。

所谓全方位，就是在传播途径和方式上要充分利用当代信息技术、网络技术、新媒体技术，以及传统媒体技术所提供的各种途径、方式、媒介、渠道或平台，如报纸、杂志、图书、广播、电视、电影、网络等，及文化节、文物展览会、博览会、书展、电影节、体育赛事、旅游推介和各类品牌活动等，全面地、多渠道地传播中华文化。

所谓多层次，就是从中华文化的深层价值理念和核心精神，到日常风俗习惯和文明礼仪的介绍，再到各种传统技艺推广，针对不同对象立体地传播中国传统文化。

所谓宽领域，就是从哲学、历史、文化等思想理论学术，从诗、词、典、赋、元曲、明清小说等中华经典文学作品，通过中医药、中华美食、茶艺、园林、戏曲、民乐、书法、国画等国粹，全面地传播中华文化。

总之，通过多种途径、方式、渠道或平台全方位、多层次、宽领域地传播中国传统文化，就是向全世界生动地讲述一个个有声有色的、动听的中国故事，塑造出一个鲜明的、饱满的、可亲的、良好的中国形象。当前，随着中国经济地位的提升，一些国家有意诋毁中国形象，宣传"中国威胁论""中华帝国论""中国殖民论"等，故维护和积极地塑造中国良好的国家形象的任务更为艰巨，加快构建全方位、多层次、宽领域的中华文化传播格局的使命感也更为紧迫。

（四）人人都做中华文化的传播者

人既是文化的创造者，也是文化的承载者。文化是人的文化，离开人也就不存在文化。因此，必须深刻认识到，人是创造、传承和传播文化的主体，对于本民族文化的传承、传播和创新来说，任何一个人都肩负着不可推卸的责任和使命，都应当发挥传承、传播民族文化的主体性作用。中华民族繁衍生息至今，始终延续着中华文化的血脉。近代以来，中华民族尽管经历了无数痛苦和磨难，尽管不少中华儿女流离失所，漂泊流浪至世界各地，但都没有忘记自己的文化基因，都通过自己力所能及的方式传承和弘扬着中华文化。当今时代，在世界多元文化彼此冲突碰撞较量、交流交融交锋的态势之下，实现中国传统文化的创造性转化和创新性发展，使其在新时代焕发出新的生机与活力，更是每个中华儿女不可推卸的职责。人人都做中华文化的传承者、传播者和创造者，是新时代向每个中华儿女发出的召唤。

1.人是创造、传承和传播文化的主体

所谓文化，在本质上说，是人类在认识和改造自然、社会和自我的过程中，或者说是人类在认识和改造外在客观世界和内在主观世界的过程中

创造的物质财富和精神财富的总和。因此，所谓"文化"总是人的文化、人类的文化。没有人和人类，就根本不可能创造出任何文化。同时，离开人、离开人类，也不可能存在任何文化。人不仅通过创造文化而成为文化创造的主体，而且还通过自己生活中的言谈举止承载着、彰显着、传承着、传播着自己所创造的文化，因此人也是自己所创造文化的传承者、传播者。可以说，作为自身文化的创造者、传承者、传播者，人始终有着不可取代和抹杀的主体地位。事实上，对于世界上任何一个民族来说，本民族文化的创造、传承和传播，就得益于本民族群体的存在，民族文化直接地构成了民族特有的生产方式、劳动方式、生活方式，构成了其他民族无法模仿的生活样态、风俗习惯、精神风貌和价值追求。归根结底，民族文化的存在与民族群体的存在浑然一体，不可分割。

中华民族是创造、传承和传播中华文化的主体，中华文化深深地熔铸在每个中华儿女的身上，与每一个人的存在和日常生产生活融为一体。习近平说："中华优秀传统文化已经成为中华民族的基因，根植在中国人内心，潜移默化影响着中国人的思想方式和行为方式。"[1]中华文化深深地影响着中华民族每一个领域的生活方式，与中华民族构成了同生共在的关系。也就是说，只要中华民族存在一天，中华文化或中华文明就存在一天，中华民族不亡，中华文化就不可能消亡。

中国五千多年来的历史，特别是近代以来的历史证明，中华民族是一个百折不挠、顽强奋斗、自强不息的民族，无数艰难险阻都没有能够阻止中华民族前进发展的脚步，再多的侵略和杀戮都没有使中华民族屈服和消亡，中华民族愈挫愈坚，在民族危难的历史关头，更是迸发出了顽强的生命力，在推翻了压在自己身上的帝国主义、封建主义、官僚资本主义"三座大山"之后，创造性地开启了历史的新纪元，走向了新民主主义道路、社会主义道路和中国特色社会主义道路，经历艰难曲折的革命、建设、改

---

[1] 《习近平谈治国理政》，外文出版社，2014，第170页。

革历程，重新使国家繁荣昌盛，使中华民族以崭新的姿态屹立于世界民族之林。如今，中华民族在新的历史时代，更肩负起实现中国传统文化创造性转化和创新性发展、创造中华文化新辉煌的历史使命，担当起传承、弘扬和传播中华文化的光荣职责。

2. 传播中华文化离不开每个中华儿女的贡献

文化不是一个纯粹抽象的观念，更不是不可捉摸的幻影，它深深地熔铸在每一个人的身上，呈现于每一个人的生活之中，直接地表现为每一个人的生活样态或生活方式。因此，对于每一个民族来说，本民族文化与民族的每一个成员是联系在一起的，每一个成员都是民族文化的承载者、展现者、传承者、传播者，都肩负着传承、弘扬、发展、传播民族文化的光荣的、不可推卸的职责。中国传统文化博大精深，涉及极为宽广的领域和极为丰富的内容，每一个方面、每一个维度都蕴含着极为深厚的文化意义和无穷的精神价值，具有不可抹杀的地位和作用，都有结合时代特征和实践要求发展、传承、弘扬、传播的必要。

事实上，在当代中国的现实生活中，只要稍加深入考察，就不难发现，在中华文化的每一个领域、每一个方面，往往存在着传承人、传播者，他们或轰轰烈烈地或默默无闻地做着传承弘扬中国传统文化的事业，对他们来说，文化就是他们的生命。传承弘扬自己终生热爱的民族文化，就是在滋养和充实自己的生命，就是让自己活得心情更畅快、人生更有价值、生活更有意义。这些人热衷于中国传统文化的传承、弘扬和传播，就是在自觉地担当起延续中华文化血脉的历史职责与使命。传承、弘扬和传播中华文化，绝不仅仅是一些文化事业的从业者、爱好者的事情，相反，它是所有中华儿女不可推卸的历史使命，是每一个中华儿女理应担当起来的神圣文化职责。事实上，每一个人也都时时刻刻地传播着中华文化，无论自己是否意识到，中华文化就已经通过我们的言谈举止展现了出来。

当然，对中华文化的展现和传播，存在着自觉与不自觉、积极与消极之分，而就其内容来说，也存在着是否传递着正能量的问题。严格地说，自觉而积极主动地传承、弘扬和传播中华文化中的优秀传统和精华，自觉传递正能量，才是对中华文化的繁荣和发展有价值和意义的事情。为此，要变不自觉为自觉，变消极为积极，特别要坚持抵制故意、刻意将中华文化中掺杂的封建的、迷信的、腐朽的、糟粕的东西大肆渲染、鼓吹致使沉渣泛起的行径。毫无疑问，任何人都有义务和责任从积极方面传承、弘扬和传播中国传统文化，也有义务和责任抵制和拒绝对中华文化中的腐朽与糟粕的渲染与鼓吹。总之，传承、弘扬和传播中国传统文化是全体中华儿女的共同责任，全体中华儿女都应当树立这种使命感和责任意识，都应当积极行动起来，作出自己应有的贡献。

3.让十四亿多人成为传播中华文化的主体

让十四亿多人都成为传承、弘扬和传播中华优秀文化的主体，这不仅是党中央向每位中国人提出的行动要求，更是新时代向十四亿多中国人发出的召唤。如果每一位中华儿女都能自觉地担当起传承、弘扬、传播中华文化的职责而行动起来时，都充分地发挥自己的能量而凝成一个文化主体时，整个中华大地上就能够汇聚起巨大的力量，形成磅礴的气势和无比生动的局面。让十四亿多人树立起高度自觉的文化意识，激发起强烈的使命感，积极地行动起来，营造出全民传承、弘扬、传播中华文化的浓烈氛围，是建设社会主义先进文化、实施社会主义文化强国战略、增强中国特色社会主义文化自信的一项基础性工作。毫无疑问，如果十四亿多人都能够积极地行动起来，中华文化得以传承、弘扬和传播，中国特色社会主义文化自信就有了坚实的历史根基。

客观而言，十四亿多是一个很大的数字，十四亿多人约占世界人口的五分之一，如果都能够积极行动起来，充分地发挥主体性作用，成为传承、弘扬和传播中华文化的主体，那么无疑能够全方位、多角度地诠释和展现中华文化的价值理念和精神内涵，能够结合时代要求不断地为中华文化注入新的生机与活力，能够无限地开拓出中华文化的新格局新气派，从而创造中华文化的新辉煌。中华民族的伟大复兴，归根结底是中华文化的复兴，是中华文明的昌盛。十四亿多人成为传承、弘扬和传播中华文化的主体，是十四亿多中华儿女在文化自信上重新获得的自我确证，是十四亿多中华儿女在精神风貌上重新呈现中华风采的最好注解。

第五章

传承弘扬中国传统文化中的错误思潮批判

党的十九大报告指出："中国特色社会主义文化，源自于中华民族五千多年文明历史所孕育的中华优秀传统文化。"传承弘扬中国传统文化，实现对其进行创造性转化和创新性发展，对于坚持中国特色社会主义文化道路，增强文化自信，建设社会主义文化强国具有重大意义。在新时代传承弘扬中国传统文化的过程中，我们首先要正确认识中国传统文化及其核心价值观在时代的科学定位，不拔高也不贬低，不以古非今也不以今非古，批判在传承弘扬中国传统文化过程中的一些错误思潮。应该肯定，我国理论界对传承弘扬中国传统文化的认识和态度在总体上是好的，但是也不可否认存在一些值得注意的问题、倾向乃至错误思潮，其中既有以西方文化价值观为评价标准带来的"全盘西化论""普世价值论""中华帝国论""中国新殖民论"，又有因坚持马克思主义指导思想而把马克思主义与中国传统文化完全对立起来，从而出现的盲目否定中国传统文化的"以马废儒论"，甚至还有以极端保守态度来对待中国传统文化的"文化复古主义""以儒代马论"等论调。结合时代要求传承弘扬中国传统文化中的核心理念，既不能用博物馆心态来看待中国传统文化，也不能用顶礼膜拜的心态来阐释中国传统文化，需要深入批判在传承和弘扬中国传统文化过程中的各种错误思潮。

一 "全盘西化论"批判

关于中国传统文化和西方文化、关于"中学"与"西学"的关系,自中国进入近代以来,就成为一个事关中华民族前途命运的时代命题、政治命题和文化命题。中国近代逐渐形成了主张中国学习西方先进技术、移植西方近现代文化和价值观念,甚至照搬照抄西方资本主义政治制度、走欧美资本主义道路的"全盘西化"思潮,涉及经济、政治、文化、科技、教育乃至生活方式等方方面面。"全盘西化论"出现于戊戌变法时期,形成于20世纪30年代。20世纪80年代以来,在改革开放、大胆学习借鉴人类文明发展一切有益成果的进程中,"全盘西化"思潮又开始抬头,可以说,"普世价值论""新自由主义""宪政民主论""新闻自由论"等思潮与"全盘西化论"一脉相承。尽管其花样不断翻新,但在本质上是一致的。对于这些错误思潮在新时代传承弘扬中国传统文化的过程中,需要高度关注,予以批判。

(一)从"中体西用"到"中西文化"之争

自鸦片战争以来,在西方坚船利炮的攻击下,中国逐渐沦为半殖民地半封建社会,签订不平等条约、国土被割让、巨额经济赔款,中华民族与西方入侵者之间的民族矛盾日益尖锐,国内矛盾也日益凸显,清王朝腐败昏庸,面对西方列强采取妥协策略。西方列强的殖民侵略,不仅仅是军事、经济、技术上的强大攻击,同时也是政治、思想、文化、教育上的巨大冲击。在面临巨大的中西冲突、民族危机和民族矛盾的历史背景下,传统中国社会中的知识分子最早作出反应。当时清王朝的知识分子首先认为,清王朝的失败只是技术上、军事上的劣势,而不是封建专制制度对比西方民主政治制度上的劣势,因而对西方的民主思想、政治制度的评价是被动的,甚至是不屑的,他们对西方民主思想、政治制度更多地是带有感情色彩的政治判断,而不是思想上、文化上、政治上的冷静思考、鉴别与判断，仍然自诩为"天朝上国"。

在19世纪60年代以后，在清末洋务运动中出现了一种"中学为体，西学为用"的思想，简称"中体西用"。所谓"体"本意是根本，所谓"用"就是指具体的措施，"中体西用"是当时洋务派关于处理"中西文化"关系的一个核心命题和重要原则，也是洋务运动和洋务教育的指导思想。以洋务派为代表的封建官僚同时又是知识分子的代表，其深感国家积危，心存救国之志，从而提出了"中学为体，西学为用"的口号和原则。他们认为西方的民主思想、政治制度不在学习之列，而西方民主思想和政治制度变革之后所产生的技术优势、工业优势、军事优势却可以作为当时中国学习的内容，即"师夷长技以制夷"。

19世纪60年代，早期的改良派提出了"主以中学，辅以西学"的口号，鼓励清王朝向西方学习，反对顽固守旧。所谓"中学"就是指以三纲五常之道为核心内容的我国古代儒家伦理纲常学说和我国传统文化，所谓"西学"就是指传入尤其是近代以来传入我国的天文地理、科学技术、军事武器和商务外贸、学校教育、万国公法等科学。所谓"中学为体，西学为用"就是主张在维护清王朝君主专制政治统治的基础上，学习西方先进的科学技术、军事武器和学校教育，采用西方的自然科学、工业技术、军事技术以及文化教育等方面的具体措施来挽救清王朝君主专制政治统治面临的危机，如修建铁路、造船制炮、开采矿山、发电架线等等。

改良主义的先驱人物冯桂芬最早表达了这种"中体西用"的思想。咸丰十一年即1861年，他在《校邠庐抗议》中提出要"以中国之伦常名教为原本，辅以诸国富强之术"。1862年礼部尚书孙家鼐在《议复开办京师大学堂折》中提出"自应以中学为主，西学为辅；中学为体，西学为用"，明确使用了"中学为体，西学为用"的概念。光绪二十一年即1895年，南溪赘叟在《万国公报》上发表《救时策》一文，又明确使用了"中学为体，西学为用"的概念。1898年，近代洋务派重要代表人物张之洞出版《劝学篇》，对洋务运动的指导思想和重要举措进行了系统阐述，他重申了

"旧学为体，新学为用"的思想，反对对君主专制政治制度进行改革。他说："旧学为体，新学为用，不使偏废。"(《劝学篇·设学》)

所谓"旧学为体"就是强调仍然要以我国传统社会的"纲常名教"作为决定国家、社会命运的根本，所谓"新学为用"就是主张采用近代以来西方资本主义国家先进的科学技术、工业技术和军事技术，效仿西方国家在工业、武备、赋税、教育乃至律例等方面的具体措施，通过"洋务新政"挽回清王朝江河日下的颓废之势。至20世纪初推行"清末新政"，清王朝一直都奉行这一主张。

"中体西用"思想是我国传统文化和西方近代文化剧烈碰撞、交汇交锋与初步结合交融的产物，对近代我国经济思想、政治思想、军事思想、文化教育思想都产生了较大影响，尤其对经济、军事思想影响重大。在经济上，洋务派在"中体西用"思想指导下，先后建立了轮船招商局、江南制造总局、福州船政局等晚清中国第一批大型官办企业，对近代中国早期工业化起到重要作用，史称"中国第一次工业革命"。军事上建立了"北洋海军"。

"中体西用"思想虽然是中国在特定的历史环境下为寻求民族强盛的文化自救方案，但它打破了长期以来拒斥外来新生事物的闭关锁国的传统政治体制和心理障碍，为"西学"在中国的传播打开了方便之门。在"中学为体，西学为用"的招牌下，"西学"堂而皇之地进入中国传统文化的框架之内，取得合法地位，从而开始大量涌入中国。

例如成立于1865年的江南制造总局，不仅能够制造轮船、机器、枪炮、弹药，还设立了翻译馆、广方言馆，以及工艺学堂等文化交流和教育机构，用以介绍西方科学技术知识、培养科技和语言方面人才。在1868年—1907年的近40年间，翻译了以西方军事、科学技术为主，旁及经济、政治、历史、地理、教育等方面的著作达160余种，其翻译水准被认为超过晚清数十年其他翻译机构的质量，对于晚清知识分子吸收近代以来西方科学技术和文化知识产生了很大影响。

伴随着"西学"的传播和深入，我国的经济结构、工业生产发生了巨大变化，西方的政治制度和文化教育诸如君主立宪制、民主共和制等政治理论和大学教育也引入我国，并与我国传统文化相互交融，从而产生了我国近代的经济思想、政治思想、军事思想和文化教育思想等。

到19世纪末，发生了尖锐激烈的"旧学"与"新学"、"中学"与"西学"之争。守旧的封建顽固派坚决反对"西学"，对西方资本主义国家的一切事物都采取排斥、仇视和敌视的态度；新兴的资产阶级维新派则积极提倡"西学"，认为中国不但应当学习西方资本主义的科学技术和军事技术，更要学习和效仿资本主义的议院制民主政治制度，改革封建君主专制制度。

19世纪70和80年代，早期的资产阶级维新派提出中国要学习西方的议会制度，90年代以后进一步抨击洋务派的"中体西用"思想是舍本求末，希望中国能像西方那样实行君主立宪制，建立像英国、日本那样的资本主义政治制度。当时对所谓的"中学"与"西学"、"旧学"与"新学"之争莫衷一是，正如张之洞所说："图救时者言新学，虑害道者守旧学，莫衷于一。"张之洞认为，"救时维新"派提倡改革君主专制政治制度和废除三纲五常之道是不知"本"，"顽固守旧"派拒绝西方先进工业技术和科学技术是不知"通"，但主要危险是"救时维新"，如果不加以遏止将使"邪说暴行横流天下"，于是提出了"中学为内学，西学为外学；中学治身心，西学应世事"的观点。表面上看，张之洞是要"新旧兼学"，实际上仍然是站在"旧学"和"中学"的立场上反对接受西方现代的资产阶级政治学说和政治制度，主要学习西方先进的科学技术、工业技术和军事技术等，仍然没有走出"师夷长技以制夷"的巢穴。

"中体西用"的思想没有看到西方的科学技术、经济发展与军事优势的思想文化根源和政治制度根源，片面、孤立地认为只要学习了西方的先进科学技术、军事技术，就可以用封建专制政治体制同西方列强相抗衡，并最终取得胜利，从而拒绝进行政治体制改革和政治革新，死抱传统的封建专制体制不放。洋务运动、北洋海军和戊戌变法的失败,以及辛亥革命的爆发,说明"中体西用"的思想挽救不了清王朝的腐朽没落。

　　针对"中学为体,西学为用"的思想,严复曾认为,"体""用"本是密不可分的,本是就一物而言的,不能分开来用,"中体西用"实为一"谬词"。他说:"有牛之体,则有负重之用,有马之体,则有致远之用,未闻以牛为体,以马为用者也。""中体西用"思想作为中西文化广泛接触后的最初结合方式及其思想体现,有一定的历史合理性。

　　在中国近代历史上,"中学为体,西学为用"的思想对于吸收西方的先进科学技术、军事技术、文化教育思想,还是起到了一定的推动作用和积极作用。但是,"中体西用"思想作为中西文化交汇交锋后的一种整合方案和教育宗旨,是一种在没有深刻认识中西经济基础不同、政治上层建筑和思想上层建筑存在巨大差异前提下的直接嫁接,没有深刻认识到清王朝和西方资本主义已经是两种完全不同的社会形态,必然是认识不彻底的和顽固守旧的。在早期,"中体西用"思想对冲破"顽固守旧"派的阻挠,引进西方自然科学理论和先进的科学技术、工业技术和军事技术,促进我国近代民族工业、军事和新式教育的发展发挥了一定的历史作用。在后期,"中体西用"思想则成为清王朝反对和对抗资产阶级维新运动和资产阶级革命的思想武器。

　　时至今日,也有人认为"中体西用"的思想仍然给中华民族留下了深刻的思想启示,即学习外国的东西必须结合本国实际,立足中华民族五千多年的文明历史和中国传统文化。在西方帝国主义列强殖民侵略狂潮的冲击下,一个民族倘若不想沦为殖民地就必须加强民族凝聚力竞争力、提高全民族整合程度,才能奠定继续向前发展进步的坚实基础,"中体西用"思想在立足中华民族本土意识上显然非常突出,所谓"师夷长技以制夷"也在于扬长补短。"中体西用"思想的本意也许没有这一层内容,但它的思维逻辑和客观效果可以使人们得到这个启示。它一方面使拒绝学习西方先进技术甚至先进思想和制度、盲目排外的思想没有了市场,另一方面也使后来"全盘西化""拿来主义"的主张为我国近代历史发展所否定，结合我国实际学习西方的思想认识逐渐成为我国近代历史发展的潮流。

（二）"全盘西化论"的提出及其影响

自近代以来，关于我国传统文化和西方近现代文化，争议最多的就是所谓的"西化"问题。所谓"西化"，它的基本要义是要向西方学习，即通过全面学习西方先进的思想理论、政治制度、科学技术、文化教育等达到像西方一样的社会发展状态。可以说，自1840年鸦片战争后中西文化激烈碰撞交锋以来，就产生了要不要学习西方以及如何学习西方的问题，所谓"中学"与"西学"、"旧学"与"新学"之争，所谓"中体西用"等观点，都是其具体体现。

"全盘西化"思潮是近代我国思想文化界的一种文化激进主义思想，是"西化"思想的一种极端化表现，它滥觞于19世纪末的维新变法运动。

针对"顽固守旧"派的冥顽不灵和洋务运动中的"中学为体，西学为用"主张，戊戌变法时期的"救时维新"派代表人物樊锥主张向西方国家学习，即不仅要发展我国的民族工业，而且要变法图强，极力倡导西方资本主义的民权平等立宪之说，主张要从繁礼细故到大政鸿法"唯泰西是效"，对阻挠新政新学的"顽固守旧"派展开强烈抨击；辛亥革命时期资产阶级革命家邹容以西方资产阶级革命提出的"天赋人权""自由、平等、博爱"思想为指导，主张"悉准美国办理"并设计了一套民主共和国的政治方案，主张用革命手段推翻清王朝的君主专制制度，建立资产阶级民主国家，认为要对上下古今、政治制度、文化宗教、思想道德、学术以及日常生活方式进行资产阶级民主革命；辛亥革命爆发后我国近代学者胡适明确提出"吾于家庭之事，则从东方人，于社会国家政治之见解，则从西方人"（《胡适留学日记》）的思想主张。这些"全盘西化论"的最初表述，主张移植以所谓的"自由、平等、民主、法治"为核心的西方现代资本主义思想观念、制度文明和先进生产力，从而赶上世界潮流。

新文化运动和五四运动时期，"全盘西化论"逐渐形成了完整的表述与论证，其主张以已在西方实现的现代资本主义文明取代中国过时了的古代文明或传统文化。1919年胡适提出了"研究问题、输入学理、整理国故、再造文明"的口号和主张，他写道："我们对于旧有的学术思想，积极的只有一个主张，——就是'整理国故'。整理就是从乱七八糟里面寻出一个条理脉络来；从无头无脑里面寻出一个前因后果来；从胡说谬解里面寻出一个真意义来；从武断迷信里面寻出一个真价值来。……若要知道什么是国粹，什么是国渣，先须要用评判的态度，科学的精神，去做一番整理国故的工夫。"①胡适明确提出了一个"整理国故"的任务，以分辨出"什么是国粹，什么是国渣"，并指出目的是要"再造文明"。

当时陈独秀也认为："吾人倘以新输入之欧化为是，则不得不以旧有之孔教为非。倘以旧有之孔教为是，则不得不以新输入之欧化为非。新旧之间，绝无调和两存之余地。"②陈独秀宣称："西洋人因为拥护德赛两先生，闹了多少事，流了多少血；德赛两先生才渐渐从黑暗中把他们救出，引到光明世界。我们现在认定只有这两位先生，可以救治中国政治上、道德上、学术上、思想上一切的黑暗。若因为拥护这两位先生，一切政府的压迫，社会的攻击笑骂，就是断头流血，都不推辞。"③他还指出："若是决计守旧，一切都应该采用中国的老法子，不必白费金钱派什么留学生，办什么学校，来研究西洋学问。若是决计革新，一切都应该采用西洋的新法子，不必拿什么国粹，什么国情的鬼话来捣乱。……因为新旧两种法子，好像水火冰炭，断然不能相容，要想两样并行，必至弄得非牛非马，一样不成。"④

"全盘西化"思潮系统形成于20世纪30年代。在关于"中国社会的性质"和"中国文化出路"的讨论中，以胡适、陈序经等为代表人物的"西

---

① 胡适：《"新思潮"的意义》，《新青年》第7卷第1号。
② 陈独秀：《复佩剑青年》，《新青年》1917年第1期。
③ 陈独秀：《本志罪案之答辩书》，《新青年》第6卷第1号。
④ 陈独秀：《今日中国之政治问题》，《新青年》第5卷第1号。

化派"全面提出了"全盘西化"的主张。

陈序经从我国近代史上"中体西用"失败的事例出发,否定了"中体西用"的可行性,认为对中西文化采用"精神文化/物质文化""静的文化/动的文化""人的文化/物的文化"的二元对立划分法是不当的,因为两者之间"通融一体",因而是一荣俱荣、一损俱损的关系。他说:"从东西文化的内容来看,我们所有的东西,人家通通有,可是人家所有的很多东西,我们却没有。从文化的各方面的比较来看,我们所觉为最好的东西,远不如人家的好,可是我们所觉为坏的东西,还坏过人家所觉为最坏的千万倍。"①"我们为什么不全盘彻底的采纳(西方文化)?"②陈序经认为,中西文化既不存在调和折衷的可能性,也不存在复古办法的可行性,并认为中国人根深蒂固、久长深远的复古思想和保守倾向,延缓迟阻了中国历史发展的进程,直接造成了中国文化和现实的落后,因此,剩下的唯一办法,就是实现中国文化的"全盘西化"。他认为,这不但能从近代以来中国人在对待"西方文化"的态度上有一个从"中体西用"到"西体中用"再到"全盘西化"转变的过程上得到证明,也可以从近代以来中国由"器物"到"制度"再到"文化"层面逐渐"全盘西化"的事实上得到证明。陈序经以近代以来西方的社会发展进步为根据,认为欧洲近代文化的确比近代中国进步得多,西方的现代文化无论我们喜欢不喜欢,它都是"现世的趋势"。也就是说,现代西方文化"先进强大"就应该是学习的榜样,中国文化"陈旧落后"就必须抛弃,要实现中国文化现代化的不二法门只有从物质到精神、从思想观念到社会生活的方方面面全盘学习西方,实现"全盘西化"。否则,中国文化不但是逆世界历史潮流而动,而且不能生存下来。

陈序经把当时"中国文化出路"讨论的各种观点归纳为三派:一是"复古派",即主张保存我国固有的以三纲五常之道为核心价值观的传统文

---

① 陈序经:《关于全盘西化答吴景超先生》,《独立评论》第142号。
② 陈序经:《中国文化之出路》,《民国日报》1934年第7期。

化；二是"折衷派"，即主张以"调和"与"折中"办法提倡"中西文化合璧"；三是"西洋派"，即主张全盘学习和接受西方文化。

陈序经认为自己是特别主张"第三派"的，认为中国文化不但要"全盘西化"，而且是要"彻底西化"。他说："兄弟是特别主张第三派的，就是要中国文化彻底的西化。"

新文化运动后期胡适曾认为："东西文化的问题是一个很复杂的问题，决不是'连根拔去'和'翻身变成世界文化'两条路所能完全包括。"[①]然而至1929年，胡适在《中国今日的文化冲突》一稿中正式提出"全盘西化"一词，他重申"中国必须充分接受现代文明，特别是科学、技术与民主"，他说："一个国家的思想家和领导人没有理由也毫无必要担心传统价值的丧失。"至20世纪30年代，胡适的"全盘西化论"观点形成了更加系统和牢固的思想基础和理论根据，其思想基础被认为是"崇洋亲美"思想和"民族自卑"理论，其理论根据是实用主义和世界主义。

1935年，胡适提出了"充分世界化"这一提法，表示"完全赞同陈序经先生的全盘西化论"。他称自己曾主张"全盘西化"，"全盘西化"一词招致了诸多细琐的争论，不妨改作"充分世界化"。胡适认为，我国传统的旧文化惰性太大，为了破除旧有的罪孽，必须虚心接受现代西方文明，我国本位的文化地位则将更加发扬光大。他说："我的愚见是这样的：中国的旧文化的惰性实在大得可怕，我们正可以不必替'中国本位'担忧。我们肯往前看的人们，应该虚心接受这个科学工艺的世界文化和它背后的精神文明，让那个世界文化充分和我们的老文化自由接触，自由切磋琢磨，借它的朝气锐气来打掉一点我们的老文化的惰性和暮气。将来文化大变动的结晶，当然是一个中国本位的文化，那是毫无可疑的。如果我们的老文化里真有无价之宝，禁得起外来势力的洗涤冲击的，那一部分不可磨

---

① 胡适：《读梁漱溟先生的〈东西文化及其哲学〉》，载《胡适文存》二集卷二，亚东图书馆，1924，第61页。

灭的文化将来自然会因这一番科学文化的淘洗而格外发辉光大的。"[①]胡适还用自己穿长袍、写汉字指出事实上做不到"全盘西化",表示不会全盘接受西方文化。他说:"况且西洋文化确有不少的历史因袭的成分,我们不但理智上不愿采取,事实上也决不会全盘采取。"[②]陈序经曾因此批评胡适是"文化折衷派",因为胡适始终认为"文化有一种惰性,全盘西化的结果自然会有一种折衷的倾向"。

从中我们可以看到,尽管胡适和陈序经都主张"全盘西化论",但两者是有不同的。有人认为,胡适主张"全盘西化",在一定意义上是把它作为中国文化建设的一种手段而不是最终目的,其最终目的仍然是要建设中国本位的文化;而陈序经则不同,他不但把"全盘西化"看作是手段,还把"彻底西化"看作是必须的、必然的理想结果。

在"东西文化"大论战的背景下,20世纪30年代中期我国思想文化界还形成了一场关于"中国文化出路到底是中国本位还是全盘西化"的大论战,史称"中国文化出路"大论战。

1935年1月10日,当时我国思想文化界的十位教授联名在《文化建设》月刊上发表《中国本位的文化建设宣言》,史称"十教授宣言书"。宣言书旗帜鲜明地提出反对"全盘西化",强调要加强"中国本位的文化建设",对西方文化要"吸收其所当吸收",而不应该采取全盘承认的态度。《中国本位的文化建设宣言》主张以我国传统文化为本位为主体建设现代国家,以增强民族自信心,其主要观点是认为每个国家和每个民族都有保存和发展自己传统文化的权利和义务,都有自主选择接受、不完全接受或在某些具体领域完全不接受外来文化因素的权利,有对人类共同面临的文化问题发表自己的意见的权利,呼吁要理解和尊重异质文明,捍卫世界文明的多样性,公平地表达和传播多种文化形态,各国政府要推行积极有效

[①] 胡适:《试评所谓"中国本位的文化建设"》,载欧阳哲生编《胡适文集》第5册,北京大学出版社,1998,第451—452页。
[②] 胡适:《充分世界化与全盘西化》,原载《大公报》1935年6月21日。

的文化政策以保护各国各民族的文化传统，要积极推行公民教育特别是未成年人的文化与道德教育，激励国家、民族和地区之间的文化交流，等等。

"十教授宣言书"遭到"全盘西化论"者的激烈批评，同时也引起一些人对十教授人格的非难，因为"十教授宣言书"发表的时机和发表的地点可谓不合时宜。"十教授宣言书"发表的时间，正值蒋介石于1934年初发起"新生活运动"，号召国民以中国传统的价值信念如"四维八德"①等作为"新生活"的主题和法式，并组织部分青年进行读经、习礼、祀孔等传统文化活动之后；"十教授宣言书"发表于由国民党右翼骨干分子陈立夫兄弟组织和控制的、"中国文化建设协会"主办的《文化建设》。因此，十教授被批评为"御用文人"，是致力于"国民党党务的人"。

近代以来尤其是新文化运动以来，否定中国传统文化、颂扬西方文化乃至主张民族虚无主义的"全盘西化论"，对我国思想文化领域的影响广泛而深远。到20世纪70年代末80年代初，随着我国改革开放的日益推进，再次出现了主张"全盘西化"的错误思潮，一些人主张实行西方资本主义国家的"自由、平等、民主、人权"等"普世价值"，在中国搞资产阶级自由化，彻底否定社会主义的超越性。有人明确提出，因为我国的整体文化尤其是传统文化比世界的先进文化落后，我们提出"开放"应当全方位、全盘地开放，要让西方资本主义整个先进文化来冲击我国社会的方方面面，包括经济、政治、文化、科技、教育等所有领域。

(三) 中国文化自卑是"全盘西化论"形成的重要根源

鸦片战争以后，随着"西学东渐"和我国在与西方列强的较量与对抗中的一次次失败，有着五千多年文明历史的中华民族开始了一个从"文明中心""文化昂进"的时代进入到不断向西方学习的历史进程，近代中国逐渐从器物、制度、思想、文化等方面感觉到自己的封闭落后，感知到西方的工业文明是中国的农耕文明所不及的。特别是随着一次次民族危机的

---

① "四维八德"："四维"指"国之四维"——礼义廉耻；"八德"指孙中山提出的"八德"——忠孝仁爱信义和平。

加深，我们对自身传统文化的评价也越来越低、失望也日益加重。从洋务运动提出"师夷制夷""中体西用"，到戊戌变法提倡学习西方科学文化和改革政治、教育制度，从辛亥革命推翻清王朝的君主专制政治制度到建立共和政体的全国性革命，再到提出"反传统反孔教反文言""打倒孔家店"的新文化运动和五四运动，提倡爱国、进步、民主与科学的思想文化革命越来越集中到如何对待我国传统文化和西方文化上，"全盘西化论"与"文化复古"思潮形成针锋相对的局面。

梁启超曾评价我国近代历史的社会变革有"三大不足"，一是"从器物上感觉不足"于是有了洋务运动，二是"从制度上感觉不足"于是有了戊戌变法和辛亥革命，三是"从文化根本上感觉不足"于是便有了五四时期的"全部解放运动"，从"器物"到"制度"再到"文化"乃至"全部"，走向了一个从个别到局部再到全部否定的过程。新文化运动虽然主要集中表现为对中国传统文化的彻底否定，但在"否定"的过程中甚至产生了一种对民族文化的罪恶感和"赎罪"意识，这种对民族文化价值的极度轻视、怀疑乃至彻底否定的态度和心理，正是民族文化自卑、自暴自弃的重要体现。"民族文化自卑"的结果就是必然走向文化虚无主义、历史虚无主义，从而走向"全盘西化"。

胡适在《介绍我自己的思想》一文说："我们必须承认我们自己百事不如人，不但物质机械上不如人，不但政治制度不如人，并且道德不如人，知识不如人，文学不如人，音乐不如人，艺术不如人，身体不如人。"他甚至认为中华民族已经成了一个"一分像人九分像鬼的不长进民族"。胡适反对"狭义的国家主义"即民族主义，提倡"世界的国家主义"即世界主义，认同和主张采用杜威的"有用即真理"的实用主义，他说"我们到今日还迷信不学无术可以统治国家，我们到今日还不肯低头去学人家治人富国的组织与方法"，所以"便是死心塌地地去学习人家"[①]。胡适还认

---

① 胡适：《请大家来照照镜子》，载《胡适文存》，第188页。

为，近代中国不能进行革命也没有资格进行革命，只能实行"全盘西化"进行改良。胡适提出的"全盘西化"主张实际上是主张"全盘美国化"，在中国建立像美国一样的资本主义共和国，走资本主义政治民主道路。陈序经也认为，西方文化是世界文化发展的方向，中国这也不如人那也不如人，"样样都不如人"，中国已经走上了"西化"的道路就不能不继续朝"西化"的方向迈进。他得出的结论是"彻底的全盘西化"是挽救中华民族危亡的唯一出路，只有近代西方文化的主力——个人主义才能够救中国。他说："我们的唯一办法，是全盘接受西化。"

当时甚至有人认为：我国传统文化是一个让中华民族背了几千年的"十字架"，是一个巨大而沉重的历史包袱，毫无可取之处，要"全面否定"，"早该后继无人"，这就是"全盘接受西化"。中国传统文化"不见精华，只见糟粕"，即使代表中华文化文明结晶的"四大发明"如果"放入传统文化的整体之中，也会发现其消极作用决不亚于积极作用"，所以要改变中国"在世界近现代史上彻底落伍"的状况就"应当全方位开放，或者叫全盘西化"，"全面地彻底地向西方学习"。

应该说"全盘西化论"在我国的产生、发展和演变，有着非常复杂的背景和原因，全球范围内的"现代化"浪潮、"西方中心主义"思潮和西方文化的扩张，都对它产生了深刻而广泛的影响。与20世纪30年代产生的"全盘西化论"思潮紧密相连，20世纪80年代，"全盘西化"思潮借口全方位开放，再次喧嚣尘上，试图促使已然是社会主义性质的中国走向西方资本主义道路。这一时期的"全盘西化论"更不仅仅局限于经济发展、科学技术、军事技术、文化教育等领域，而已扩展到政治制度、意识形态、社会制度等各个领域，其全盘主张用所谓的"海洋文明"替代"黄河文明"。这一时期的"全盘西化"思潮在改革开放之初被称为"资产阶级自由化"，就是主张中国要"全盘西化"，走资本主义发展道路。改革开放尤其是进入21世纪以来，"全球化思潮""普世价值论""新自由主义""宪政民主论""新闻自由论""公民社会"等思潮与"全盘西化论"一脉相承，在我国思想文化领域仍然时起时伏。

（四）"全盘西化论"的实质

"全盘西化论"作为一种极端化的激进主义思潮，其实质是认为世界上的各个国家和民族只有一种发展模式，现代化只有一种发展道路，这就是资本主义发展模式和发展道路。实践证明，这是一种根本错误的思想认识。西方国家资本主义现代化模式的诸多弊端已经为世界历史的发展所证明，后现代化国家在走向现代化的过程中不能完全照搬西方模式，重蹈西方覆辙，而应该寻求符合本国国情的现代化发展道路。

早在新民主主义革命时期，毛泽东在总结中国共产党的历史经验时就曾深刻地总结了中国为什么没有全盘接受西方文化、为什么没有走上西方资本主义道路，而是进行并走上了以马克思主义为指导的新民主主义革命和社会主义道路。他说，自鸦片战争以来"先进的中国人"一直在寻求挽救中华民族危亡的真理，得出的结论就是"要救国，只有维新，要维新，只有学外国"，故"求进步的中国人，只要是西方的新道理，什么书也看"，"向西方国家寻求真理"，学习西方的所谓的"新学"。新学家虽然自己颇有信心，但是"先生老是侵略学生"这一事实却"打破了中国人学西方的迷梦"，尤其是第一次世界大战的爆发更加暴露了帝国主义、殖民主义的本质。直到列宁领导的俄国十月革命成功，几代"先进的中国人"在学习西方之后得出的最后结论就是"走俄国人的路"，以马克思主义为指导走社会主义的道路。

"先生是否侵略学生"是近代以来我国的先进分子选择学习榜样的一个关键因素。在世界工业革命发生前的几千年时间里，我国的经济、科技、文化发展一直走在世界第一方阵之中，虽然在后来世界工业革命如火如荼、人类社会发生深刻变革的时期丧失了与世界同进步的历史机遇，但之所以最终落到被动挨打的境地，陷入积贫积弱、任人宰割的悲惨状况，与帝国主义列强的侵略、殖民、掠夺是紧密联系在一起的。

毛泽东说："自从一八四〇年鸦片战争失败那时起，先进的中国人，经过千辛万苦,向西方国家寻找真理。洪秀全、康有为、严复和孙中山代表了在中国共产党出世以前向西方寻找真理的一派人物。那时,求进步的中国人,只要是西方的新道理,什么书也看。向日本、英国、美国、法国、德国派遣留学生之多,达到了惊人的程度。国内废科举,兴学校,好像雨后春笋,努力学习西方。我自己在青年时期,学的也是这些东西。这些是西方资产阶级民主主义的文化,即所谓新学,包括那时的社会学说和自然科学,和中国封建主义的文化即所谓旧学是对立的。学了这些新学的人们,在很长的时期内产生了一种信心,认为这些很可以救中国,除了旧学派,新学派自己表示怀疑的很少。要救国,只有维新,要维新,只有学外国。那时的外国只有西方资本主义国家是进步的,它们成功地建设了资产阶级的现代国家。"[1]他还说:"帝国主义的侵略打破了中国人学西方的迷梦。很奇怪,为什么先生老是侵略学生呢?中国人向西方学得很不少,但是行不通,理想总是不能实现。多次奋斗,包括辛亥革命那样全国规模的运动,都失败了。国家的情况一天一天坏,环境迫使人们活不下去。怀疑产生了,增长了,发展了。第一次世界大战震动了全世界。俄国人举行了十月革命,创立了世界上第一个社会主义国家。"[2]正是在世界历史的发展的事实面前,"西方资产阶级的文明,资产阶级的民主主义,资产阶级共和国的方案,在中国人民的心目中,一齐破了产"[3]。

中国的先进分子并不是没有选择走西方资本主义的发展道路。习近平指出:"中国人苦苦寻找适合中国国情的道路。君主立宪制、复辟帝制、议会制、多党制、总统制都想过了、试过了,结果都行不通。最后,中国选择了社会主义道路。"[4]他还指出:"中国是经历了深重苦难的国家。……近代以后,中国的封建统治者夜郎自大、闭关锁国,导致中国落

---

[1] 《毛泽东选集》第4卷,人民出版社,1991,第1469—1470页。
[2] 《毛泽东选集》第4卷,人民出版社,1991,第1470页。
[3] 《毛泽东选集》第4卷,人民出版社,1991,第1471页。
[4] 习近平:《在布鲁日欧洲学院的演讲》(2014年4月1日)。

后于时代发展步伐,中国逐步成为半殖民地半封建社会。外国列强入侵不断,中国社会动荡不已,人民生活极度贫困。穷则思变,乱则思定。中国人民经过逾百年前赴后继的不屈抗争,付出几千万人伤亡的巨大牺牲,终于掌握了自己的命运。"[1]

从鸦片战争以来的近代中国史可以看到,"中国人民对被侵略、被奴役的历史记忆犹新"[2]。尤其是第一次世界大战后的"巴黎和会"与《加拉罕宣言》的象征意义更加凸显,正是在"西方"已经"分裂"的情形下,以谁为"先生"、"以谁为师"的选择,才变得更加明朗起来。历史学家陈端志在描绘五四前后中国的先进分子在寻求中华民族"救亡图存"的道路时说:"这里有礼教的复活,这里有佛教的追求,这里有德谟克拉西思想的憧憬,这里有法西斯蒂理论的酝酿,更有社会主义各派学说的流行。"[3]近代中国的先进分子都盼望中华民族的再次复兴强盛,而俄国十月革命的道路正提供了一个由弱变强的最新模式,对中国的先进分子来说,其具有一种"柳暗花明又一村"的激动人心的作用,因而中国没有选择"全盘西化"走资本主义发展道路,而是选择了马克思列宁主义走苏联的社会主义道路。

毛泽东说:"走俄国人的路——这就是结论。"[4]以马克思列宁主义为指导思想、"走俄国人的路"之所以在中国最终战胜"全盘西化论",因素很多:

从背景上看,尽管马克思列宁主义也是来自西方,但其同时又是专治西方资本主义之病的"药理师",这一点西方资产阶级思想家也是认可的,马克思主义号召全世界人民进行反对以西方为主的帝国主义的"世界革命"。这不但充分反映和体现了西方世界的分裂,而且也正好符合了我国

---

[1] 习近平:《在布鲁日欧洲学院的演讲》(2014年4月1日)。
[2] 习近平:《在布鲁日欧洲学院的演讲》(2014年4月1日)。
[3] 陈端志:《五四运动之史的评价》,生活书店,1936,第368页。
[4] 《毛泽东选集》第4卷,人民出版社,1991,第1471页。

近代以来中华民族对西方资本主义爱憎交织、既"尊西"又相"制夷"的民族心态和民族心理。

从学理上看，马克思列宁主义所包括的科学社会主义和共产主义社会理想，与中国传统文化中的"天下为公""世界大同"等思想颇有相通之处。

从立场上看，马克思主义开创了为全人类尤其是全世界无产阶级求解放的全新思想理论，与中国传统文化中主张"民为贵""重民本"的思想正相合。

从实践上看，马克思列宁主义指导俄国布尔什维克取得了十月革命的胜利，这是一份对自鸦片战争以来苦苦寻找适合中国国情的道路却屡屡失败后的中国人来说最强烈的兴奋剂和催化剂。

所谓"全盘西化论"，在实质上就是主张完全按照西方资本主义国家的现代化模式和发展道路来推进我国的现代化，认为这是"必由之路"，舍此别无二途。因而，其认为中国的现代化建设应该完全以"西化"为导向和榜样，引进、借鉴、吸收甚至全盘接受西方的思想观念、价值理念、政治制度、道德文化和管理经验，从经济制度、政治制度到文化观念、社会制度实现"全盘西化"，尤其是极力主张遵循西方资本主义"自由、平等、人权、民主"等"普世价值"和建立宪政、多党制、普选、三权分立以及司法独立等政治制度。

显然，中国特色社会主义道路不是"全盘西化"之路。历史业已证明，中国没有走上"全盘西化"之路，也绝不可能和绝不会走"全盘西化"之路，只能走中国特色社会主义现代化道路，新中国成立尤其是改革开放以来中华民族已经探索出了一条中国特色社会主义现代化发展道路，中华民族已经开启了到2035年基本实现社会主义现代化和到2050年全面建成社会主义现代化强国的新征程。这条发展道路必须大胆学习和吸收借鉴西方发达资本主义国家的文明成果，但绝不是"全盘西化"。正如邓小平所说："我们的现代化建设，必须从中国的实际出发。无论是革命还是建设，都要注意学习和借鉴外国经验。但是，照抄照搬别国经验、别国模式，从来不能得到成功。这方面我们有过不少教训。把马克思主义的普遍真理同我国的具体实际结合起来，走自己的道路，建设有中国特色的社会主义，这就是我们总结长期历史经验得出的基本结论。"[1]"全盘西化"之路显然是一条葬送中国共产党领导和执政、葬送中国社会主义方向的亡党和亡社会主义之路，所以必须予以坚决批判、反对和抵制。

二 "普世价值论"批判

"普世价值论"是近代以来随着资本主义在全球的兴起，西方国家在西方的历史文化基础上宣扬"自由、民主、人权"等价值理念，是一套为西方国家称霸全球服务的价值观念体系及把它向全世界推销的一种意识形态思潮。特别是二十世纪七八十年代以来随着经济全球化的广泛深入发展和现代信息技术、通信技术以及交通工具的不断发展和进步，"普世价值论"从宗教的"普世主义"到神学的"普世伦理"，从学术领域逐步转向经济领域、政治领域，再到大众文化生活领域，历经多种形态，传播的范围越来越广。在本质上，"普世价值论"反映着西方资本主义国家垄断资本的利益和意志，是资本主义文化的本质体现。"普世价值论"在中国的传播实质上是"中西文化"的一种比拼和对决。由于"普世价值"极易与人类"共同价值"相混淆，在继承和弘扬中国传统文化、建设社会主义先进文化的过程中，必须厘清"普世价值论"的本质，深刻认识和批判其渗透带来的文化危害。

（一）"普世价值论"的思想基础是"欧洲中心论"

马克思、恩格斯说："资产阶级在它不到一百年的阶级统治中所创造

---

[1] 《邓小平文选》第3卷，人民出版社，1993，第2—3页。

的生产力,比过去一切世代创造的全部生产力还要多,还要人。"①从物质文明发展方面讲,资本主义的产生和发展极大地推动了人类社会生产力迅速向前发展。同样,从精神文明发展方面讲,资本主义思想文化对于推动人类社会思想文化的发展进步同样具有巨大作用。在资本主义极大地推动人类社会生产力发展的历史进程中,在资产阶级反对封建主义专制政治制度、建立资产阶级政治统治的历史进程中,资产阶级思想家和革命家为了说明资本主义产生和发展的正当性合理性合法性,建立了一整套代表资产阶级根本利益的思想文化体系和意识形态,从而使资本主义在经济、政治、文化等方面在世界范围占据主导地位。

随着西方资本主义生产方式的发展,西方资本主义国家凭借雄厚的经济实力和强大的军事力量,奉行殖民主义国际政策,进行大规模的海外殖民扩张,逐步奠定了在世界上的霸权地位,也催生了一种"欧洲中心论"的文化论调,认为资本主义扩张和殖民的成功是因为西方资本主义文明的优越性所致,而造成这种优劣差异的基础在于人种、思想、文化、制度等各方面的不同,认为欧洲具有不同于世界其他地区的优越性和特殊性,把西方资本主义殖民世界看作是引领世界文明发展的先锋,是世界其他地区迈向现代文明的灯塔。这种"以欧洲为中心"的世界观和历史观,把西方资本主义国家的文明形态及其历史发展进程作为标杆来解释世界,建构包括非西方世界在内的世界历史图景。"欧洲中心论"认为,在迈向现代化的过程中,世界各个不同民族和国家都必须经历与遵循西方资本主义国家实现现代化的唯一模式。"欧洲中心论"的世界观和历史观尽管被抨击得体无完肤,但是其阴魂一直不散,对人类社会的经济、政治、文化等各个领域造成了深远影响。

在西方资本主义殖民扩张的同时,随着英国生物学家、进化论奠基人达尔文提出的"物竞天择"思想在科学界掀起了"物种进化"的争论,自

---

① 《马克思恩格斯选集》第1卷,人民出版社,1995,第277页。

然界领域的物竞天择、优胜劣汰、弱肉强食的"丛林法则"也被生搬硬套地移植到人类社会发展领域。一种从欧洲角度或者"以欧洲为中心"来看待整个世界发展与构成的思想文化认识自觉,或不自觉地,或下意识地成为西方世界的一种重要论调,把欧洲视为世界历史的主动创造者,是世界历史的本源。例如很多国际标准,如本初子午线、公元纪年、拉丁字母等,都包含有欧洲中心主义的意蕴。

一些"欧洲中心论"(或称"欧洲中心主义")者甚至认为,起始于欧洲的西方文明发展进程是唯一成功和正确的现代化模式,西方文明与文化是人类文明和世界文化的中心,非西方国家处于人类文明和世界文化的边缘,需要通过西方的征服、殖民、教化才能得以开发与开化。这种论调把"文化差异"尤其是"人种差异"看作是造成西方国家与非西方国家发展(进化)程度不同的主要原因,把非西方国家发展的落后看作是命定的、不可逆的、无法改变的,只有欧洲具备天然的优越感和创造历史、改变世界、推动人类社会发展进步的能力。其通过进化论、进步论、阶段论、目的论、普遍主义等理论向全世界广泛传播这种论调和偏见,从而为西方资本主义在世界的霸权地位提供合法性论证,并轻视、嘲笑甚至污蔑非西方国家的人种、历史、文化和发展的成就与贡献。

例如,德国哲学家黑格尔把希腊、意大利作为"世界历史的舞台"和"世界精神的故乡",把地中海看作是"世界历史的中心",而世界其他地区、国家和民族的发展始终是静止不动的,是世界历史发展的局外、插曲和陪衬,属于"非历史民族"。黑格尔把中国和印度说成是没有生气而停滞不前和缺乏内在动力的国家,他说中国有"一种终古如此的固定的东西代替了一种真正的历史的东西。中国和印度可以说还在世界历史的局外,而只是预期着、等待着若干因素的结合,然后才能够得到活泼生动的进步"[1]。再如美国诗人埃默森在他的笔记中把"中华帝国(文明)"所享

---

[1] 黑格尔:《历史哲学》,三联书店,1957,第161页。

有的声誉看作是"木乃伊的声誉",认为"中华帝国（文明）"是把世界上最丑恶的形貌一丝不变地保存了三四千年,清晰地反映了一个"欧洲中心论"者对中华文明的傲慢。

"欧洲中心论"是西方资本主义国家凭借其强大经济优势、军事优势、技术优势和政治优势、文化优势等向全球扩张的产物,是西方资本主义为自己主宰世界制造历史合法性的意识形态和说教,并且最终形成一种人文社会科学领域的思想偏见,其不仅在当时的欧洲得到广泛支持和接受,而且渗透在历史学、政治学、语言学、社会学等学科知识中得以广泛传播和流传,几乎成为世界历史的一种思维定式。它出现于18世纪中后期,在19世纪得以发展,在第一次世界大战尤其是第二次世界大战之后,这种狭隘的世界观和历史观遭受越来越多批判,逐渐走向破产,但其思想影响仍然根深蒂固,在经济全球化、国家政治、全球治理和世界历史发展的进程中仍然阴魂常现,让西方资本主义国家无视人类文明真相的存在,缺乏对西方以外的世界历史和发展道路的正确理解,不能正确认识人类其他文明和历史发展,也不能正确认识自己以及自己在世界格局中的地位变化。

在后来的19世纪和20世纪上半叶,非西方国家在经济、政治、文化、社会等方面都深受西方殖民主义的影响,西方资本主义国家不仅对非西方国家拥有物质上、技术上、军事上的强制力,而且在思想、观念、精神、心理等方面占有绝对优势。它们认为,西方是人类文明、世界知识与文化的主要生产地,只有西方意识形态才是世界的"主导"和"主流",这不仅表现为经济霸权、技术霸权和军事霸权,而且表现为思想霸权、文化霸权和话语霸权,使世界范围内的文化交流主要表现为西方意识形态对非西方意识形态的驾驭、灌输和渗透,表现为西方工业文明、科学技术、管理文化以及各种思想、理论、学说和艺术向非西方国家单向输入和传播的过程,非西方国家则一直是西方经验、西方思想、西方理论、西方制度、西方模式的被动模仿者和学习者,西方文化产品的消费者。

第二次世界大战结束之后，随着经济、科技和军事实力的空前增强，美国走上了世界权力的顶峰，向世界各地大肆扩张，成为世界超级大国，扮演西方资本主义在全世界的霸主地位，认为"美国第一""美国优越""美国优先"，表现出明显的美国优越感，成为西方资本主义国家的代言人。它提出了杜鲁门主义、马歇尔计划，建立北大西洋公约组织，实行"第四点计划"，与许多国家签订了一系列军事同盟条约，建立海外军事基地，在文化上也推行文化霸权主义，实施"和平演变"战略和"文化渗透"策略，不断对外推销西方的制度模式和思想文化。

弗兰克·宁柯维奇在《美国对外文化关系的历史轨迹》一文中认为，战后美国对外文化战略的指导方针是由历史学家拉尔夫·特纳制定的。1942年特纳在给美国政府递交的备忘录中不仅提出了"文化外交"这一新概念，而且认为"战后世界将要求美国在文化上，如同在政治和经济上一样，在全世界担负起领导的责任"。他还特别强调，要对像中国这样的发展中国家培养具有现代文化素质的"贩卖人"。西方资本主义国家主张世界上只能有一种文明、一种制度、一种文化、一种价值观，并且认为只有它们的文明、制度、文化和价值观才是先进的文明、制度、文化和价值观，也只能用它们的文明、制度、文化和价值观一统世界。

显然，在西方资本主义国家及其文化的发展历程中，固然有自然科学、人文科学、社会科学以及理性、自由、民主、人权、秩序等先进科学技术和启蒙运动以来顺应世界历史发展的人文思想，但也有像社会达尔文主义、殖民主义、法西斯主义等极端主张，因此造成人类社会发展过程中惨绝人寰的战争、"羊吃人"的残酷、"人变成机器"的无奈、对殖民地的疯狂掠夺，以及对生态环境的严重破坏，等等。由此可见，"西方文明"和"西方文化"绝不是"文明的终结"和"文化的终结"，西方资本主义价值观绝不是"普世价值"。

（二）"普世价值论"是基于对中国愚昧落后的判断

西方在全世界，特别是在我国推销它们的"普世价值"，一个非常重要的原因是基于对我国历史和文化的片面判断，认为我国几千年来的历史发展是专制的、愚昧的、落后的、停滞的。它们认为正是因为中国的发展是专制的、愚昧的、落后的、停滞的，所以中国需要"西方文明"和"普世价值"的普照之光。

例如，18世纪是西方的中国观发生根本变化的世纪，即从以"颂华"（sinophilie）占主流转变为以"贬华"（sinophobie）为主。与同时代把中国作为楷模，赞美和颂扬中国政治制度、哲学思想、伦理道德观念等的启蒙思想家伏尔泰、魁奈、霍尔巴赫、狄德罗、爱尔维修等不同，法国启蒙运动时期著名思想家孟德斯鸠从否定方面将中国列入一种"专制主义"的国家模式，为法国和欧洲提供了与以往不同的中国形象，从此这逐渐成为西方人看待中国的基本前提。

孟德斯鸠把政体分为三种类型：一是以品德为原则的共和政体；二是以荣誉为原则的君主政体；三是以恐怖为原则的专制政体。

孟德斯鸠把中国列为"专制政体"，认为"中国的君主集宗教与世俗大权于一身，对臣民实行残暴的独裁统治"，"是一个专制国家，它的原则是恐怖"，皇帝动辄以大逆罪处置臣僚和百姓，人民毫无自由可言，皇帝"一个单独的个人依据他的意志和反复无常的爱好在那里治国"。

18世纪英国经济学家亚当·斯密在《国民财富的性质和原因的研究》（《国富论》）中则既赞赏中国的富有又指责中国经济长期处于一种停滞状态，指出中国的"重农抑商"经济政策过分重视农业而忽视商业发展和对外贸易、重视储藏而不注重资本积累，从而造成了中国古代社会长期停滞不前。

18世纪德国哲学家黑格尔更是极端地认为，中国社会的君主专制和家长制度发达，从而导致奴性泛滥和个人权利意识缺乏。他认为，"家庭（家族）的精神"和家长制是中国社会的显著特点，家族精神和家长制从个体、家庭、家族一直贯彻到社会、国家，所以中国历史虽然在世界历史中占有一席之地，长久持续地存在着，但是中国数千年来却是一个长期停滞的国家，并没有任何实质性的进展，只是君主覆灭的一再重复而已，任何进步都不可能从中产生，因此在本质上看是没有历史的。黑格尔把几千年的中国历史看作是一个"大赌场"，恶棍们轮流坐庄，混蛋们换班执政，炮灰们总是做祭品。他说："千百年来在广阔的土地上重复庄严的毁灭，而又在本质上毫无变化。"黑格尔认为，中国历史的本来面目就是中国历史中的任何一次革命都没能使这个国家取得尺寸的进步。

黑格尔把人类文化的发展看作是分阶段进步的。在他看来，中亚文化代表了人类文化的少年时期，人类文明最早在那里发源；希腊文化则是青年，表现出生机勃勃的活力；罗马文化是壮年；日耳曼文化是成熟理性的老年；而中国文化则处在幼年阶段。他认为中国人在官府面前逆来顺受，中国社会没有像西方社会出现过这样那样的分化，是一个文化已经僵化的国家，从而造成了内在精神的黑暗、臣民精神和奴才人格，造成了中国的落后和循环往复。黑格尔甚至认为"中国是一片还没有被人类精神之光照亮的土地"，还没有摆脱原始的自然的愚昧状态，理性与自由的太阳还没有升起，因此中国历史基本没有发展，在人类社会的历史发展中中国是一个最低层次的发展。

孟德斯鸠、亚当·斯密、黑格尔等有关中国历史和文化的论断，都是按照他们所获得的极为有限的、碎片化的关于中国的知识而得出的结论。在他们所生活的那个时代，中西之间还没有广泛开展人员交往和文化交流，只是通过个别的、少数的人员交流介绍和零碎的、偶然的知识传播而得出的结论，欧洲对中国历史、文化和当时实际现状的了解相当稀少和片面。由于这些学者的极大影响力，他们对中国历史和文化作出这样的论断，可以说对近代以来西方中国观的形成影响深远。同时，也很适合当时西方反对中世纪欧洲专制主义余毒、向东方向中国向世界进行殖民扩张的需要。他们提出的专制主义、长期停滞、文化幼稚化等观点，后来逐渐成为西方中国观的主导认知。改革开放以来，随着中国的快速发展，"长期停滞论"才让位于"中华帝国论"。

(三)"普世价值论"与"全球化"思潮紧密相连

"全球化"思潮与"普世价值论"是一对孪生姐妹,两者相辅相成。"全球化"思潮是一种建立在西方资本主义殖民扩张开启"世界历史"之后"经济全球化"基础之上的一种世界性思潮,涵盖经济模式、政治体制、文化形态、军事理论、科学技术等方方面面。

一般认为,"全球化"来源于"经济全球化"。"经济全球化"是指经济活动通过对外贸易、资本流动、技术转移、提供服务、相互依存、相互联系从而超越国界、地域、人种、制度和文化差异而形成的世界或全球范围的有机经济整体和经济体系,是商品、货币、资金、资本、技术、信息、人员、管理、服务等生产要素跨国跨地区的世界性流动,世界经济日益成为一个紧密联系的有机整体。"经济全球化"是世界经济发展的重要趋势,也是当代世界经济的重要特征。

"经济全球化"作为一个历史发展过程,可以追溯到16世纪—18世纪,其内涵也不断发生变化。在世界历史进入近代之前,国际间因为通商贸易交往而出现了国际化,如古代中国通过输出丝绸和茶叶等而与西方国家之间开展的商品贸易,所谓"丝绸之路"即由此得名,后来西欧国家又通过海上探险寻找通商贸易的新丝路,史称"地理大发现",可谓早期的"全球化"。

西方国家发生工业革命以后,资本主义的现代工业、商品经济和交通运输业迅速发展,通商贸易和世界市场的范围加速扩大,世界各国之间的贸易往来大大超过以往发展水平。同时,在西方资本主义资本原始积累时期,大都采取赤裸裸的暴力手段,如武装占领、战争侵略、海盗式掠夺、欺诈性贸易、海外移民、奴隶买卖等;在自由资本主义时期,则主要通过所谓"自由贸易"的形式把不发达的国家、民族和地区变成资本主义的资本输出市场、原料产地、商品市场、廉价劳动力市场、投资场所和雇佣兵来源地;第二次世界大战后,西方资本主义国家充分利用经济优势、技术优势和军事优势对已取得政治独立的非西方国家进行经济、政治、文化等各方面输出，以使这些国家充当商品市场、投资场所、原料产地和劳动力市场。例如，通过提供所谓"经济援助"等形式，附加条件苛刻的贷款、开展不平等贸易、组织跨国公司等，尤其是二十世纪八九十年代以来，以"信息技术革命"为中心的高新技术迅猛发展，使世界经济越来越融为一个整体，冲破了国界和缩小了世界各国各地之间的距离，推动了全球生产力和科学技术的发展，同时也极大地削弱了西方资本主义发达国家对世界经济、政治和军事的控制力，为发展中国家追赶西方资本主义发达国家提供了历史机遇。

在"经济全球化"的进程中，世界各国之间经济交往和联系愈发频繁紧密，形成了一种"你中有我，我中有你"的世界格局，人类活动越来越具有全球性特点。"经济全球化"使人们感觉"世界正在变小"，"全球相互依存"不断加强，"地球村"的概念日益为世界所认可，"地域主义""区域联盟"越来越被"全球主义""人类共同体"所取代，甚至感觉经济发展中面临的各种问题也好像都是全球性的了。

"经济全球化"不但成为世界经济紧密联系的基本特质，而且也越来越成为当今世界和当今时代的重要特征。"经济全球化"已显示出强大生命力、辐射力和影响力。从西方资本主义在全球的扩张开始，不仅商品、服务、技术、资本、信息、人员实现了跨国流动与资源配置，而且形成了国际性分工、世界经济体系与世界性经济组织，形成了各种国际性评价标准、世界性知识体系和全球性对话机制，全球化已经从经济范围延展到政治、文化、生态、教育等各个方面，对思想观念、价值理念、政治制度、法治体系、道德规范、教育变革乃至意识形态和宗教在世界范围内传播都发生了影响。

因此，有人认为，"经济全球化"已不仅仅是描述一种全球范围内世界经济的深刻变化，涵盖生产、贸易、投资、金融和消费等各个领域，囊括世界经济和与世界经济相联系的各个方面及全部过程的经济变革，也是一种以"科技革命"和"信息技术"发展为先导，对世界各国经济、政治、社会、文化、科技、军事、教育甚至思维方式等所有方面都具有重大而深远影响的一场自由化、国际化、普遍化和星球化的世界性深刻变革。

"经济全球化"虽然至今还没有一个统一的定义,"全球化"更是一个具有煽动性的概念,但其外延越来越广已日益成为世界性的共识。一般认为,从物质形态看,"全球化"的最初形态是指商品与资本等的跨境流动和跨国流动,经历了跨国化、区域化、局部国际化以及全球化等发展阶段,在此过程中出现了相应的国与国、地区性、区域性、国际性的经济实体、经济组织和跨国管理机构,并逐渐扩展到科学技术、军事力量、政治制度和价值观念、意识形态、文化教育、生活方式等非经济方面的跨国交流、碰撞、冲突与融合。

有人认为,现代意义上的"全球化"是一种以"经济全球化"为核心,包括科技、军事、文化、教育、安全、生活方式乃至政治、意识形态、价值观念等多层次、多领域的相互联系、相互制约和相互影响的多元概念,可概括为经济、科技、管理、组织、政治、法治、文化、思想观念、人际交往、国际关系十个方面。

也有人认为,由于"全球化"首先主要体现在商品贸易和经济领域,从而使市场经济体系在全世界范围内得以扩张,如果说市场经济体系在全世界的扩张是必然的,就是说"全球化"是必然的,或者说"全球化"是一种不可阻挡的发展趋势,那么就要尊重共同的"市场经济规律"、顺应历史发展潮流。既然"全球化"的市场经济体系影响到地球上每个角落的经济生活,而"全球化"问题的复杂性往往表现在不同的事情、不同的空间、不同的时间和不同的结果,而世界上的各个国家和地区当然都希望拥有自己鲜明的立场,希望国家主权和各种权益得到尊重,那么就要基于"世界大同"理想形成共同的世界经济组织机制、国际政治协调机制和意识形态机制,因而"全球化"也就必然会逐渐成为一种思潮。

"全球化"的历史发展过程表明,第二次世界大战后以西方资本主义国家尤其是以美国为主导的"全球化"就像一把"双刃剑",既带来了人类社会的巨大发展、进步和繁荣,也带来了战争、殖民和革命,既带来了地区差距、贫富悬殊和国家不平等,也带来了国家之间的对立、区域战争乃至"世界大战"。时至今日,"全球化"思潮表现为在经济上倡导自由化和新自由主义、私有化和国际市场化甚至"美国化";在政治上鼓吹全球民主化、"人权高于主权"、"国家主权过时论"、世界主义等;在文化上夸大各国文化之间的"趋同化",认为资本主义的历史发展"终结了历史",鼓吹"普世价值论"和"意识形态终结论",认为世界"西方化"、全盘接受西方文化对世界的领导是世界发展的必然趋势。

20世纪末以来,"全球化"思潮在世界范围内更是广泛传播,对我国发展的影响也很大。"全球化"思潮宣扬所谓的"信息社会""趋同论""意识形态消亡论""历史终结论""互联网革命"等思想,淡化了人的民族归属感、文化认同感,弱化了人的国家意识,削弱了人的爱国主义热情。"全球化"思潮是"普世价值论"的重要思想基础和社会基础。

(四)"普世价值论"体现了资产阶级伪善的"人性论"

在反对封建主义专制社会、建立资本主义社会制度的过程中,资产阶级思想家和革命家为了说明资本主义产生和发展的合理性、合法性,经过14—16世纪的文艺复兴运动,16世纪宗教改革运动,17—18世纪的思想启蒙运动,以及16—19世纪资产阶级革命,建立了一整套代表少数资产阶级根本利益的制度和文化,并在血与火的洗礼中,登上人类思想文化发展的舞台,曾发挥了进步作用。

然而,在资本主义的发展过程中,资产阶级作为少数派,为了巩固自己的统治,发明了伪善的"人性论"。资产阶级思想家和政治家立足于一种绝对的普遍性,以一种抽象的"人性论"为依据,借助强势经济霸权、技术霸权、军事霸权、话语霸权,把仅仅代表资产阶级根本利益的"自由、平等、民主、人权"等文化价值观描绘成代表整个人类社会普遍利益的"普世价值",把承载这些价值理念的资本主义政治制度说成是人类社会发展的最终目标和永恒的发展趋势，以掩盖资本主义政治制度和文化所代表的极少数资产阶级根本利益的真正立场，以抽象的"自由、平等、民主、人权"等所谓的"普世价值"来掩盖资本主义发展进程中所造成的事实上不自由、不平等，掩盖资本主义社会形成的自私、贪婪、歧视和丑恶等本性。随着资本主义发展的日益成熟和进入到帝国主义和霸权主义阶段，这种赤裸裸的伪善"人性论"就表现为强盗式的对外掠夺、侵略、殖民，或者以"人权大于主权"为借口粗暴地干涉他国内政、扶植傀儡，甚至不惜策动政变、挑起内战、发动战争。

马克思曾一针见血地指出：以"自由、平等、民主、人权"为核心价值理念的资产阶级意识形态具有唯心性、虚伪性和欺骗性。因为在"自由、平等、民主、人权"这些所谓的"普世价值"当中，极少数资产阶级现实的个人利益往往被说成是人类的普遍利益。马克思说："当前社会的交往形式以及统治阶级的条件同走在前面的生产力之间的矛盾愈大，由此产生的统治阶级内部的分裂以及它同被统治阶级之间的分裂愈大，那末当初与这种交往形式相适应的意识当然也就愈不真实，也就是说，它不再是与这种交往形式相适应的意识了；这种交往形式中的旧的传统观念（在这些观念中，现实的个人利益往往被说成是普遍的利益）也就愈发下降为唯心的词句、有意识的幻想和有目的的虚伪。但是，这些东西被生活揭穿得愈多，它们对意识本身的作用愈小，那末它们对自身的捍卫也就愈坚决，而这个标准社会的语言也就愈加虚伪，愈加道德化，愈加神圣化。"①

与"全球化"思潮相呼应和相承接的是"普世价值论"，"普世价值论"认为从文艺复兴运动和启蒙运动以来形成的资产阶级的"自由、平等、民主、人权"等思想观念和价值理念是任何时代、任何民族都应该奉行的"普世价值"，是人类共同的思想成果和文明成果，是一切卷入"经济全球化"的国家和地区普遍适用的思想观念和价值理念。

---

① 《马克思恩格斯全集》第3卷，人民出版社，1960，第331页。

（五）"普世价值论"的实质是"西方化"

恩格斯说："人们自觉地或不自觉地，归根到底总是从他们阶级地位所依据的实际关系中——从他们进行生产和交换的经济关系中，获得自己的伦理观念。"[1]"普世价值"作为资本主义政治上层建筑的重要内容，集中体现了资本主义社会的经济基础、生产关系和生产方式，在本质上是一种适应资本主义私有制和以自由主义市场经济为经济基础的意识形态和价值观念。"普世价值论"把在经济上的资本主义私有制度看作是符合人类普遍人性的合理的经济制度，为资本主义自由市场经济准则提供价值观基础和思想理论基础，是为维护资产阶级的根本利益服务的。

"普世价值论"是自由主义意识形态的一种集中体现和现代表达。所谓"自由主义"是一种以"自由"为核心价值理念的哲学思想和思想流派的集合，是资本主义意识形态的代名词。"自由主义"分为"古典自由主义"和"现代自由主义"，"现代自由主义"从"古典自由主义"脱胎发展而来。在广泛的意义上，自资本主义社会制度建立以来，"自由主义"反对封建专制政治制度和"君权神授"、世袭制度和国教制度，主张"法律面前人人平等"和保障基本人权如生命权利、自由权利、财产权利、言论权利等，以法律制度保障自由贸易、支持私人企业和市场经济、限制政府权力的滥用、建立公开透明政治体制等。"自由主义"对现代世界的影响相当广泛而深入，自由市场经济、自由贸易、个人财产、普遍人权、个人尊严、宪政民主、公民社会、新闻自由、个人自由、言论自由、信仰宽容等成为现代自由主义的基本概念，从其概念、范畴和理念看，非常具有迷惑性和诱惑力。

自20世纪70年代以来，随着"福利国家"政策的破产，出现了一种以恢复"古典自由主义"为主要内容的"新古典自由主义"，简称"新自由主义"。"新自由主义"更是发展成为一种系统化、理论化的思想体系，

---

[1] 《马克思恩格斯文集》第9卷，人民出版社，2009，第99页。

在经济上主张自由化、私有化和市场化,提倡自由放任的市场经济、形成完全自由竞争的市场、否定公有制、否定社会主义、否定国家过多干预经济、保障少数人权利等;在政治上支持以共和制或君主立宪制为架构的自由民主制度(即宪政制度),实行开放而公平的选举制度,公民都有相等权利参与政务;在国际政治上推行以超级大国(即美国)为主导的全球经济、政治、文化一体化(即全球一体化、全球资本主义化)等;在文化上倡导个人主义,保护个人思想自由、保障新闻自由和言论自由等。

"新自由主义"是在第二次世界大战后"经济全球化"出现了新的发展特点和历史趋势的背景下,适应国家垄断资本主义向国际垄断资本主义转变发展的客观要求而发展起来的一种思想理论体系和政策主张,其实质是一套用经济学理论和政策包装起来的以西方自由市场经济理论、西方宪政制度和西方个人主义文化为主要内容的资本主义意识形态,是一套系统推行以美国为首的西方资本主义国家施行国际霸权主义的思想理论体系,是以美国为首的西方资本主义国家试图统治世界的文化战略、竞争战略和全球战略。

"新自由主义"立足"竞争秩序"与"积极自由"两大原则,在处理自由与民主、放任与约束、市场与政府、个人与国家、效率与公平等的关系问题上更为偏好自由、放任、市场、个人、效率的一面,成为以美英为代表的西方资本主义国际垄断资本推行"全球一体化""全球资本主义化"思想理论体系的重要组成部分,其标志性事件是1990年由美国政府炮制的包括十项政策工具的"华盛顿共识"。从"古典自由主义"到"现代自由主义",从"自由主义"理论形态到实践转化,从英美向全球扩展,从经济向政治、文化、国际关系等领域不断深化,"自由主义"自近代以来一直成为国际社会的一种主导发展理论和强势话语,不仅对西方资本主义国家政府决策产生了重大影响,而且也对一些发展中国家产生了不可忽视的重要作用。

"普世价值论"集中反映和体现了西方资本主义国家在"经济全球化"

的历史进程中所推行的所谓"经济价值观"、"政治价值观"和"文化价值观"乃至"社会价值观"、"生态价值观"等,它把西方资本主义所奉行的思想观念和价值理念普遍化、抽象化、绝对化,认为西方资本主义国家所推行的经济政策、政治制度、文化形态乃至一切都是人类社会文明发展和现代世界文明的"标配",打着"人权高于主权""民主无国界""历史终结论""意识形态终结论"等"普世价值"旗号向全世界兜售资本主义制度,粗暴地干涉他国内政。实践证明,"普世价值论"推行到哪个国家和地区,哪个国家和地区就会遭到巨大的风险和灾难,受害的不仅有苏联等社会主义国家——它们解体和剧变,发生"天鹅绒革命",而且有20世纪90年代末发生金融危机的一些亚洲国家和盲目推行"新自由主义"改革的拉美国家。因此,所谓"普世价值"事实上是西方资本主义国家给非资本主义国家设置的"美丽的陷阱"。

改革开放以来,随着我国对外开放和国际交流的不断扩大,我国的经济发展越来越融入世界经济全球化的历史进程,"全盘西化"的论调不时重新抬头,在经济、科技、管理与国际接轨的同时,也有人把在思想上、学术上、技术上、教育上乃至政治上、文化上的"与国际接轨"当成"对外开放"的内容和领域,认为改革是全面深化的,开放也应该是全面全方位的,对于西方资本主义国家的经济制度、政治制度和思想文化、学术教育是否适用于我国具体国情、是否具有科学性合理性不作具体分析,不加批判地予以全盘接受,甚至顶礼膜拜,崇尚西方的"普世价值""新自由主义""公民社会""宪政制度""新闻自由"等。有的人自觉或不自觉地以资本主义的思想、文化、道德和制度来衡量社会主义初级阶段的中国现实,以现代资本主义国家的思想形态、制度形态和文化形态来否定中国的社会主义思想、经济、政治和文化,有的人甚至明确反对马克思主义、反对社会主义、反对公有制、反对中国共产党的领导,沦为西方"反华势力"的应声虫、传声筒乃至帮凶,这有着极其严重的危害。

我国作为世界上仅存的推行社会主义制度的大国,无疑是西方资本主义推行"新自由主义"的前沿阵地和主要对象,是西方资本主义"和平演变社会主义"需要攻破的主要堡垒。有的人看不透"普世价值论""新自由主义"的这一层面纱,主张用"新自由主义"来引领我国改革开放的发展方向,加快我国融入经济全球化的进程。如果我国失去意识形态领域和思想领域的这种警惕,听任"全球化"思潮、"新自由主义"思潮、"普世价值论"的泛滥,将会给我国全面深化改革和扩大对外开放的历史进程带来严重不良影响和方向偏差,社会主义市场经济就有可能发展蜕变成资本主义市场经济,社会主义公有制在我国国民经济中的主体地位就可能完全丧失,马克思主义在我国意识形态领域的指导地位就得不到巩固,社会主义先进文化的建设就会受到严重冲击。

在新时代传承弘扬中国传统文化中的过程中,我们要对"普世价值论"、"新自由主义"、"全球化"思潮保持高度警惕,坚决走中国特色社会主义发展道路,始终坚持马克思主义在我国意识形态领域的指导地位,坚决抵制错误思潮的侵蚀,全面建设社会主义现代化强国。2000年,美国学者大卫·科茨在来华访问时曾十分中肯地指出,如果说中国"在前进中有什么危险的话",他认为主要的危险就是来自"新自由主义"思潮的扩展和影响。由于"新自由主义"思潮正在为越来越多的人所接受,因此如果按照"新自由主义"的观点,我国要继续发展就必须把企业建立在私有制的基础上、必须打破政府对资本和商品流通的有效控制,也就是否定公有制、否定社会主义、否定国家干预。他认为这是根本错误的,他说:"美国的自由主义模式不会给中国带来什么好处。"

三 "中华帝国论"批判

随着改革开放以来尤其是进入21世纪以来中国经济的快速崛起,"中华帝国论"逐渐成为西方尤其是美国国际政治领域评价中国传统文化的一种错误思潮。"中华帝国论"在实质上是西方国家以一种"帝国思维"套解中华文化、以部分历史曲解中华民族历史的错误观点。在一定意义上说,"中华帝国论"是"中国威胁论""中国新殖民论"等错误论调的重要理论基础。在新时代传承弘扬中国传统文化的过程中,我们要深入批判"中华帝国论"对中国传统文化的解构理路,揭示其本质错误,应对西方对中国传统文化和新时代中国特色社会主义事业发展的曲解。

(一)"中华帝国论"的实质

历史上,中国因历史悠久和辉煌的文化传统而堪称"文化大国""文明古国""礼仪之邦",中国传统文化的世界影响力曾盛于一时。然而,近代以来,西方国家凭借强大的经济、技术、军事优势和话语优势,逐渐掌握了全球的文化话语权。新中国成立尤其是改革开放以来,中国经济的快速发展和国际地位的日益提升虽然为提升中华文化的国际话语权提供了难得契机,但在国际上文化话语权"西强我弱"的世界格局尚未发生根本变化。西方国家一方面主导着文化话语权的发展方向,向全世界传播"普世价值"即资产阶级思想文化,另一方面又以其自身话语标准来理解、阐释、传播其他国家的文化,促使其他国家的历史和文化向"西方化"标准转换。为应对逐渐崛起的中华文化,西方国家极力鼓吹"中华帝国论",在国家称呼、国家关系等方面对中华文化进行"污名化",企图引导、控制中华文化的话语导向,其目的在于遏制中国经济、政治、文化等的全面崛起。

1. 用"中华帝国论"刻意曲解中国王朝

"中华帝国"(the Chinese Empire 或 Imperial China)一词的话语建构,源于西方世界。"帝国"一词,并不是一个专门的文化概念,其本意是用来形容由君主(皇帝)统治的强大国家,用来形容国力强大的国家。在现代国际政治范畴内,"帝国"一词意指在一个较大地理区域内、涵盖较多人口,建立有鲜明特征的政治、经济、社会、军事体系和人文价值观的国家,并在国家之间推广、维护这种体系,从而形成一定范围的国际政治体系。

在对中国传统文化和历史的认知中，西方建构"中华帝国论"曾经历了漫长的历史过程。元朝以后，西方在16世纪初的航海活动中接触到中国，因触及的维度不同，基于对中国元朝不断发动侵略战争扩张其疆域的短暂历史的片面认识，以及以中国中原为核心的、建立在朝贡制度基础上的等级制网状政治秩序体系的粗浅认识，西方曾先后用"王国""帝国"概念来理解大明王朝，指出中国属"帝国"级别。之后，在中西文化交流和交往中，经"帝国"与"王国"的等级比对、中西概念的对译和谱系建构等，渐次建构出"中华帝国"这一概念。"中华帝国"概念对孟德斯鸠、黑格尔、马克思、恩格斯、马克斯·韦伯等有深刻影响，到大清王朝仍"帝国"相称。"大清帝国"灭亡和袁世凯"复辟帝制"、改国号为"中华帝国"失败后，在西方国家的话语体系中，无论是在意识形态话语体系层面，还是在对外政策话语体系层面，都难以找到"中华帝国"话语的痕迹。

近代以来，不少国人也不加批判地采用了"帝国"这一概念，但是对"帝国"的真正内涵，以及中国何以被称为"帝国"却缺少仔细辨别和深入研究。事实上，西方语境下的"帝国"与中国语境下的"帝国"并不完全契合。基辛格认为："在人类绝大部分的发展过程与历史演进当中，帝国一直是典型的政治形态。帝国无意在某个国际体系中运作，它期望把本身建立为一个国际体系。"[①]显然西方语境下的"帝国"带有浓厚的殖民主义与霸权主义色彩，仅仅是国家实力强大是不足以被称为"帝国"的。从意识形态上看，一个大国具备了"帝国主义"的意义才可成为"帝国"。

反观中国，从这种意义上讲，历代王朝总体上并不同于主要依靠政府而建立的"罗马帝国"[②]"不列颠帝国""日本帝国"等，中国王朝在国际秩序上未表现出"帝国主义"的倾向，反而与周边国家保持着平等互动关系。周边国家在这种秩序下得到了政治、经济、文化等各方面的利益，甚

---

① 亨利·基辛格：《大外交》，海南出版社，2012，第6页。
② 堀敏一：《隋唐帝国与东亚》，兰州大学出版社，2010，第16页。

至出现了周边国家请求归化为中国一部分的现象。因此，按照西方的"帝国"话语，中国王朝恐难被称为"帝国"。"中华帝国论"正是通过对中华文化的"帝国性"重构，以"帝国"思维套解中国传统文化，以部分历史曲解中国历史，以实现中华文化话语向西方化转换的目的。

当前，"中华帝国论"的产生与传播，原因是多方面的，应客观评价、区别对待。一种是西方企图用自身话语主导中华文化的发展与传播，凭借话语优势引导、促使和控制中国历史话语向西方化转换，从而影响中国传统文化的传承和弘扬，实质上是意识形态领域的"侵略"和"话语植入"，是一种隐藏很深的"文化殖民"；另一种是出于某种民族复兴情绪下的主观愿望，意图是好的，但却缺乏正确的历史观与方法论。因此，我们在新时代要认清"中华帝国论"的实质，正确对待中国传统文化，更好地传承和弘扬中国传统文化。

2.用"中华帝国论"刻画中国历史和文化

无论是古代还是现代，中国的发展轨迹与西方国家都不同，两者文化也存在不小差异。西方国家并不是十分洞悉中国这个古老"大一统"文明国家的世界观、理想观、价值观和道德观，并不是十分明确改革开放以来中国特色社会主义发展的目标追求和战略意图。我国的对外开放，主张在平等互利的基础上不断扩大和发展同各国的经济、贸易、技术交流与合作，学习西方资本主义国家的先进科学技术、教育和管理经验，同时又坚持把马克思主义基本原理同中国具体实际相结合、同中华优秀传统文化相结合，创立了一套符合中国基本国情的新思想新理念新战略，即坚持和发展中国特色社会主义。

在19世纪之前，从来没有任何一种政治体系在全球范围内拥有或追求过极具扩张性的、全球性的霸主地位，有像埃及帝国、波斯帝国、马其顿帝国、罗马帝国、神圣罗马帝国、奥斯曼帝国这样的区域霸主，但并不存在全球意义上的世界霸主。然而，随着西方工业革命、资本主义市场经济的全球化和西方文化的世界性扩张，造成了19世纪是英国的世纪、20世纪是美国的世纪。除了经济实力、科技实力和军事力量的支撑，英国和美国所代表的西方文明还严重依赖于两个紧密关联的主题——例外论与普世观，它们同时又都是其世界秩序观不可分割的组成部分。英国和美国在世界政治意义上开启了西方文明的新纪元。例外论只有一种，即西方的、英国或美国的、宗教的、传经布道式的[①]。

然而，随着中国的发展，中国经济实力即将重新回归历史常态的大势，引起了西方国家对中国的高度关注，催生了另一种例外论，即东方的、中国的、文化的、文明教化式的。改革开放的深入促进我国经济实现了快速增长，我国的国内生产总值（GDP）陆续赶超加拿大、意大利、法国、英国、德国，并于2010年超过日本成为世界第二大经济体。大约在2000年时我国还是世界第六大经济体，2007年超越德国成为世界第三大经济体，2010年超过日本成为仅次于美国的世界第二大经济体，从此在世界上稳居这个排名，而且与美国的差距越来越小。20世纪80年代末90年代初以来，从苏联解体、东欧剧变到"阿拉伯之春"等，"颜色革命"一波接一波，中国却没有发生这类"革命"。

100年前欧洲的革命浪潮在美国没有发生，100年后许多转型国家发生的"民主浪潮"在中国也没有发生。这出乎许多人的想象。这就证明中国例外论也有其存在的理由。一些人甚至包括基辛格这样的"中国通"近些年来也突然热衷于谈论所谓中国的"帝国体制"，好像中国一直是个"帝国体制"的国家。

如何看待中国的快速崛起以及如何认识中国这样一个历史古国、文明大国？中国的崛起对世界意味着什么？中国文化尽管与西方文化不同、中国崛起的道路与西方现代化的道路也截然不同，但西方认为中国只不过是另一种类型的"帝国"。

进入21世纪以来，最具代表性的认识是美国著名外交家、国际问题专

[①] 参见陈雪飞：《两种世界秩序观的历史遭遇及未来》，《公共管理评论》2014年第2期。

家、美国前国务卿基辛格著的《论中国》一书,书中既论证了中国文明的文化与政治根源,又比较了中国文明与以美国为代表的西方文明在例外论、普世观和世界秩序观上的差异、延续性、历史遭遇以及可能的未来[①]。基辛格的《论中国》一书向世界展现了两种例外论、两种普世观、两种世界秩序观及其差异、冲突与前景。基辛格认为,中国是一个"中央帝国",中国人的世界秩序观来自中国文明,来自"中国文明中心论",并且始终受到"中国文明中心论"的支配和形塑。中国文明从未断绝,在"中西文明"的两次历史遭遇战中,在中国现代的文明复兴之路上,中国人从未完全丧失维护中国文明历史连续性的高度自信,未来世界秩序的构想必须以此为出发点。其中一个重要的论断就是重新提出了"中华帝国论"。

基辛格在《论中国》一书中把"中华帝国"的历史从黄帝时期算起,认为从那个传说开始"中华帝国"就开始了盛衰有常的变化,在这种独特变化中,伴随着民族融合、疆界拓展、文化繁荣,其中有的规律就好像人的一生一样,各种变化都有,最后一个时期的文化彻底死亡。但是,它的精华会随着文明的流传在另一个部落中再次壮大。优秀的、有生命力的文化不会随着时间流逝而消散,它会改变自己的状态以适应环境的改变。基辛格像孟德斯鸠、黑格尔一样,认为中国的历史其实只是重复封建王朝的轮回的历史,没有实质性的进步,并由此彻底否定中国传统文化。

3.用"中国威胁论"歪曲中国崛起的现实

"中华帝国论"与"中国威胁论"在产生根源上具有一脉相承性。"中国威胁论"在某种意义上源于对中国王朝"帝国"属性的误解,而"中华帝国论"则是建立在中国潜在威胁判断上而形成的一种错误理论,两者均建立在错误的价值观念与历史分析基础之上,表面上存在于学术领域,实质上均带有强烈的政治意图,企图左右国家行为与政府决策。正如萨伊德所言:"文化成了一种舞台,上面有各种各样的政治和意识形态势力彼此

---

① 参见陈雪飞:《两种世界秩序观的历史遭遇及未来》,《公共管理评论》2014年第2期。

交锋。文化决非什么心平气和、彬彬有礼、息事宁人的所在，毋宁把文化看作战场，里面有各种力量崭露头角，针锋相对。"①

早在20世纪就已经出现了"中国威胁论"。随着世界两极格局的解体，美苏对抗的局面不复存在，美国开始重新审视中美关系。同时，随着中国综合国力的日益提升，以及国际地位的日益提高和对国际旧秩序的不断冲击，西方国家以及中国部分周边国家出于国家利益的考虑，大肆宣传"中国威胁论"，认为中国的崛起将在各个方面对亚太地区乃至世界构成威胁，主张通过各种手段遏制中国发展。甚至有人公然指出："苏联不存在了，中国的军事力量也不是可资利用之物了，而有可能成为对西方利益尤其是美国利益的长期威胁。"②

"中国威胁论"潜在的理论基础可以认为是"中华帝国论"。例如，当代美国国际政治学家塞缪尔·亨廷顿从"文明冲突论"的角度，认为未来世界冲突的根源将主要是文化的、文明的而不是经济和意识形态的，文明冲突将是未来世界和平的最大威胁。1996年亨廷顿出版了《文明的冲突与世界秩序的重建》一书，系统提出了他的"文明冲突论"。他认为，"文化的差异"或"文明的冲突"将主宰未来全球政治的冲突，成为冷战后世界格局的决定因素，在21世纪将会发生一场以"一个文明的核心国家（美国）干预另一个文明的核心国家（中国）与该文明成员国之间的争端"为起因的全球战争，表现为七大或八大文明即西方文明、中华文明、伊斯兰文明、日本文明、印度文明、东正教文明、拉美文明还有可能存在的非洲文明之间的冲突，亨廷顿非常明确地将儒家文明与伊斯兰文明一道列为21世纪对西方文明构成严重挑战的两种文明，尤其是把中华文明列为未来文明冲突中最可能"惹麻烦"的文明，认为中华文明将对世界构成挑战，主张一种"中华文明威胁论"。

---

① 爱德华·萨伊德：《文化与帝国主义》，《马克思主义与现实》1999年第4期。
② 伊丽莎白·埃克诺米、米歇尔·奥克森伯格主编《中国参与世界》，新华出版社，2001，第7页。

按照"中国威胁论"的观点，因中国崛起而产生的威胁涉及众多领域，包括经济、政治、军事、文明等方面。亨廷顿指出："中国的历史、文化、传统、规模、经济活力和自我形象，都驱使它在东亚寻求一种霸权地位。这个目标是中国经济迅速发展的自然结果。"[①]关于"中国威胁论"的表述虽然各不相同，诸如"中国傲慢论""中国强硬论""中国必胜论""中国责任论""中国新殖民论"等，但都是指向同一主题，即中国的崛起将对其他国家的利益带来威胁，其他国家必须采取相应措施加以防范。

在各种"中国威胁论"中，"文明冲突论"之所以备受关注，与亨廷顿将未来世界的冲突归结于伊斯兰文明、儒家文明与西方文明之间的冲突密切相关，与亨廷顿所提出的"中华帝国论"的中华文化特质密切相关，亨廷顿武断地认为中华民族存在着民族优越性的问题。

习近平指出："中国的发展，是世界和平力量的壮大，是传递友谊的正能量，为亚洲和世界带来的是发展机遇而不是威胁。"[②]改革开放以来尤其是党的十八大以来，中国阐明始终坚持和平发展的坚定立场，同时还创造性地提出构建人类命运共同体的伟大构想，并通过"一带一路"等实际行动真正推动亚洲乃至世界发展，中国的言与行有力地回击了"中国威胁论"的谣言，同时也有力地戳穿了西方国家的种种伪善行径以及对世界和平与发展的真正威胁。

（二）鼓吹中国传统文化的"帝国"基因

在改革开放以来中国的快速崛起面前，西方国家出于国家利益和意识形态的考量，为"中华帝国论"披上合乎逻辑、合乎规律的"外衣"，它们用自身的"帝国思维"套解中华文化，用中国部分历史曲解中华文化，试图论证中国传统文化中存在着"帝国"基因，从而论证崛起的中国成为西方霸权的竞争对手和巨大危险，丑化中国传统文化，否认中国的崛起将

---

① 塞缪尔·亨廷顿：《文明的冲突与世界秩序的重建》，新华出版社，2010，第255页。
② 《习近平关于实现中华民族伟大复兴的中国梦论述摘编》，中央文献出版社，2013，第73页。

带来世界和平，抹黑中国友好、包容的国际形象。正如有学者所说："真正的意义不是认识或再现中国的现实，而是构筑一种西方文化必要的、关于中国的形象，其中包含着对地理现实的中国的某种认识，也包含着对中西关系的焦虑与期望，当然更多的是对西方文化自我认同的隐喻性表达，它将概念、思想、神话或幻象融合在一起，构成西方文化自身投射的'他者'空间。"[①]

1. 以"帝国思维"套解中华文化

苏联解体之后，世界冷战局面结束，但"冷战思维"始终存在。"中华帝国论"就是"冷战思维"的具体表现，体现了"帝国思维"的延续。"帝国思维"是西方国家自工业革命以来，尤其是世界近代史以来资本主义国家侵略、掠夺、殖民才有的产物，是西方资本主义国家固有的一种思维，以谋取并巩固其在某个地区乃至世界的统治地位为主要目的。针对中国崛起给西方国家带来的挑战，西方国家从价值观、理论、历史三个层面来套解中华文化，体现了鲜明的"帝国思维"。不难看出，这种思维套解方法存在重大漏洞，西方国家为论证"中华帝国论"是合乎逻辑和合乎规律的，试图毕其功于一役，以自身走过来的历史和文化来思维和论证中国未来发展的走向。以"帝国思维"的套解方法，以及建立在此方法基础上的"中华帝国论"，在西方国家和中国周边部分国家颇有市场，国内也有部分人未加以甄别就全盘接受"中华帝国论"，这不得不引起我们的高度重视。

2. 以西方价值观套解中华文化

价值观是人认识事物、辨别是非的一种思维方式，一方面反映了人的价值取向、价值追求和价值目标，另一方面表现为价值评价的标尺和标准，是人们评价和判定事物有无价值及价值大小的基本准则。西方国家在宣扬自由主义、个人主义、民主主义价值观的同时，还极力用自身价值观

---

① 周宁：《跨文化形象学的中国问题》，《跨文化对话》第22辑，第243—244页。

对其他国家进行简单粗暴的评判。西方国家用个人利益高于集体利益、先自由后责任、重冲突轻和谐等价值观来套解中华文化。西方价值观崇尚个性自由，认为维护个人自由与利益是一切行为的根本准则，反对将个人置于社会或共同体之下的集体主义，较少甚至不讲个人责任。同时，在对外关系上，西方国家始终存在冲突意识，认为国家间的矛盾应采用对抗性的手段解决，轻视甚至否认和平合作解决矛盾的可能。西方国家认为中华文化也包含着此类价值观，将中国正常的制度建设、经济发展、军费投入、外交战略等视为西方价值观指导下的扩张行为，推断在全球化进程中中国为维护国家利益必将与其他国家产生竞争或冲突，甚至与西方国家争霸，从而论证"中华帝国论"的合理性。

3. 以帝国理论套解中华文化

价值观直接影响理论的形成。西方价值观体现了"帝国思维"，在其价值观影响下形成的理论也具备一定的"帝国"色彩。"丛林法则"和"零和博弈"是西方国家针对国家间关系提出的国际政治和外交关系理论。"丛林法则"认为国家间的关系也遵循生物界法则——弱肉强食、优胜劣汰，弱小国家会被强大国家淘汰，只有努力强大自己，占据"食物链"顶端，才可保证自身安全；"零和博弈"认为在严格的竞争中，双方不存在合作的可能，一方的收益必然意味着另一方的损失，双方损益相加为零，社会整体利益不可能增加一分。西方国家善于将"丛林法则"和"零和博弈"等带有"帝国"色彩的理论运用到对中国文化、中华文明与历史发展的解读之中，将中国解读成崇尚暴力、恃强凌弱、对外扩张、"国强必霸"的邪恶国家，企图用错误的历史分析法与片面的国家关系理论论证"中华帝国论"的合理性。

4. 以帝国历史套解中华文化

由于交通和通信的限制，古代中国与周边邻国乃至世界发生联系的情况并不多，绝大部分联系内容存在于经贸领域，偶有的战争大多属于防御性质，类似"朝贡"等官方往来也并未给他国带来威胁，相反，无论是经济还是政治性质的国家间关系,他国均有所受益。在现代,新中国成立后确立了独立自主的和平外交政策,中国积极维护世界和平和地区稳定。鉴于此,西方国家只好用他国历史、西方历史来套解中华文化,将苏联霸权事实和西方国家侵略、掠夺、殖民的崛起路径上升为国家发展的固有规律,认为社会主义国家具有对外扩展的内在属性,坚持社会主义道路的中国也会像苏联一样走向与西方国家争霸的老路,认为中国的崛起也会像西方国家一样重复殖民主义、帝国主义之路。

(三) 曲解中国传统文化

纵观中华民族发展历史,在整体上并不存在侵略的本质特征,中华文化始终以协和万邦、睦邻友好、天下为公、和谐合作为重要价值遵循。但是由于中西文化的差异,西方国家往往断章取义,故意曲解中华文化的个别词语、邻国政策和个别历史现象,企图以西方话语重构中华文化,为"中华帝国论"寻求例证。伴随中国的崛起和国际地位的提升,"当今的国际秩序再次面临着重大的转型,这种转型无疑是硬力量对比之争,但也是理念之争"[①]。进入21世纪以来,西方国家在硬实力方面与中国对立并屡屡受挫的情况下,又将"竞争""战争"思维转移到文化理念领域,片面截取中国部分历史以曲解中华文化,妄图丑化、邪恶化、妖魔化中国形象。

1.曲解中国古代的"天下观"

近年来,针对中国崛起和国际关系变革的客观事实,学界关于"天下观"的讨论越来越多,至今尚未形成统一结论。综合学界观点,可以看到"天下观"有以下特征。其一,在适用范围上,"天下观"不仅指国家,而且与世界概念相似,以广阔的视野超越了民族、地域、文化的局限性,在一定意义上体现了世界格局和国际观念。其二,在实践手段上,实现"天下观"设想的社会有"王道"和"霸道"两种手段。"以力假仁者霸"

---

① 刘丹忱:《中国的"天下观"与西方的世界秩序观》,《武汉大学学报》2016年第5期。

"以德行仁者王"(《孟子·公孙丑上》),孟子指出了"王道"与"霸道"的区别,即使用武力、权术还是施行仁义。中国古代的主流"天下观"赞成实行"王道",主张行道德、施仁义,达到使人民信服、促世界一统的目的。其三,在目标实现上,"天下观"最终指向个人素质高尚、家庭和美、社会和谐、天下太平的大同社会的建立,与儒家倡导的"修身、齐家、治国、平天下"的内涵较为相似。

但是,西方以自身立场与视角,故意曲解中国"天下观"的价值追求,认为中国古代的"天下观"在适用范围上仅停留在民族和国家层面,因此将中国与其他国家对立起来,人为地构建起"对抗"与"冲突"的世界局面。在实践手段上,西方国家认为中国的"天下观"中包含着军事扩张、武力征伐的趋向,将中国正常的军费开支、军事演习、战机与舰队例行巡航、派遣维和部队作为"中华帝国论"的有力佐证,完全忽视中国的和平举措,完全不考虑其他国家在与中国往来中获益的客观事实;在目标实现上,西方国家污蔑中国的"天下观"存在与西方国家争夺霸权、建立以中国为中心的新世界秩序的意图。西方国家曲解中国古代的"天下观",既否认了中华文化中崇尚友好、追求公平、主张和平等的特性,又否认了构建和谐美好、共存共荣的世界新秩序的可能性,是西方中心主义和"帝国思维"的集中体现。

2. 曲解中国古代的"朝贡体系"

"朝贡体系"在中国有一千多年的历史。"朝贡体系"的建立为西方国家构建"中华帝国论"提供了重要例证。西方国家将中国古代的"朝贡体系"与西方的"殖民体系"等同起来,否认"朝贡体系"对于维护整个东亚地区稳定与发展的作用,否认东亚国家在"朝贡体系"中所获得的贸易实利,只从表面的册封便断言"朝贡体系"的不平等性,从而推演出"朝贡体系"是对他国政治上的欺压、经济上的盘剥、文化上的同化的一种帝国殖民体系。同时,西方国家还颠倒时空关系,认为建立在实力不均基础上的"朝贡体系"会随着中国的崛起而再度复兴起来,以维护世界和平的幌子呼吁并采取措施遏制中国发展。

事实上，中国古代的"朝贡体系"大多采用怀柔政策，很少干预他国内政，并不控制他国的政治、经济、文化、外交，只是提供无偿保护。西方国家曲解"朝贡体系"的意图非常明显，即：一方面曲解中华文明，歪曲中华历史，丑化古代中国与东亚国家的关系，抹黑中华传统文化；另一方面，为"中华帝国论"提供事实依据，呼吁东亚地区及世界遏制中国崛起，维持当前西方国家控制某些地区的国际旧秩序。

3. 鼓吹中华民族是"黄祸"的"黄祸论"

西方国家鼓吹的"黄祸论"，将黄种人（包括中国、日本等）视为对西方国家政治、经济、文化、军事等方面的威胁，是西方国家针对历史上13世纪以来成吉思汗及继任者对欧洲的征服行动、华工潮、义和团运动等事件的一种过激反应，是西方国家在侵略、殖民的历史进程中，白色人种针对黄色人种威胁的一种极端民族主义理论，是"有关中国形象的一种极端意识形态化的心理原型"[①]。新中国成立以后，"红祸论"又逐渐兴起，实际上是在"冷战思维"影响下，在"黄祸论"基础上，新鼓吹的一种针对红色社会主义政治制度的发动论调。无论是"黄祸论"还是"红祸论"，其所代表的"中国式威胁"这一本质意义并没有改变，都反映了西方国家一贯敌视、恐惧中国的心理状态，都反映了西方国家一贯采用的以部分取代整体、有选择性地解读中国历史、重构他国历史与形象的伎俩。

（四）高度警惕"中华帝国论"的潜在危险

"中华帝国论"实质上是西方国家以"帝国思维"套解中华文化、以部分历史曲解中华文化的错误意识形态。在一定意义上说，"中华帝国论"是"中国威胁论""中国新殖民论"等错误论调的重要理论基础。全面认识与评价"中华帝国论"，需要从三个层面进行。

---

① 周宁：《天朝遥远：西方的中国形象研究》，北京大学出版社，2016，第353页。

一是在意识形态上"中华帝国论"具有阶级性。马克思说:"占统治地位的思想不过是占统治地位的物质关系在观念上的表现,不过是以思想的形式表现出来的占统治地位的物质关系;因而,这就是那些使某一个阶级成为统治阶级的关系在观念上的表现,因而这也就是这个阶级的统治的思想。……而这就意味着他们的思想是一个时代的占统治地位的思想。"[①]"中华帝国论"体现了西方资本主义国家的价值理念与精神追求,与中华文化倡导的价值理念截然不同,在传承和弘扬中国传统文化时应谨慎对待和科学分析"中华帝国论",警惕西方意识形态的植入。

二是在国际政治上"中华帝国论"具有阴谋性。表面上看,关于"中华帝国论"的讨论是披着学术外衣的理论之争,但内在地反映了激烈的价值理念之争、政治意图之争,需要站在国际政治的高度对其进行分析、认识与批判。这不仅关乎传承和弘扬中国传统文化的效果,更关乎党和国家的性质和命运,这事实上是西方"和平演变"的重要组成部分和新伎俩。

三是在方法论上"中华帝国论"是根本错误的。"中华帝国论"以错误的历史观解构中华文化,以主观否定客观,重视主观臆断,罔顾事实;以支流否定主流,有选择地解读中华文化,随意裁剪中国历史,将片段历史经验上升为国家趋势、发展规律,最终达到"重构历史"的目的,实现中国传统文化话语"西方化"的目的。对此,我们应高度警惕,客观分析,有效应对。这关乎对中国传统文化性质的判断,关乎中国是"和平"还是"侵略"的历史形象和国际形象,关乎中国在走向世界的过程中世界对中国的信任指数。"中华帝国论"具有传播方式多元、思想辨识困难和部分内容迎合民族情绪等特征,新时代传承和弘扬中国传统文化,要深入批判和坚决反对这种"中华帝国论"的历史观、国家观和文化观,反对"文化殖民主义"对中国历史和文化的污名化话语和理论构建。

---

① 《马克思恩格斯选集》第1卷,人民出版社,2012,第178—179页。

四 "文化复古主义"批判

近代以来,中国思想文化界不仅存在一种"全盘西化论",同时也存在一种"文化复古主义",亦可称为极端的"文化保守主义"。如果说"全盘西化论"是一种全面肯定西方文化、全面否定中国传统文化的论断,那么,"文化复古主义"则是一种全面肯定中国传统文化、全面否定西方文化的论调。与"全盘西化论"相对应,"文化复古主义"是中国近代以来在中西文化交流交汇乃至激烈碰撞过程中产生的一种对待中国传统文化的极端保守主义态度,改革开放以来在传承和弘扬中国传统文化的背景下日益活跃,应该引起高度重视,深入批判。

(一)"文化复古主义"的历史与现实

"文化复古主义"作为一种文化现象,并不是中国所独有的,而是一种带有一定普遍性的世界性现象。由于人类社会工业文明、市场经济和资本主义生产方式的发展,在人类社会走向现代化的过程中,传统文化日益式微,文化的现代化不能及时、充分满足人类在现代化的进程中人的生存、发展和享受的精神文化需要,出现了人的异化和工具理性、功利主义、消费主义等的过度膨胀,人的生活方向迷失、人生价值迷茫、精神信仰丧失。于是,人类便向传统文化寻求意义的回归,找寻丢失了的精神家园。在西方,"文化复古主义"并不被视为一种守旧、反动的思潮,而被认为是一种富有建设性的文化纲领。欧洲文艺复兴运动时期,新兴资产阶级也曾高举"复兴古希腊罗马文化"的旗帜。在中国,自古以来就存在"文化复古"的历史现象,例如在中国历史上孔子提出"克己复礼"、韩愈提出回到"孔孟之道"等等,"文化复古主义"则是近代以来出现的一种重要文化思潮。

1."文化复古主义"在中国的近代面孔

自鸦片战争后,西方资本主义列强不仅用坚船利炮打开了中国清王朝

"闭关锁国"的封闭状态，而且通过思想文化、价值观念、生活方式的输入与传播，使中国传统文化与西方近现代文化发生交流交汇交融，因其在科学技术、生产方式、军事、教育、宗教、生活方式、思想道德、价值观念、政治制度、思维方式等领域存在巨大差异，导致了不同人对待中西文化全然不同的态度。

有的人提出中国应该学习西方文化，"师夷长技以制夷"；有的人提出"中体西用"学说，主张在维护中国传统文化"道统"不变的前提下，学习西方的先进科学技术和政治制度；有的人甚至提出了"全盘西化"的主张，认为应该完全放弃中国传统文化，全盘接受西方文化和价值观念；等等。中国传统文化在与西方近现代文化的强烈对比和激烈较量中越来越陷入危亡的境地。

也正是在这种历史背景下，以康有为、梁启超等人为代表的一些近代中国知识分子提出了一种"文化复古主义"。

康有为、梁启超生于清朝末年，是戊戌变法的发起人。在辛亥革命前，他们曾积极主张"天道尚变"，热情地宣扬过西方资产阶级的进化论、政治制度及其进步作用，主张中国要走西方近代化的资本主义道路。康有为、梁启超发动的戊戌变法倡导学习西方的先进经济制度、先进科学技术、先进政治制度和先进的教育制度等，主张发展农工商业、提倡科学文化、改良政治体制、改进教育制度，具有鲜明的资产阶级改良运动的社会性质。

戊戌变法不仅推动了清政府的自我改革，是我国近代史上一次重要的政治改革运动，也是一次促进思想解放的重要启蒙运动，推动了民主思潮更加广泛的传播和更加充分的发展，激起了新一轮向西方寻求救国真理的热潮，推动了知识分子由维新向革命转化，对促进我国近代的社会进步和思想文化发展起到了重要作用。

然而，在辛亥革命后，康有为、梁启超等人发生了重大的思想转变，认为我国传统文化的千年"道统"是不能丢弃的，应该重新宣扬我国传统文化的伦理纲常及其价值作用，中国文化的唯一出路就是重新确立和恢复以"三纲五常"为核心价值观的我国传统文化的主导地位。他们坚决反对"全盘西化论"的文化主张，要求重新回到"孔孟之道"去，在社会上提倡"尊孔"运动，倡导"诵经复古"，并在各地建立"孔教会，致力回到中国传统文化的轨道上去"。当然，我们今天分析批判中国近代以来产生的"文化复古主义"思潮的同时，也需要看到，康有为、梁启超在对待"文化复古主义"的文化态度上虽然是一致的，但是，两人主张"文化复古主义"追求的目的和政治立场、政治态度却是不同的。

在中华民国成立前，康有为就曾发表《共和政体论》《救亡论》等文章，认为美国式的"共和民主制"政体不适合中国的国情，只适合"虚君共和"。中华民国成立后，他认为孙中山领导的资产阶级革命造成了中国的危机和社会混乱，宣扬只有恢复旧制度旧秩序旧道德才能拯救中国、挽救危机。康有为认为，只有尊崇孔子、建立"孔教"才能做到"人心有归，风俗有向，道德有定，教化有准，然后政治乃可次第而措施也"[①]。因此，他把"尊孔"当作头等大事，四处呼吁恢复"尊孔"、"崇儒"、读经，要求定"孔教"为国教。辛亥革命后，为了"尊孔复古"，在康有为授意下，其弟子陈焕章等召集晚清的一些遗老和封建文人等相继组织了"孔教会""孔社""尊孔会""孔圣会"等团体。

例如于1912年在上海成立的"孔教会"，康有为亲自任会长，言明以"昌明孔教，救济社会"为宗旨，力图复辟清王朝的君主政治统治，反对以"共和"为目标的资产阶级民主革命。《孔教会开办简章》明确规定："以讲习学问为体，以救济社会为用。……冀以挽救人心，维持国运，大，昌孔子之教，聿照中国之光。"康有为赞美"孔教"是中国几千年文明教化的结晶："一切文明，皆与孔教相系相因，若孔教可弃也，则一切文明随之而尽也，即一切种族随之而灭也。"

[①] 康有为：《康有为政论集》，中华书局，1981，第848页。

康有为支持"尊孔复古",主张"文化复古主义",既不是用传承创新中国传统文化来谋求中国文化的创新性发展和新出路,也不是用中国传统文化的思想精华和道德精髓来对抗北洋军阀的黑暗统治,而是出现了文化上的历史倒退,他用"旧文化"对抗"新文化",为袁世凯"复辟帝制"提供重要思想文化支持。康有为宣扬"孔教"是中国的"国魂",宣扬"欲不亡中国乎?必自至诚至敬,尊孔子为教主始也"。这与袁世凯为了加紧"复辟帝制"活动,也大力宣扬"孔孟之道"不谋而合。袁世凯之所以赞美"孔教",说"孔教之于中国,犹如空气之于人类""孔孟之道,如日月经天,江河行地,树万世之师表,亘古代而常新",目的在于为他"复辟帝制"提供合法性论证和思想理论基础。袁世凯下令要求学校的学生要恢复读经、学习"孔孟之道","学校均应崇奉古圣贤以为师法,宜尊孔以端其基,尚孟以至其用"。袁世凯还于1914年9月28日举行了辛亥革命后的第一次"尊孔祀圣"大典。随着袁世凯"复辟帝制"的失败和新文化运动的兴起,"尊孔复古"思潮受到沉重打击。

与康有为的"文化复古主义"不同,梁启超的"文化复古主义"则是主张以"文化复古"来谋求中国传统文化的"解放"和"新生"。在为蒋方震《欧洲文艺复兴史》一书作的序《清代学术概论》中,梁启超把清代三百年的学术思潮概括为"以复古为解放"。梁启超之所以称其为"以复古为解放",思想界认为梁启超拟在把清代学术思潮比拟为欧洲的"文艺复兴"之意。梁启超说:"第一步,复宋之古,对于王学而得解放。第二步,复汉唐之古,对于程朱而得解放。第三步,复西汉之古,对于许郑而得解放。第四步,复先秦之古,对于一切传注而得解放。夫既已复先秦之古,则非至对于孔孟而得解放焉不止矣。"[①]

梁启超的"文化复古主义"与康有为的不同还表现在对待袁世凯"复辟帝制"的态度上。当康有为主张设立"孔教"为"国教",为帝制复辟

---

① 朱维铮校注《梁启超论清学史二种》,复旦大学出版社,1985,第6页。

摇旗呐喊、充当袁世凯"复辟帝制"运动的精神领袖时，梁启超则选择了与康有为分道扬镳。当梁启超发现袁世凯之所以大力宣扬"孔孟之道"、支持"尊孔复古"和设立"孔教"，是在利用"尊孔复古"运动搞"复辟帝制"、妄图再建一个封建王朝时，幡然悔悟。在看到袁世凯"复辟帝制"运动的种种表演之后，梁启超毅然参与了"护国运动"和发表了"讨袁檄文"——《异哉所谓国体问题者》，谴责袁世凯："昊天不吊，今大总统创业未半，而遽夺诸国民之手，则中国唯有糜烂而已"，"无风鼓浪，兴妖作怪，徒淆民视听，而诒国家无穷之戚"；当看到康有为的"助桀为虐"的种种表演之后，梁启超不无嘲讽地说，他的老师康有为已经由一个"历史巨人"蜕变为一个"历史侏儒"。这对莫逆师徒则最终走向了反目。

在一定意义上，梁启超的"文化复古主义"具有文化保守主义的性质。"文化保守主义"与"文化复古主义"密切相连，但又有一定的区别。"文化保守主义"作为中国近现代史上的一股重要文化思潮，它不是机械、僵化、简单地主张回到中国传统文化，而是在守护中国传统文化的价值和反思现代性之间寻找一种文化发展的新思路。梁启超主张"以复古为解放"，但对西方文明的基本精神仍然认同，提出了一种"不中不西，亦中亦西"的独特中西文化观。他站在全人类的立场上反思唯科学主义的弊端，肯定以儒家为代表的中国传统文化的价值，重思中国与世界，提出"东西文化化合论"，表现出中西文化对话的自信、自新和魄力。

当然，应该充分看到，"文化复古主义"在肯定中国传统文化的历史作用方面虽然起到了一定的积极作用，但是，它死守中国传统文化的教条，死守的是"天不变道亦不变"，对中国传统文化采取一种"食古不化"的态度，是完全错误的。在新文化运动中，"文化复古主义"思潮受到了猛烈批判。然而，"文化复古主义"作为对待中国传统文化的一种极端态度，并没有销声匿迹。在20世纪30年代的"文化论战"和蒋介石主张的"中国特殊论"等论调中，都有"文化复古主义"作祟。

2."文化复古主义"在中国的现实面孔

在一定的意义上说,在当今中国,"文化复古主义"已不仅是一个需要警惕的问题,而是一个现实的问题;已不仅仅是一种思潮,而已是一种物化和现实化的实践。在很多人的思想中,传承和弘扬中国传统文化就是要复兴中国传统文化,尤其是复兴中国古代儒家文化。

如今,"文化复古主义"思潮的传播已经不再局限于学校等主渠道,也已不局限于书籍、报刊、广播等传统媒介,而已经从学校走向社会、从传统传媒走向现代电子传媒,特别是互联网的普及使"文化复古主义"传播得更为广泛,与社会的接触更为频繁、互动更为有力。复兴中国传统文化、复兴儒家文化,犹如滔滔洪水,广为流行,受到不少机构、民间团体和许多媒体的提倡和热捧。传统文化复兴热、读经热、国学研究与出版热、祭祀热等,以及儒家文化研究杂志、学会、网站、文化书院、国学班等的创办,对中国传统儒家思想价值的过分颂赞、对儒家思想中描绘的道德理想的过分追求等等,无不显示"文化复古主义"对当今中国社会的显明影响。

当代"文化复古主义"思潮不仅在理论上反复阐明和宣传复归中国传统文化、传统儒家思想的主张,而且通过各种方式将中国传统文化和儒家思想灌注到教育实践、社会实践中去,为广大民众践行提供途径和方法。

在政治思想领域,"文化复古主义"提出了一套系统的政治儒学主张;在教育文化领域,"文化复古主义"主张将"四书五经"、《弟子规》、《三字经》等列为中小学必读教材,有人主张将儒学经典、"三纲五常"列入公务员考试范围,并开展了从儿童读经、书院讲学到推动建立大学国学班、国学院、国学专业等多种教育活动。

在文化活动方面,各式各样的文化节、名人节,各种"公祭""民祭"活动此伏彼起,祭黄帝、祭炎帝、祭孔子,甚至还有祭西施、祭女娲,有的庆典和祭祀活动甚至按照封建时代的形式进行。

在社会生活领域,"文化复古主义"将中国古代传统文化直接灌输到人民群众的衣食住行、婚丧嫁娶、节日庆典等日常生活中去，在社会生活实践中积极予以落实。甚至有人主张恢复宽袍大袖，以汉服作为"国服"，有人主张废除简体字而恢复繁体字，卜卦算命、看相测字、请神驱鬼、拜神求签等活动也重新有了市场……"文化复古主义"已经渗透到社会的各个领域，成为当代中国社会文化的一大"景观"。

有人这样评论"文化复古主义"在当今中国的巨大影响："这一向下的开展，立基于现实生活的开展，使得今天的文化保守主义（文化复古主义）直接切入中国人当下最为关注的政治问题、人生问题、教育问题、家庭问题，与社会生活、与广大民众有了直接的联系，从而促成和推动了时下的读经热、儒学热、国学热、传统文化热，产生了比20世纪上半叶的文化保守主义（文化复古主义）要大得多的影响。"

（二）"文化复古主义"的复杂性

近代以来的中国历史，一方面表现为鸦片战争后西方列强通过战争，用坚船利炮打开清王朝闭关锁国的大门，中华民族面临"亡国灭种"的巨大危机，国际国内矛盾交融并不断加剧。另一方面，中华民族从此"睁眼看世界"，开始了与西方交流、碰撞与互动的历史进程，学习西方新思想、新技术、新文明，与西方列强进行抗争，维护和争取中华民族的独立与解放，探索中华民族走向富强、实现伟大复兴的道路。谋求国家独立、民族解放和国家富强、人民幸福，从此就成为近代以来中华民族面临的两大历史任务。

其中，寻找中华民族建国的性质和航向、争取和维护中华民族的独立和解放，就成为中华民族实现复兴的主题。从洋务运动到戊戌变法，从辛亥革命到新文化运动、五四运动，再到中国共产党成立，可以说都是这一主题的历史展现。对文化问题的探索和思考，以及多种文化思潮的形成，也成为这一主题中的重要内容。不论是洋务运动时期的"师夷之长以制夷"和"中体西用"思想、清末期的"国粹保存主义"思潮、民国初期的"文化复古主义"思潮以及"中西文化调和论"，还是新文化运动和五四运动时期的"全盘西化"思潮,抑或后期的"中国本位文化建设论"和新儒学思想,都是文化问题在这一主题上的具体体现。

1."文化复古主义"的双重性质

近代以来,随着西方文化的涌入,中国传统文化越来越受到挑战和冲击,在文化选择上逐渐形成了一种"全盘西化"思潮,崇洋媚外、数典忘祖,"言必称希腊"。"文化复古主义"固守中国文化传统,否定西方文明,用"传统""国粹"反对"现代化"。客观上看,"文化复古主义"在一定程度上看到了现代西方资本主义文明的局限性以及东西方文化之间的差异,意识到近现代中国文化的发展应该回到中国自己的历史文化传统和民族化的道路上来,这在很大程度上揭示了中国文化发展的历史连续性和发展的客观规律。但遗憾的是,"文化复古主义"所选择的文化发展方向是从"全盘西化"的极端走上了另一个极端——"全盘复古"。"文化复古主义"尽管几经反复,但其影响力持续百余年,至今仍以不同的形式表现在我国许多领域,影响当今中国的思想文化建设。

2.中国传统文化自负是"文化复古主义"的重要根源

中国古代以分封制和郡县制、"大一统"思想和"天朝"意识为基本框架的"天下国家"政治体系,形成了以皇权为中心的中央集权政治制度、以儒家思想为中心的中国传统文化体系和以中国为中心的"朝贡"天下体系。在这样一种皇权专制、独尊儒术、一统天下的政治思想制度体系下,从各个角度强调"华夏相对于夷狄的尊贵地位和不容侵犯的权威",形成了"华夏为尊,夷狄为卑"的尊卑观念和"中央帝国"与"周边蛮夷"的贵贱观念。历史上所谓的"万邦来朝、四夷宾服"的盛世景况,一方面赋予了古代中国君主专制政治统治政权强有力的合法性基础,另一方面则确立了以"中华帝国"为中心的"华夷秩序"的世界观和天下观。这种世界观和天下观,不是真正在古代中国与世界、天下的关系上建构的,更主要是从文化的意义上来定位的,它造就了古代中国的"中央之国"情结,在政治、经济、文化、外交等方面容易形成一种自满自足、唯我独尊，甚至自恋自负、妄自尊大的民族心态。长此以往，古代中国文明所谓的"中心地位"在文化上极易导致中华民族的文化自负、自我满足、自我陶醉，甚至走向夜郎自大。

3."文化复古主义"是极端的"文化保守主义"

"文化复古主义"与"文化保守主义"是两个紧密联系又有一定区别的不同概念。维护和弘扬以"三纲五常"为核心价值观和以"孔孟之道"为主要内容的中国传统文化的主导地位，是中国近代"文化保守主义"和"文化复古主义"的基本立场和文化取向，也是其之所以被称为"文化保守主义"和"文化复古主义"的根本原因。一般而言，"文化复古主义"属于"文化保守主义"范畴，是一种极端的"文化保守主义"。

例如，自鸦片战争以来，一般可以把我国近代历史上的"洋务派"、清王朝末期的"国粹派"、中华民国初期的"孔教派"、"新文化运动"和五四时期的"东方文化派"与"学衡派"、20世纪30年代的"本位文化派"以及之后的"新儒家"，统视作"文化保守主义"。例如"洋务派"，明确以"中学为体，西学为用"为宗旨。所谓"中体西用"鲜明地体现了处理西方文化与中国传统文化二者关系的态度，即仍然主张"以中国之伦常名教为原本，辅以诸国富强之术"和"取西人器数之学，以卫吾尧、舜、禹、汤、文、武、周、孔之道"；所谓"师夷制夷"鲜明地体现了学习西方先进科学技术的目的。

再如清王朝末年的"国粹派"以"研究国学，保存国粹"为职志，坚决反对推崇西方资本主义文化和"全盘西化"，坚决反对批判宣传中国文化落后，妄自菲薄，坚持主张到中国传统文化中去寻找中华民族"救亡图存"、解救时弊的"灵丹妙药"，表现出狭隘的民族主义和"文化复古主义"倾向；袁世凯"复辟帝制"前后的"孔教派"，要求立"儒教""孔教"为"国教"，参照基督教的模式成立"孔教会"，大肆宣传所谓的"儒教""孔教"运动，主张回归封建伦理纲常；五四时期的"东方文化派"和"学衡派"则主张大力提倡东方文化尤其是传承和弘扬中国传统文化，提倡"东西调和"与"新旧调和",明确反对新文化运动和五四运动对中国传统文化特别是孔孟儒学的全盘否定和彻底批判;20世纪30年代的"本位文化派"则宣称必须以中国传统文化为本位吸收西方文化,之后的"新儒家"则以所谓的"正统"儒学传人自居,谋求儒家思想的在中国的全面复兴。

4. "文化复古主义"是一种狭隘的民族文化论

"文化复古主义"虽然看到了西方资本主义制度和文化存在的种种弊端,看到了西方资本主义道路不是解决中国问题的最好选择,但是它与"全盘西化论"相反,走上了另一个极端——过分推崇中国传统文化,认为只有中国传统文化甚至只有儒学才是真正的民族文化,才能真正代表中国文化,主张到中国古代传统中去寻找解救时弊的"灵丹妙药",是一种狭隘、极端的民族文化保守主义、"国粹"主义。

"文化复古主义"理解的"民族文化",与马克思主义理解的"民族文化"有根本区别。早在1940年,毛泽东就旗帜鲜明地阐述了马克思主义的民族文化观,他鲜明地提出"民族的文化"是与"科学的文化、大众的文化紧密相结合、相联系的文化"。所谓"民族的"文化,就"是我们这个民族的,带有我们民族的特性。它同一切别的民族的社会主义文化和新民主主义文化相联合,建立互相吸收和互相发展的关系,共同形成世界的新文化"[①];所谓"科学的"文化,就是"反对一切封建思想和迷信思想,主张实事求是,主张客观真理,主张理论和实践一致的"[②];所谓"大众的"文化,即是人民群众的文化,是"民主的"文化,"它应为全民族中百分之九十以上的工农劳苦民众服务,并逐渐成为他们的文化"[③]。

毛泽东还把"民族的文化"与我国的基本国情和新民主主义革命的发展状况紧密联系在一起,他说:"这种新民主主义的文化是民族的。它是

---

① 《毛泽东选集》第2卷,人民出版社,1991,第706页。
② 《毛泽东选集》第2卷,人民出版社,1991,第707页。
③ 《毛泽东选集》第2卷,人民出版社,1991,第708页。

反对帝国主义压迫,主张中华民族的尊严和独立的。它是我们这个民族的,带有我们民族的特性。它同一切别的民族的社会主义文化和新民主主义文化相联合,建立互相吸收和互相发展的关系,共同形成世界的新文化;但是决不能和任何别的民族的帝国主义反动文化相联合,因为我们的文化是革命的民族文化。中国应该大量吸收外国的进步文化,作为自己文化食粮的原料,这种工作过去还做得很不够。这不但是当前的社会主义文化和新民主主义文化,还有外国的古代文化,例如各资本主义国家启蒙时代的文化,凡属我们今天用得着的东西,都应该吸收。……中国共产主义者对于马克思主义在中国的应用也是这样,必须将马克思主义的普遍真理和中国革命的具体实践完全地恰当地统一起来,就是说,和民族的特点相结合,经过一定的民族形式,才有用处,决不能主观地公式地应用它。公式的马克思主义者,只是对于马克思主义和中国革命开玩笑,在中国革命队伍中是没有他们的位置的。中国文化应有自己的形式,这就是民族形式。民族的形式,新民主主义的内容——这就是我们今天的新文化。"[①]

中国是历史的中国,更是当代世界历史发展中和近代以来的中国,是新中国成立尤其是改革开放以来的坚持中国特色社会主义道路的中国,当代中国所讲的中国文化,是以中国传统文化为文化底蕴和历史根基的文化,更是以中国共产党领导的中国革命、建设和改革而发展起来的中国革命文化、中国特色社会主义文化和社会主义先进文化,最主要的是指以马克思主义为指导的社会主义先进文化。

5."文化复古主义"是一种文化上的历史倒退

近代以来,中华民族饱受西方列强欺凌,这是资本主义的扩张性尤其是进入帝国主义阶段后侵略性的本性体现。事实上,正如马克思、恩格斯所揭示的那样,西方文化虽然具有资产主义本性的一面,但同时也具有推动社会发展进步的一面,其率先提出的自由、平等、民主、法治、人权等

---

① 《毛泽东选集》第2卷,人民出版社,1991,第706—707页。

思想反映了人类社会发展的大势和世界潮流，不仅有利于社会进步、国家发展，而且与中国传统文化中的许多人文精神、思想观念、永恒价值等进步因素是相辅相成的，剔除其虚伪性和欺骗性的面纱之后，也可以为马克思主义所倡导的人类社会发展的进步方向所用，为中国社会的发展进步和现代化进程提供重要思想文化资源和有益补充。但是，"文化复古主义"在抵制西方文化的过程中"矫枉过正"，将中国传统儒家文化与西方文化彻底对立，更看不到马克思主义所预见的社会主义社会、共产主义社会的社会进步意义，既不利于中国近现代文化的继承与发展，也不利于推动中华文化真正走向现代化。

"文化复古主义"企图通过复兴中国传统儒家文化来实现国家独立、民族复兴，应该说其初衷是良好的。但是，它不仅没有看到社会主义、共产主义的先进文化因素，而且没有顺应社会发展变迁的客观需要和历史发展大势，对资本主义文明没有采取发展的、辩证的分析态度，而是拒绝接受资本主义的一切文明成分，甚至企图恢复适应封建社会发展的中国传统儒家文化，用之以抵制适应更高一级社会形态发展的资本主义文化和一切西方文明。这与近代以来社会形态的变迁和现代化道路是相悖的，不仅停滞不前，而且是一种历史的倒退、开历史的倒车，就像马克思、恩格斯批判封建的社会主义一样，"文化复古主义"的前景必然是："半是挽歌，半是谤文，半是过去的回音，半是未来的恫吓。"①

（三）"文化复兴"决不是"文化复古"

马克思说："不是人的社会意识决定社会存在，而是社会存在决定人们的精神生活和政治生活领域。"②按照马克思主义唯物史观关于社会形态发展变迁的基本规律，人类社会的发展形态是从原始社会逐步向奴隶社会、封建社会、资本主义社会、社会主义社会和共产主义社会等越来越高级的社会形态发展的。工业革命后，资本主义社会生产方式以强大

---

① 《马克思恩格斯选集》第1卷，人民出版社，1995，第295页。
② 《马克思恩格斯选集》第1卷，人民出版社，1972，第60页。

的发展活力不断摧毁封建社会的生产方式,历史进入到以资本主义为主体的世界历史阶段。马克思主义还深刻揭示出,在反对封建主义的过程中,资本主义对人类社会所作出的贡献比以往社会发展的总和还要大,但同时,随着资本主义登上历史舞台,其社会局限和重重危机也日益暴露出来,比资本主义社会形态更高级的社会主义、共产主义因素也逐渐成长出来。

新时代中国特色社会主义的"文化复兴",决不能走一条"文化复古主义"的道路。"文化复古主义"的道路,甚至连主张"全盘西化论"的文化道路都不如。在马克思主义唯物史观看来,以儒家文化为代表的中国传统文化,归根结底是以小农自然经济为经济基础,从我国古代传统的农业社会生产方式与交换方式、君主专制政治上层建筑的基础上生长出来的文化形态,与建立在以市场经济为经济基础、从工业社会生产方式与交换方式、资本主义法治政治基础上生长出来的资本主义文化形态相比,是不可同日而语的,显然中国传统文化是一种处于相对落后的历史发展文化形态,资本主义文化是一种建立在打破封建主义专制文化基础上的相对进步的历史发展文化形态。

如果新时代中国特色社会主义的"文化复兴"走的是一条复兴以儒家文化为代表的中国传统文化的道路,复兴的是我国古代社会的伦理纲常和"孔孟之道",那么我们用落后的封建主义专制文化去对抗相对进步的资本主义法治文化,其结果是可想而知的。用马克思主义经典作家的话说,就是任何形式的"文化复古主义"道路都是反动的行为,都是在开历史的倒车,是毫无历史前途的。

因此,"文化复古主义"道路决不是一条建设中国特色社会主义文化强国和社会主义先进文化、增强当代中国文化软实力的正确道路,而只是一条开中国文化历史倒车、削弱中国文化软实力的"歪门邪路"。习近平说:"传承中华文化,绝不是简单复古,也不是盲目排外,而是古为今用、洋为中用、辩证取舍、推陈出新,摒弃消极因素,继承积极思想,'以古人之规矩，开自己之生面'，实现中华文化的创造性转化和创新性发展。"①

1. "文化复兴"要实现对中国传统文化的创造性转化

一个国家和民族的优秀传统文化是这个国家和民族传承下来并"因时而变"的文化基因和历史底蕴，如果丢掉了文化传统就等于割断了文化血脉和精神命脉。不忘历史才能开辟未来，善于继承才能善于创新。只有善于把传承弘扬中国传统文化与建设繁荣新时代中国特色社会主义文化、社会主义先进文化紧密结合起来、有机融合起来，真正实现中国传统文化的创造性转化和创新性发展，才能在继承中发展中国传统文化，在发展中弘扬中国传统文化。

只有历史地、科学地对待文化传统，才能更好地传承、创新和弘扬传统文化。马克思主义唯物史观把社会的生产力发展和生产方式看作是人类社会发展的决定力量，决定着社会制度的性质及其更替法治，制约着整个社会经济生活、政治生活和精神生活的过程。一定社会形态下的文化是一定社会的经济基础、政治上层建筑在思想观念形态上的反映和体现。新时代中国特色社会主义文化主要是由我国的社会主义经济基础和政治上层建筑决定的，新时代的中华文化复兴决不是要"复古"所有的中国传统文化，而是要适应我国社会主义生产力和生产方式发展的根本要求，在马克思主义指导下，通过传承弘扬中国传统文化的思想精华与道德精髓和包括资本主义文化在内的人类文明发展的一切有益成果，通过兼收并蓄和"中西合璧"，实现中华文化新辉煌。

习近平指出："传统文化在其形成和发展过程中，不可避免会受到当时人们的认识水平、时代条件、社会制度的局限性的制约和影响，因而也不可避免会存在陈旧过时或已成为糟粕性的东西。这就要求人们在学习、研究、应用传统文化时坚持古为今用、推陈出新，结合新的实践和时代要

---

① 习近平：《在文艺工作座谈会上的讲话》（2014年10月15日）。

求进行正确取舍,而不能一股脑儿都拿到今天来照套照用。要坚持古为今用、以古鉴今,坚持有鉴别的对待、有扬弃的继承,而不能搞厚古薄今、以古非今,努力实现传统文化的创造性转化、创新性发展,使之与现实文化相融相通,共同服务以文化人的时代任务。"①

2. "文化复兴"需要大量吸收外国进步文化

传承弘扬中国传统文化不能排斥和抵制包括资本主义文明在内的人类文明发展的一切有益成果和积极成果。毛泽东曾指出,人类的文化现象就像"一棵树的叶子,看上去是大体相同的,但仔细一看,每片叶子都有不同。有共性,也有个性,有相同的方面,也有相异的方面。这是自然法则,也是马克思主义的法则"②。对于人类文明发展的一切有益成果,毛泽东提出要"大量吸收外国的进步文化,作为自己文化食粮的原料"③。他认为,对于外国的进步文化应该像对待中国传统文化一样,"排泄其糟粕,吸收其精华",凡属我们用得着的东西都应该吸收。他说:"如同我们对于食物一样,必须经过自己的口腔咀嚼和胃肠运动,送进唾液胃液肠液,把它分解为精华和糟粕两部分,然后排泄其糟粕,吸收其精华,才能对我们的身体有益,决不能生吞活剥地毫无批判地吸收。"④

毛泽东认为,无论是对待中国传统文化还是对待外来文化,都应该有一个批判、继承和扬弃的问题,例如中国共产党成立以来也学习了西方近代以来资本主义文化中的许多有益的东西,他说:"我们批判地接收中国长期的传统,继承那些好的传统,而扬弃那些坏的传统。我们以同样的态度对待来自国外的事物。我们曾经接受了诸如达尔文主义、华盛顿和林肯树立的民主政治、十八世纪的法国哲学、费尔巴哈的唯物主义、德国的马克思主义以及俄国的列宁主义。我们接受一切来自国外的、对中国有益和

---

① 习近平:《在纪念孔子诞辰2565周年国际学术研讨会暨国际儒学联合会第五届会员大会开幕会上的讲话》(2014年9月24日)。
② 《毛泽东著作选读》下册,人民出版社,1986,第745页。
③ 《毛泽东选集》第2卷,人民出版社,1991,第706页。
④ 《毛泽东选集》第2卷,人民出版社,1991,第707页。

有用的东西，我们抛弃坏的东西，例如法西斯主义。"①

毛泽东还认为，在接受和评价我国历史和外国条件时采用适当的形式，这一点极其重要而不可盲从。在《论十大关系》的报告中，他深入论述了"中国与外国的关系"，明确提出了"我们的方针是，一切民族、一切国家的长处都要学，政治、经济、科学、技术、文学、艺术的一切真正好的东西都要学"②。针对当时社会主义与资本主义分成"两大阵营"，有的国家领导人不愿提、不敢提"向外国学习"尤其是向资本主义学习的口号，毛泽东充分肯定"向外国学习"的口号是对的，只不过现在提这种口号需要有一点勇气，提的时候"要把戏台上的那个架子放下来"③。

世界潮流，浩浩荡荡。顺之者昌，逆之者亡。一个国家和民族要发展要进步，就必须首先置身于人类社会历史和整个世界发展的潮流和大势，必须审时度势，顺应历史发展大势和时代潮流，对本民族的传统文化进行存精纠偏弃谬，自我觉醒、自我革新、自主发展。

鲁迅曾说："此所为明哲之士，必洞达世界之大势，权衡校量，去其偏颇，得其神明，施之国中，翕合无间。外之既不后于世界之思潮，内之仍弗失固有之血脉，取今复古，别立新宗，人生意义，致之深邃，则国人之自觉至，个性张，沙聚之邦，由是转为人国。"④鲁迅先生认为，文化的这种自我觉醒、自我革新、自主发展，关键在于"外之既不后于世界之思潮"而"内之仍弗失固有之血脉"，找到"取今"与"复古"的平衡点、连接点、融合点，"取今"即指吸收借鉴人类文明发展的一切有益成果，"复古"即指传承弘扬民族传统文化，从而实现民族文化的"与时俱进"和"与世俱进"，即"别立新宗"。

---

① 《毛泽东与外国首脑及记者会谈录》，台海出版社，2012，第23页。
② 《毛泽东著作选读》下册，人民出版社，1986，第740页。
③ 《毛泽东著作选读》下册，人民出版社，1986，第743页。
④ 《鲁迅全集》第1卷，人民文学出版社，1981，第58页。

3. "文化复兴"关键是要实现社会主义文化创新

社会主义是人类社会发展至今建立在超越资本主义社会基础上的最进步的一种社会运动、社会制度和社会形态，因而社会主义文化也应该是人类社会发展进程中最进步、最先进的一种文化形态，是顺应人类社会发展趋势、比资本主义文化更进步的先进文化。中国特色社会主义进入新时代，我国不仅应该站在中华民族五千多年文明发展的伟大历史进程中来看待中国传统文化，而且应该站在人类文明发展的历史进程和世界文明的多样性与中华文明相互激荡的过程中来看待中国传统文化，必须具有世界眼光、国际视野和全球意识，必须面向现代化、面向世界、面向未来，着眼于全面建成社会主义现代化强国的时代要求，积极进行中国特色社会主义文化创新，做到与人类文明发展趋势相一致。

随着新中国建立社会主义经济基础和政治制度，尤其是改革开放以来发展社会主义市场经济，我国的生产方式和政治上层建筑都发生了根本变化。中国特色社会主义进入新时代，我国正处于全面建设社会主义现代化强国的关键时期。社会主义生产方式和政治上层建筑必然要求形成与之相适应的社会主义文化。一方面，需要站在时代发展和社会进步的前沿，摒弃过时的、落后的、不符合时代发展要求的文化元素，建构起与社会主义生产方式和政治上层建筑相适应的文化，为全面实现社会主义现代化提供文化支撑。另一方面，需要汲取和继承中国传统文化的有益成分，注入由社会主义生产方式所决定的、符合社会主义先进文化发展方向的全新文化要素，对中国传统文化进行创造性转化和创新性发展，实现现代转型，使之成为社会主义先进文化的重要源泉，得以传承和新生。

中国特色社会主义文化建设和发展，一定要适应社会主义生产方式和政治变革的发展需要，适应社会主义生产方式对上层建筑和意识形态提出的发展要求。从中国传统文化的发展演变历程中可以看到，以儒家思想为主体的中国传统文化之所以成为中国古代社会的国家意识形态，关键是顺应了中国古代的自然经济生产方式和君主专制政治制度的发展需要，适应了中国古代社会统治阶级追求国家稳定、社会秩序良好与社会和谐的需要。中国近代以来之所以遭遇挑战，主要是因为不适应近现代市场经济的兴起和新型资本主义的生产方式，不适应当时追求国家富强、社会变革和快速发展的时代要求。

新时代的中国特色社会主义文化复兴和创造中华文化的新辉煌，显然既不可能是对中国传统文化的简单继承、全盘照搬和"食古不化"，也不可能是对人类文明发展有益成果包括资本主义文化的简单复制、拿来主义和"食洋不化"，而是在传承弘扬中国传统文化和学习借鉴人类文明发展有益成果的基础上，从新中国成立以来尤其是改革开放以来我国社会主义生产方式与交换方式、经济基础与上层建筑的发展要求中建设、发展和繁荣一种体现社会主义性质的中国特色社会主义文化。

换句话说，新时代中国特色社会主义文化既不是建立在我国传统社会生产方式与交换方式、经济基础与上层建筑之上的以儒家文化为主导的中国传统文化，也不是生长于资本主义生产方式与交换方式、经济基础与上层建筑之上的自由主义文化，而是以马克思主义为指导的社会主义先进文化，即在党的十六大报告中所指出的："立足于改革开放和现代化建设的实践，着眼于世界文化发展的前沿，发扬民族文化的优秀传统，汲取世界各民族的长处，在内容和形式上积极创新。"只有这样，才能真正使社会主义先进文化既体现社会主义的本质要求，又体现中华民族的传统特色和顺应人类文明的发展大势。

五 "以儒代马论"批判

近年来，在传承和弘扬中国传统文化的过程中、在对待马克思主义与中国传统文化的关系上，出现了两种倾向：一是"以儒代马论"，企图用中国传统文化尤其是儒家文化"儒化"马克思主义，试图让儒家文化重新回到中国社会主义意识形态的中心,把儒家思想上升为"国教",取代当代中国的马克思主义指导思想和社会主义先进文化。二是"以马废儒论",有的人教条主义地对待马克思主义,认为马克思主义是纯粹的、彻底的,不能与中国传统文化相结合,一旦与中国传统文化相结合,就会淡化、稀释甚至被取代。"以儒代马论"因为只强调传承和弘扬中国传统文化而否定马克思主义的指导地位,"以马废儒论"因为只强调马克思主义在中国的指导地位而否定中国传统文化,两者都割裂了马克思主义与中国传统文化的关系,都是根本错误的,应该引起高度重视,深入批判。

(一)中国"尊儒崇儒"的文化传统及其现实翻版

"以儒代马论"奉行的是一种儒家教条主义,即将儒家思想和儒家文化教条化、将儒家"圣人遗训"视为永恒真理,主张"法古""法圣人""法先王"。"以儒代马论"不是主张在马克思主义指导下去挖掘、继承和创新中国传统文化,而是认为马克思主义也是一种西方外来文化,试图用中国传统文化去消解乃至取代马克思主义在我国意识形态领域的指导地位。"以儒代马论"实质上是一种文化上的倒退,是一种根本错误的文化思潮。实践证明,当代中国如果离开马克思主义的指导,建设中国特色社会主义就无从谈起,发展社会主义先进文化、建设中国特色社会主义文化强国,铸就中华文化的新辉煌,也就会成为一句空话。

儒家教条主义思想在中国自古有之,是先秦以降以儒家为代表的一种政治观、思想观和文化观。

早在先秦时期儒家思想产生之初,孔子就主张"克己复礼为仁"(《论语·颜渊》),认为"先王之道,斯为美"(《论语·学而》)。尽管对"克己复礼"的解说不一,但其中所蕴含的孔子以恢复周礼为己任的政治追求是明显的。所谓"先王之道",即主张效法古代圣明君王的言行、制度,主要指周公之"道"和周公之"礼",孔子既"祖述尧舜"又"宪章文武",言必称尧、舜、文、武、周公,他说:"如有周公之才之美,使骄且吝,其余不足观也已"(《论语·泰伯》),"吾学周礼,今用之,吾从周"(《论语·述而》)。

孟子的"法先王"思想也是先秦儒家固有的政治倾向，他主张"仁政"与"王道"，其心目中的楷模也是古代圣王。孟子把"古代圣王"统称为"先王"，孟子所提倡的"仁政"和"王道"也就是效法先王的"以不忍人之心行不忍人之政"(《孟子·公孙丑上》)。他说："规矩，方员之至也；圣人，人伦之至也。欲为君，尽君道；欲为臣，尽臣道。二者皆法尧舜而已矣。不以舜之所以事尧事君，不敬其君者也；不以尧之所以治民，贼其民者也。"(《孟子·离娄上》)在孟子看来，"为政"必须"遵先王之法"，否则就是"离经叛道"，就可以"人神共诛之"。荀子也认为："先王之道，仁之隆也。"(《荀子·儒效》)

自汉武帝采纳董仲舒的"罢黜百家，独尊儒术"治国之策以降，后世儒家更是把"法古""法孔圣人""法先王之道"当作千古不变的永恒真理，当作"天道""天理"来遵循，墨守成规，反对社会变革和文化创新，加上历代君主专制政治统治者在政治上片面强调"德治"和"仁政"，主张"德主刑辅"，在经济上重农抑商，在文化上"重道"而把科学技术视为"奇技淫巧"，导致中国古代社会在近两千年的时间内没有发生重大社会性质的变革，特别是近代清王朝固守封建专制制度，使我国社会生产力和生产方式的变革远远跟不上世界潮流和时代发展，从而使我国在近代失去了推动科学技术革新发展和资本主义生产关系发展的历史机遇，导致中华民族近代在经济发展、政治制度、科学技术、文化教育和综合国力上大大落后于西方资本主义国家，最终形成了鸦片战争以后将近一个世纪落后挨打的局面。

几千年来，我国社会"尊儒"和"崇儒"思想可谓根深蒂固，在近代以来表现为"文化复古主义"，时至今日仍然没有绝迹。"以儒代马"是"文化复古主义"思潮在改革开放尤其是进入21世纪以来的一种新型表现形式。改革开放以来，随着中国经济的快速发展、综合国力和国际地位的迅速提高，以及国际影响力的日益扩大，"文化复古主义"也重新抬头，在"弘扬中国传统文化"的旗帜下，对所谓"国学""国粹"尤其是中国古代儒家思想传统全盘予以肯定，把中国古代几千年前的圣人遗训当成治国的法宝，把儒家"圣人"遗言视为金科玉律，抱残守缺、因循守旧、自卖自夸，片面强调"仁政""德治"等儒家思想；有的把"儒学"与马克思主义、社会主义扯到一起，提出"儒家马克思主义""儒家社会主义"，有的甚至对建设社会主义民主制度、社会主义法治国家、社会主义先进文化等实现社会主义现代化强国的治国方略刻意回避，提出用"三纲五常"之类的儒家"道统"来取代马克思主义的主导地位，主张"以儒代马"，更是思想上政治上的极大错误。

20世纪80年代末以来，一些"新儒家"还提出了一整套"儒化"中国的思想观点、理论体系、路线方针和政策策略，颇有"全面复古"中国传统文化之势。所谓"儒化"中国，就是主张当今中国必须复兴儒家思想、复兴儒家"道统"、复兴伦理纲常之道，把"儒教"重新定为我国的"国教"，把我国社会建设成为一个"儒教"社会，使"儒教"成为指导我国政治生活和文化生活的"主导力量"，成为当代中国文化的"最高话语权"和"文化权利中心"，把整个中国变成"儒教国"，以为这样就能够重建当今中国的道德秩序和社会秩序。

有的人甚至主张直接"用孔孟之道来替代马克思列宁主义"的主导思想和主导地位，要将"儒化共产党"的"上层路线"和"儒化社会"的"下层路线"上下结合、双管齐下，在上层要"儒化中国共产党"，在基层要"儒化中国社会"，达到"上下儒化"的结果。

有的人不仅以儒家文化取代中国传统文化，甚至以儒家文化取代中国文化，一谈到中国文化就只讲中国传统文化，一谈到中国传统文化就只讲儒家文化，看不到中国文化不仅包括中国传统文化，更包括中国共产党领导中国人民在马克思主义指导下进行中国革命创造的中国革命文化、进行社会主义建设和改革开放创造的中国特色社会主义文化，更看不到马克思主义所创立和所倡导的社会主义先进文化是中国文化最先进和最有生命力的主要组成部分，是中国建设社会主义现代化强国最有力的思想武器和文化支撑。

更有一些人甚至全盘否定新文化运动和五四运动，把马克思主义和西方现代科学一并视为文化侵略和"殖民文化"，把当代中国说成是马克思主义和西方现代科学的"文化殖民地"和"技术殖民地"。

（二）"以儒代马"是一种否定马克思主义的倾向

"以儒代马"的论调实质上是一种"文化复古主义"或极端的"文化保守主义"，极力宣扬中国传统文化的重要性，用之以反对一切外来文化，甚至包括马克思主义在内，认为马克思主义也是西方的外来文化，从而甚至主张"以儒代马"。马克思主义是中国共产党的指导思想，是经过历史和实践检验的科学世界观和方法论。"文化复古主义"为抵制西方文化的入侵，企图回到以中国传统儒家思想为正统的封建盛世，具有一定的欺骗性和蛊惑性，有的甚至进一步提出以儒学革新政治、"儒化"中国的主张，其中也暗含某种否定、排斥马克思主义的倾向，企图以中国传统儒家文化取代社会主义先进文化，挑战马克思主义在我国意识形态的指导地位。

这种论调认为，马克思主义也是来自西方的外来文化，它与中国传统文化、中国文化之间的关系也具有本土文化与外来文化之间的关系的性质，把马克思主义笼统地称为"外来文化"而排斥在中国特色社会主义文化之外。

事实上，中国共产党以马克思主义为指导思想并不是教条主义式地照搬照抄马克思主义基本原理，而是已经形成了中国化的马克思主义，是将马克思主义基本原理同包括中国传统文化在内的中国基本国情和具体实际相结合、与人类社会历史的发展大势相适应、与中华民族正在进行着的伟大奋斗相结合而形成的一种全新文化形态。中国化的马克思主义，既坚持了马克思主义，又创新了马克思主义，更发展了马克思主义，是马克思主义的中国化和与时俱进，已经成为中国特色社会主义文化，已经使中国文化具有了社会主义的性质。中国共产党把马克思主义基本原理同中国具体实际相结合，与中华优秀传统文化相结合，就是推进马克思主义中国化，创造当代中国社会主义先进文化。

"以儒代马论"虽然打着继承和弘扬中国传统文化、坚定中华民族文化自信的旗号出现，不像"全盘西化论"那样明显地反对马克思主义、反对社会主义和中国共产党的领导，但实际上是以封建主义思想否定社会主义思想、以封建主义道德否定社会主义道德、以中国传统文化来否定中国特色社会主义文化和社会主义先进文化、以低级的社会文化形态来否定高级的社会文化形态，是一种思想上文化上的历史倒退和文化退步，对社会主义思想文化建设和道德建设有着极其严重的危害。"以儒代马论"打着恢复儒家文化的旗号，实质上是否认马克思主义的指导地位，否认中国共产党的领导，这不仅不利于马克思主义中国化的深化与发展，也不利于中国传统文化的创造性转化和创新性发展，不利于中国传统文化的与时俱进和创新发展。

（三）科学认识中国传统文化的本质

以儒家文化为主体的中国传统文化博大精深，具有几千年的历史积淀和深厚内涵，曾经很长时期在世界历史上居于领先地位，为人类文明作出了重要贡献，是中华民族的精神基因和文化血脉。直到今天，中国传统文化中的许多思想观念、人文精神、道德规范和发明创造，仍然惠及人类，对于解决当代中国和当今世界面临的难题，仍然具有十分重要的启示意义。但是，我们对中国传统文化的整体评价不能脱离历史唯物主义的观点，要科学认识文化的继承性与发展性、普遍性与特殊性、历时性与共时性、民族性与世界性等的辩证关系。从本质上说，以儒家文化为主体的中国传统文化，是与中国漫长的自然经济生产方式和生活方式相适应的，是在农业文明的基础上孕育和发展的文化形态，它的思想观念、人文精神、道德规范最主要的反映了那个时代的精神需求和文化需求。

当近现代市场经济取代自然经济、工业文明取代农业文明成为主要的文明形态的时候，则意味着更高一级的资本主义文化形态将取代封建主义的文化形态。这是人类社会历史发展的必然趋势。应当看到，在当今世界的社会生产力和文明发展水平较高的历史条件下，中国传统文化中的一些内容已经与现代工业文明不相适应了，与现代化社会的时代要求不相适应了，与新的时代生产方式、生活方式不相适应了，有的甚至成为阻碍社会发展的消极力量。

在现代社会，市场经济的兴起、工业文明的发展、科学技术的进步、社会结构的变迁，极大地改变了人类社会的生产方式和生活方式，现代文化的面貌也发生了根本性改变。这是人类文化史上的质变与飞跃。在这个过程中，一切传统文化必将经历一次彻底的嬗变。其中，一切与自然经济和农业文明紧密联系、反映社会落后生产方式和生活方式的文化内容必将被淘汰；一切具有永恒价值的文化内容，结合现代化要求，经过创造性转化和创新性发展，从而成为适应现代生产方式和生活方式的文化元素，必将得到传承和弘扬。传统文化作为现代文化的重要源泉和文化基因，必将融入到现代化的文化体系之中。

"以儒代马论"把一切中国传统文化尤其是儒家思想都看作是好的，认为中国传统文化是人类文化中最优秀的文化，只有中国传统文化才是解决当今中国和当今世界面临的一切问题的"灵丹妙药"，只有中国传统文化才能拯救当今人类社会面临的各种危机。事实上，这是违背文化发展规律的。

中国传统文化中不乏人类文化的精华和永恒价值，同时也包括与落后社会生产方式相适应的文化糟粕和过时要素。新文化运动对中国传统文化的冲击，首先就是对"孔孟之道"的冲击，特别是以"三纲"为核心的传统"礼教"，认为中国传统文化已不适应现代社会生产方式和生活方式。陈独秀先生说："其实孔子精华，乃在祖述儒家，组织有系统之伦理学说……其伦理学说，虽不可行之今世，而在宗法社会封建时代，诚属名产。吾人所不满意者，以其为不适于现代社会之伦理学说，然犹支配今日之人心，以为文明改进之大阻力耳。"①

马克思主义是人类社会发展到资本主义社会而产生的人类思想史上最先进的思想结晶和文化成果，传承和弘扬中国传统文化决不是要动摇和代替马克思主义在中国特色社会主义事业中的指导地位，而是要坚持以古鉴今、古为今用、推陈出新，发挥中国传统文化以文化人、资政育人的作用，助力中国特色社会主义文化的发展繁荣，助力社会主义先进文化建设，助力创造中华文化的新辉煌，为新时代中国特色社会主义事业的发展服务，在推进马克思主义中国化的进程中不断巩固马克思主义的指导地位。毛泽东说："中国的面貌，无论是政治、经济、文化，都不应该是旧的，都应该改变，但中国的特点要保存。"②但是，这个"要保存"下来的特点不同于"旧的"新东西。

六 "以马废儒论"批判

中国共产党领导中国人民进行社会主义革命、建设和改革开放取得成功的一条宝贵经验，就是将马克思主义基本原理同我国的基本国情和具体实际相结合，不断形成具有中国特色的马克思主义中国化理论新成果。具体地说，就是把马克思主义基本原理同中华优秀传统文化紧密结合起来，同中国革命、建设和改革的具体实践紧密结合起来，既坚持马克思主义又发展马克思主义。"以马废儒论"看似坚持马克思主义，实际上却割断了马克思主义中国化的根脉，既不是坚持马克思主义，也不是发展马克思主义，而是在扼杀马克思主义。实践证明，马克思主义如果不同中国传统文化相结合，如果不能同中国革命、建设和改革的具体实际相结合，就不可

---

① 《陈独秀文章选编》上册，三联书店，1984，第211页。
② 《毛泽东著作选读》下册，人民出版社，1986，第752页。

能在中国的土地上长期存在并不断得到发展。

（一）马克思主义是人类思想史上最先进的文化成果

马克思主义是马克思、恩格斯在批判继承人类社会一切优秀思想文化成果尤其是在批判资本主义文明成果的基础上，紧密结合当时资本主义的发展实际和发展趋势，尤其是结合无产阶级革命斗争的实践经验，经过艰辛的科学探索和理性分析而形成的智慧结晶，是人类思想史上最先进的思想成果和理论创新。在继承人类以往的思想家关于对宇宙、自然、人、社会、劳动、历史、世界等思想理论认识的基础上，马克思主义将唯物主义与辩证法、历史观有机地结合起来，提出了以人类实践、现实的人、社会关系为核心的新的科学世界观和方法论，建立了一套完整的关于无产阶级和全人类解放事业的思想理论体系，为分析人与自然、人与社会、人与历史之间的关系提供了思想指引、科学方法、价值体系和实践途径。

马克思主义在创立的时候，广泛地吸收了英国古典政治经济学、德国古典哲学和法国空想社会主义等的理论成果，广泛吸收了达尔文进化论、牛顿力学、哥白尼的日心说、细胞学说等自然科学的最新成就，广泛吸收了欧洲文艺复兴、启蒙运动等的有益成果，是自然科学、人文科学、社会科学的整体综合创新和集大成创新。马克思主义吸收了人类思想文化史上的一切精华营养，以与时俱进和勇于创新的姿态建构了唯物辩证法和历史辩证法，以回归劳动、实践的唯物主义，扎根人民的立场确立了人民史观，以公平正义、自由全面发展的价值追求来构画未来社会的光明前景，是人类文化史上和哲学史上的一次伟大的综合性创新，对于人类新思想、新价值、新文化的创造具有前瞻性和引领作用。马克思主义与中国传统文化不仅具有时代上的差异，更有层次上和本质上的区别。

马克思主义是中国共产党的指导思想和信念之基，是中国共产党领导中国人民进行中国革命、建设和改革开放的共同思想基础，在我国社会主义思想意识形态领域具有指导地位。坚持马克思主义的指导思想地位，是中国共产党作为马克思主义政党的必然选择，也是中国共产党经过历史实践反复检验的正确选择。近代以来中国最终选择走社会主义道路，不是谁强加给中国人民和中华民族的，也不是天上掉下来的，而是在近现代中国历史的发展进程中逐渐形成的历史选择，是中华民族和中国人民"救亡图存"进程中形成的自主选择，是中华民族和中国人民在社会主义革命、建设和改革开放的历史进程中最终得出的历史结论。在一定意义上说，马克思主义中国化的过程就是马克思主义与中国传统文化碰撞、交融与出新的过程，就是马克思主义与中华民族正在进行的伟大奋斗相结合而形成的智慧结晶和创新成果。

（二）以马克思主义为指导是中国历史发展的客观需要

自近代以来尤其是新文化运动以来，西方文化和马克思主义相继传入中国，在"中西马"相互激烈碰撞、激荡交汇的过程中，中国人民通过五四运动前后的"中西文化论战"、"问题与主义论战"、"无政府主义论战"、"社会主义论战"、"科学与人生观论战"（亦称"科学与玄学论战""人生观论战"），以及20世纪30年代的"中国社会性质论战""中国文化大讨论""唯物辩证法论战"等，针对当时我国社会发展进步面临的一些重大理论问题诸如认识我国社会的世界观方法论、我国社会的基本性质、中国文化出路的选择、中华民族的前进方向等展开了思想理论交锋，逐步冲破了以儒家思想为主导的中国传统文化的禁锢和对西方资本主义文化的盲目崇拜，从中华民族"救亡图存"的实践需要出发，解放思想、实事求是，为马克思主义在中国的"落地"及其中国化奠定了坚实的思想基础和实践基础。在中国共产党的正确领导下，马克思主义最终成为近代以来我国社会发展进步的指导思想和主流文化，对我国的社会主义革命、建设和改革开放发挥了重要指导作用，马克思主义的科学性和真理性为中国共产党成立100多年来的中国社会历史发展所证明。

思想就是力量，主义就是旗帜。可以说，五四运动前后先进的中国知识分子历尽千辛万苦，经过各自摸索，才找到马克思主义，并最终认定马克思主义，在马克思主义的旗帜下集合起来，马克思主义在中国从此就具有了极其伟大和深远的历史意义与现实意义。毛泽东说:"自从中国人学会了马克思列宁主义以后,中国人在精神上就由被动转入主动。从这时起,近代世界历史上那种看不起中国人,看不起中国文化的时代应当完结了。伟大的胜利的中国人民解放战争和人民大革命,已经复兴了并正在复兴着伟大的中国人民的文化。"①

我们知道,在五四运动前后流行的众多学说中,许多喧嚣一时的思想流派后来大多淡出我国社会,有的甚至消失了,为什么只有马克思主义逐步发展成为中国新文化运动的主流,成为中国共产党的思想旗帜,成为现代中国思想和文化领域的指导思想呢?

首先,因为马克思主义是最先进的理论。马克思主义不是一种学院式的书斋学问,而是一种对实践最具有革命性的科学理论,是科学思想与革命精神有机结合从而指导无产阶级认识世界和改造世界,而且根本在于改变世界的世界观和方法论。在马克思主义创立之时,正值资本主义的发展达到一个高峰之时,随着资本主义的弊端日益暴露,资本主义国家的国际国内矛盾日益突出,工人运动风起云涌。马克思主义深刻地分析和揭露了资本主义的内在矛盾和发展规律,具有预见性地看到了资本主义发展必然带来的弊端,比其他任何一种学说都更加具有说服力。以马克思主义为指导,巴黎公社的试验、俄国十月革命的胜利,更加使中国的先进分子认同马克思主义的科学性、真理性和革命性,认识到马克思主义是一种认识世界和改造世界的崭新的宇宙观、世界观和革命观。

其次,因为中华民族有着一种迫切的内在需要。自鸦片战争以来,中华民族积贫积弱,内忧外患,许多种救亡图存、复兴中华的救国方案,都惨遭失败,中华民族亟需一种新的思想理论来指导救国复兴的伟大实践。马克思主义来到中国,之所以被中国的先进分子并最终为中国人民所认同所接受,之所以能够发生这样大的作用,最根本的是近代以来中华民族的

---

① 《毛泽东选集》第4卷,人民出版社,1991,第1516页。

"救亡图存"和我国的社会发展有了这种思想需要和实践需要。

毛泽东说:"马克思列宁主义来到中国之所以发生这样大的作用,是因为中国的社会条件有了这种需要,是因为同中国人民革命的实践发生了联系,是因为被中国人民所掌握了。任何思想,如果不和客观的实际的事物相联系,如果没有客观存在的需要,如果不为人民群众所掌握,即使是最好的东西,即使是马克思列宁主义,也是不起作用的。"[①]否则,任何所谓科学的思想理论都是起不了这种作用的。

中华民族自古就是一个勤劳勇敢、不怕牺牲的伟大民族,中国人民的革命斗争从来都是英勇、顽强的革命斗争,如禁烟运动、洋务运动、太平天国运动、戊戌变法、义和团运动、辛亥革命等,中华民族都付出了巨大努力,但都归于失败。自从有了马克思主义作为指导思想和中国共产党的坚强领导,中国革命斗争的面貌就从此焕然一新了,中国革命的胜利就成为不可阻挡的洪流了。毛泽东说:"那种西方资产阶级的文化,一遇见中国人民学会了的马克思列宁主义的新文化,即科学的宇宙观和社会革命论,就要打败仗。被中国人民学会了的科学的革命的新文化,第一仗打败了帝国主义的走狗北洋军阀,第二仗打败了帝国主义的又一名走狗蒋介石在二万五千里长征路上对于中国红军的阻拦,第三仗打败了日本帝国主义及其走狗汪精卫,第四仗最后地结束了美国和一切帝国主义在中国的统治及其走狗蒋介石等一切反动派的统治。"[②]

自从有了马克思主义这面思想旗帜,自从中国共产党成立,自从实现了把马克思主义普遍原理同我国革命的具体实际相结合,就迎来了中华民族冲破一切黑暗的胜利曙光。在中国革命仍然处于低谷的时候,毛泽东就曾这样激情澎湃、满怀信心地写道:"我所说的中国革命高潮快要到来,决不是如有些人所谓'有到来之可能'那样完全没有行动意义的、可望而不可即的一种空的东西。它是站在海岸遥望海中已经看得见桅杆尖头了的

[①] 《毛泽东选集》第4卷,人民出版社,1991,第1515页。
[②] 《毛泽东选集》第4卷,人民出版社,1991,第1514—1515页。

一只航船，它是立于高山之巅远看东方已见光芒四射喷薄欲出的一轮朝日，它是躁动于母腹中的快要成熟了的一个婴儿。"①

马克思主义基本原理与中国实际相结合孕育了马克思主义中国化的道路，孕育了中国革命、建设、改革的发展之路，孕育了一条全面建设中国特色社会主义现代化国家和实现中华民族伟大复兴的道路，即中国特色社会主义道路，孕育了中国特色社会主义的道路自信、理论自信、制度自信和文化自信。一个极度贫弱的旧中国已经变成了一个初步繁荣昌盛的社会主义新中国。

最后，因为有中国共产党的坚强领导和正确运用马克思主义。中国的先进分子认定马克思主义后，成立了中国共产党，从而使中华民族一步步走向国家独立、人民解放的道路有了明确的指导思想、坚强的领导核心和可靠的组织保障。同时，注意从中国的实际出发，学习、运用和发展马克思主义，是中国共产党领导中国社会主义革命、建设和改革开放的显著特点和优点。早在中国共产党成立之前，李大钊就指出："一个社会主义者，为使他的主义在世界上发生一些影响，必须要研究怎么可以把他的理想尽量应用于环绕着他的实境。"②后来毛泽东将中国共产党注重把马克思主义基本原理与中国的具体实际相结合的特点和优点发展到极致。以毛泽东同志为主要代表的中国共产党人，坚持以马克思主义为指导，坚持马克思主义的基本立场观点方法，把马克思主义基本原理与中国具体实际相结合，成功地实现了马克思主义的中国化，成功地开创了中国新民主主义革命道路并取得了伟大胜利，建立了新中国，在此基础上又开展了社会主义革命和建设的伟大探索。

五四运动前后的"中西文化论战"和"问题与主义论战"，尤其是第一次世界大战的爆发和俄国十月革命的伟大胜利，证明了马克思主义是科学真理，是在继承人类社会一切优秀文化遗产尤其是资本主义最新文明成

---

① 《毛泽东选集》第1卷，人民出版社，1991，第106页。
② 《李大钊文集》下册，人民出版社，1984，第34页

果的基础上创造的最先进的思想体系，顺应了人类社会历史的发展潮流和人类社会发展进步的前进方向。当代中国只有在马克思主义指导下，适应社会主义经济基础与上层建筑、社会主义生产方式与交换方式的客观要求，适应新时代全面建设社会主义现代化强国和实现中华民族伟大复兴中国梦的时代要求，对几千年来的中国传统文化进行系统清理和科学总结，坚持古为今用、推陈出新，有鉴别地加以对待，有扬弃地予以继承，尤其是结合时代要求实现其创造性转化和创新性发展，才能把近代以来关于中国文化的"古今"之争、"中西"之争推向历史的新阶段。

（三）中华文化的"根"和"魂"

一个国家和民族的传统文化既是民族的又是世界的，其思想内涵和精神内核必须体现一切先进文化的要素和永恒价值。正是由于中国传统文化中的理想追求、思想观念、人文精神、价值理念、道德规范等集中地体现了中国古代社会的先进性元素，因而源远流长，为人类文明发展作出了重要贡献。然而，中国特色社会主义文化的发展繁荣并不能故步自封，更不能仅仅停留在中国传统文化的层面，更不能把文化复兴认为是复古中国传统文化，必须与时俱进、勇于创新，抛弃那些与过时的生产方式、政治体制和生活方式相关联的文化元素，保留与社会主义生产方式、全球化、现代技术和现代生活方式相适应的文化元素。党的十八大以来，以习近平同志为核心的党中央提出马克思主义基本原理与中国具体实际相结合、与中华优秀传统文化相结合，深刻地看到了中国特色社会主义文化即中华新文化的"根"和"魂"的辩证关系，马克思主义是中国特色社会主义文化即中华新文化之"魂"，中华优秀传统文化是中国特色社会主义文化即中华新文化之"根"，两者不可或缺，谁也离不开谁。两者相结合，就形成了中国化的马克思主义，就形成了中国特色社会主义文化。

在中国特色社会主义新时代的背景下，包括儒家思想在内的中国传统文化要更好地延续下去、获得新的生命力，必须顺应世界发展潮流和时代发展趋势，融入中国特色社会主义文化的繁荣发展之中。中国特色社会主义文化建设必须以马克思主义为指导，坚守中华文化立场，立足当代中国实践，结合当今时代条件，以开放胸襟和世界胸怀大胆吸收人类优秀文明成果，发展民族的科学的大众的，发展面向现代化、面向世界、面向未来的社会主义文化。

结合时代要求传承弘扬中国传统文化，就是要以新时代中国特色社会主义的实践要求和社会主义文化的前进方向来鉴别、传承和创新中国传统文化，在保持中国传统文化的民族特质和文化优长的同时，突破自身的局限和不足，扬弃那些已经过时、不合时宜，甚至已成为糟粕的文化内容，继承其思想精华和道德精髓，实现中华文化现代化或不断开创中华文化的新局面。中华优秀传统文化是中华新文化的"根"，马克思主义是中华新文化的"魂"，只有把两者有机地结合和融合起来，才能创新发展中华新文化的新辉煌。

中国共产党始终是马克思主义的坚定信仰者和忠实践行者，同时也始终是中国传统文化的坚定继承者、大力弘扬者和忠实践行者，始终坚持将马克思主义基本原理与中国传统文化相结合，将中国传统文化熔铸于中国特色社会主义文化之中。

历史证明，马克思主义在中国的百年发展史就是马克思主义基本原理与中国具体实际相结合的历史，就是马克思主义与中华优秀传统文化相结合的历史，就是马克思主义不断中国化的历史。所谓"中国具体实际"，其中就包括中国的历史文化实际，因此，马克思主义与中国传统文化的有机结合实际上是马克思主义中国化的题中应有之义。马克思主义是关于自然、社会和人的思维发展的一般规律的科学体系，中国传统文化是中华民族独特的思想、精神和历史记忆，马克思主义与中国传统文化都是推进和发展中国特色社会主义事业不可或缺的要素，如果"以儒代马"就没有了"社会主义"，如果"以马废儒"就没有了"中国特色"，二者缺一不可。在新时代中国特色社会主义建设进程中，坚持马克思主义指导思想和传承弘扬中国传统文化，二者互为需要、不可割裂，同时也不可以相互取代。

七 实现"马中西"综合创新

新时代建设社会主义文化强国,创造中华文化新辉煌,既不在于"以马废儒",更不在于"以儒代马",而是需要在会通"古今中外"思想文化的基础上,在马克思主义的指导下,建设和创造中国特色社会主义文化,建设和创造社会主义先进文化。如果说未来中华民族的文化复兴将促进中华新文化在世界上再创辉煌,那么也一定是在马克思主义的指导下,"马中西"文化的汇通融合而形成的中华新文化。只有中华新文化才能在世界上占居主导性、引领性和支配性地位,引领世界文化的发展潮流,而绝不可能是排他性的"儒教"原教旨主义文化的复活,或"复古"的中国传统儒家文化,也决不可能是照搬照抄、"食'马'不化"的马克思主义本本主义文化。

(一)铸就中华文化新辉煌的既定条件

每个时代的思想文化都必须实现对以往思想文化的创新和超越,都要进一步思考和回答所处时代的时代课题,完成所处时代的时代任务,在原有文化的基础上实现文化的创造,形成关于所处时代的时代课题和时代精神的思想认识、理论阐释和文化支撑,这是实现每个时代文化创新发展的根本和关键。没有创新和超越,就没有发展和进步。新时代中华文化的复兴之路,关键在于社会主义先进文化的创新和发展,关键在于融"古"于"今"、汇"外"通"中",在马克思主义指导下实现中西文化的"综合创新"。"古"即指"中国传统文化"、"今"即指"社会主义先进文化"、"外"即指"人类文明发展的一切有益成果包括资本主义近现代文化"、"中"即指"中国特色社会主义文化",只有融"古"于"今"、汇"外"通"中",才能铸就中华新文化,才能创造中华文化的新辉煌。

马克思曾说:"人们自己创造自己的历史,但是他们并不是随心所欲地创造,并不是在他们选定的条件下创造,而是在直接碰到的、既定的、从过去承继下来的条件下创造。"①中国传统文化正是新时代中国特色社会主义文化建设"直接碰到的、既定的、从过去承继下来的条件"。在人类文明发展到当今时代的历史背景下,中国特色社会主义又进入到新时代,如何看待和评估这种"条件"?如何在批判、继承的基础上创新、发展和弘扬中国传统文化?这些是创造中华文化新辉煌首先碰到并需要正确面对的时代课题。近代以来中华民族在关于中国传统文化的大讨论中,"全盘西化论"是一种全盘否定中国传统文化的主张,以一种极端的态度来否定这种"直接碰到的、既定的、从过去承继下来的条件",表现出一种民族虚无主义、历史虚无主义和文化虚无主义。"文化复古主义"和"以儒代马论"则是一种全盘肯定中国传统文化的主张,以另一种极端的态度来肯定这种"直接碰到的、既定的、从过去承继下来的条件",表现出一种"国粹"主义、极端的文化保守主义。显然,这两种文化态度都是以极端的态度来对待中国传统文化,都不是正确对待中国传统文化的科学的、应有的态度。

马克思主义唯物史观揭示出,文化虽然是人类社会经济、政治的反映,但是文化的发生发展变化又有着相对独立性和特殊的规律性,对经济、政治具有一定的反作用。恩格斯说:"政治、法、哲学、宗教、文学、艺术等等的发展是以经济发展为基础的。但是,它们又都互相作用并对经济基础发生作用。并非只有经济状况才是原因,才是积极的,其余一切都不过是消极的结果。这是在归根到底总是得到实现的经济必然性的基础上的互相作用。"②随着不同地域、不同自然条件下的不同民族的产生和发展,文化又具有地域性和民族性,不同民族形成具有不同特色的文化传统和文化风格。因此,思想、道德和文化在人类社会历史发展进程中的存在是以不同民族、国家和区域来分布的,在世界文明中的分布是以民族特色展现的。

由于孕育、形成和发展的自然环境、社会条件和历史传统等的不同,

---

① 《马克思恩格斯选集》第1卷,人民出版社,1995,第585页。
② 《马克思恩格斯选集》第4卷,人民出版社,1995,第732页。

因而不同民族、国家和地区的思想、道德和文化具有各自的民族特色和区域特色，从而也就形成了区别于其他民族国家、或地区的思想观念、价值观念、人文精神、道德规范和文化传统。例如，中华民族尊崇"自强不息、厚德载物"和"天人合一"，日本人崇尚"集体本位主义"和"武士道"，印度有着根深蒂固的种姓观念，阿拉伯人严格遵守伊斯兰教义，西方形成了"城邦""公民""自由""平等""民主""博爱"等理念，如此等等。这种思想观念、价值观念、人文精神、道德规范和文化传统的地域性、民族性和多样性非常明显，是民族识别和民族自识的重要标志。世界上各个民族、国家和地区正是以这些思想观念、价值观念、人文精神、道德规范和文化传统的不同相互区别开来的。

世界文明和人类文化的发展和传承都是以各民族、各国家、各地区各具特色的不同民族文化、核心价值观和文化传统为基础和作为载体的，表现为民族文化的民族性、地域性和多样性。特殊性体现普遍性、个别性体现共同性，普遍性、共同性体现于特殊性、个别性之中。多样性的民族文化体现人类文明的普遍性、共同性，人类社会共同的文明成果与文化财富的积淀、发展和进步体现于多样性的民族文化之中，与各民族、各国家和各地区的思想观念、价值观念、人文精神、道德规范和文化传统的发展并行不悖，相辅相成。习近平说："不论是中华文明，还是世界上存在的其他文明，都是人类文明创造的成果。"[①]

在人类漫长的历史发展过程中，每个民族、每个国家都在创造着自己的文明，都在为人类社会的文明发展作出自己的贡献，都是世界文明"百花园"中的组成部分。作为人类不同民族的智慧结晶，"每一个国家和民族的文明都扎根于本国本民族的土壤之中，都有自己的本色、长处、优点"[②]。每一种文明和民族文化都具有自己独特的内涵、特征，也具有独特的内在

---

① 《习近平谈治国理政》，外文出版社，2014，第258页。
② 习近平：《在纪念孔子诞辰2565周年国际学术研讨会暨国际儒学联合会第五届会员大会开幕会上的讲话》（2014年9月24日）。

价值和表现形式，都有同其他文明交流互鉴的内生动力。多样文明的共存和发展，使得人类文明的"百花园"更加丰富多彩，使得世界的发展获得了源源不断的文明活力和精神动力。

新时代中国要建设社会主义先进文化，要创造中华文化的新辉煌，显然不能脱离中华民族五千多年文明发展进程中积淀的中国传统文化，不能脱离结合时代要求，且要在马克思主义指导下对其实现创造性转化和创新性发展。早在1938年党的扩大的六届六中全会的政治报告《论新阶段》中，毛泽东提出的"马克思主义中国化"这一著名命题，就对马克思主义与中华民族的思想传统、文化传统和历史传统的内在联系作出了经典说明。他说："今天的中国是历史的中国的一个发展；我们是马克思主义的历史主义者，我们不应当割断历史。从孔夫子到孙中山，我们应当给以总结，承继这一份珍贵的遗产。这对于指导当前的伟大的运动，是有重要的帮助的。"

中国特色社会主义进入新时代，习近平也深刻指出，中国优秀传统文化所蕴含的丰富哲学思想、人文精神、教化思想、价值理念和道德规范等，可以为人们认识和改造世界提供有益启迪，为新时代中国共产党治国理政提供有益启示，也可以为社会主义道德建设提供有益启发，对中国传统文化中适合于调理社会关系和鼓励人们向上向善的思想精华和道德精髓，我们要结合时代条件加以继承和发扬，赋予其新的含义。

（二）铸就中华文化新辉煌的重要补充

从中国传统文化的发展看，中国传统文化之所以绵延五千多年而不绝，既在于与本土民族文化的互动与融合，又在于与外来文化的互动与融合。在中国传统社会中，各种思想文化并存，它们之间既有斗争和碰撞，又有汇通和融合，中国古代文明的蓬勃生机正在于不同文明和文化之间的交流交融交锋。从近代以来中华民族新文化的兴起和发展看，西方文化的传入和冲击是催生中华民族新文化的外部动力，也是主要动力。中华新文化之"新"，首先表现在输入外来启蒙思想、近现代思想观念、工业、商业、科学技术、军事、教育、管理等"新"文化，中国传统文化受此影响，才开始自我更新、推陈出新。

在全球化日益走向深入的当今世界，各个民族、国家之间的文化交流交融交锋更加紧密，中国特色社会主义事业的发展也越来越有赖于与世界的紧密联系，越来越离不开良好国际环境、经济贸易、资源交换和文化交流。寻求中华文化与世界文明、与其他不同民族文化的共通之处，相互学习借鉴、扬长补短，是中华文化在未来获得新发展机遇和创造新辉煌的必由之路。中国传统文化和外来文化分别是中国特色社会主义文化建设的源头活水和重要资源，是激活中华文化想象、创造、复兴的灵感源泉。

任何一种文明不管它产生于哪个国家、哪个民族的社会土壤之中，都应该具有流动性、开放性和包容性，否则就会走向僵化、枯竭和消亡。这是文明发展和文明传播的一条重要规律。强调、承认和尊重一个国家、一个民族的民族文化不是要搞自我封闭、闭关锁国，更不是要搞"唯我独尊""只此一家，别无分店"，任何一种民族文化都应该虚心学习、积极借鉴别国别民族文化的长处、优点和精华，这是增强本国本民族文化自尊自信自立自强的重要条件，而不能自大自负自满。世界上各种民族文化和文明之间进行相互学习借鉴，则要坚持从本国本民族的实际出发，坚持本民族文化的本色和底色，做到择善而从、取长补短、兼收并蓄，做到去粗取精、去伪存真，取其精华、去其糟粕，而决不是囫囵吞枣、莫衷一是、照搬照抄。中华文明之所以绵延发展五千多年而不中断，是因为深刻体现了文明文化发展的这一客观规律。习近平指出："在长期演化过程中，中华文明从与其他文明的交流中获得了丰富营养，也为人类文明进步作出了重要贡献。丝绸之路的开辟，遣隋遣唐使大批来华，法显、玄奘西行取经，郑和七下远洋，等等，都是中外文明交流互鉴的生动事例。儒学本是中国的学问，但也早已走向世界，成为人类文明的一部分。"[①]

---

① 习近平：《在纪念孔子诞辰2565周年国际学术研讨会暨国际儒学联合会第五届会员大会开幕会上的讲话》（2014年9月24日）。

因此，对待古今中外的一切思想、哲学、宗教、科学、技术、文学、艺术和民俗等文化，对待多元化的民族文化中所蕴含的哲学思想、人文精神、价值理念和道德规范等，都要以面向世界、面向现代化、面向未来的文化进步标准来加以鉴别检验和学习借鉴，对待中国传统文化同样也需要采取一种"重估一切价值"的科学态度，结合新时代中国特色社会主义建设的实践要求进行扬弃和创造性转化。凡是属于对当代中国和当今世界文明发展的健康有益的思想精华和道德精髓都应该大力传承弘扬，凡是打着复兴中国传统文化旗号实则为糟粕的所谓"国学"或贴着西方先进思想标签实则为殖民文化的所谓"西学"都应该采取坚决抵制和彻底批判的态度，只有这样才能真正实现中华民族和中国在21世纪的文化复兴和文化强国。这种文化复兴和文化强国，才是实现中华民族伟大复兴的真正软实力和精神支柱，才是中华民族在新时代对人类文明发展的新贡献。

（三）中华文化的必由之路

在探索建设中华新文化时，我国已故哲学家张岱年先生曾提出一种"综合创造论"的观点，对于新时代传承弘扬中国传统文化和建设社会主义文化强国具有重要指导意义。

早在20世纪30年代，张岱年先生就曾针对"全盘西化论"和"中国本位文化论"鲜明地提出了"综合创造论"的观点，至20世纪90年代又发展为"文化综合创新论"，其目标就在于建设中国特色社会主义文化，实现中华文化的复兴。他认为，建设中国特色社会主义文化"必须坚持马克思主义普遍真理的指导，必须坚持社会主义原则，必须弘扬民族主体精神，走中西融合之路，必须以创造的精神从事综合并在综合的基础上有所创造"，把经过认真挑选的来自"古今中外"不同文化系统的文化要素综合成一个现代化的中国文化系统。

从张岱年先生提出的"文化综合创新论"中可以看到，它包括这样几个方面的具体内涵：一是建设中国特色社会主义文化必须坚持以马克思主义为指导思想；二是建设中国特色社会主义文化必须坚持社会主义原则；

三是建设中国特色社会主义文化必须保持中华文化的主体性或独立性；四是建设中国特色社会主义文化必须"走中西融合之路"，换言之即必须坚持"古为今用、洋为中用"；五是建设中国特色社会主义文化必须"以创造的精神从事综合并在综合的基础上有所创造"，也就是要"批判继承、综合创新"。

所谓"文化综合创新"，"综合"是"创新"的基础和前提，"创新"是在"综合"基础上的创造提升，必须体现创造精神。方克立先生曾将张岱年先生的"文化综合创新论"称之为"马魂、中体、西用论"，认为"文化综合创新论""不仅代表20世纪中国哲学和文化发展的正确方向，而且在新世纪仍具有重要的现实指导意义，是发展繁荣中国特色社会主义文化的必由之路"[①]。

新时代建设中国特色社会主义文化，创造中华文化的新辉煌，必须结合时代要求推进马克思主义、中国传统文化和包括西方文化在内的人类文明发展的一切有益成果的交流与互鉴、互动与融合，实现马克思主义、中国传统文化与中国共产党革命文化、人类文明发展的一切优秀文化成果的综合创新。

新时代建设中国特色社会主义文化，创造中华文化的新辉煌，一个需要正确处理的重大关系就是马克思主义与以儒家思想为主导内容的中国传统文化、以现代资本主义文明为主要内容的西方文化的关系。关于如何正确处理这一重大关系和针对如何发展马克思主义和马克思主义中国化，毛泽东曾说："马克思这些老祖宗的书，必须读，他们的基本原理必须遵守，这是第一。但是，任何国家的共产党，任何国家的思想界，都要创造新的理论，写出新的著作，产生自己的理论家，来为当前的政治服务，单靠老祖宗是不行的。"[②]他指出，马克思列宁主义之所以具有伟大力量，"就在于它是和各个国家具体的革命实践相联系的。对于中国共产党说来，就是

---

① 方克立：《中国文化的综合创新之路》，中国社会科学出版社，2012，第3页。
② 《毛泽东文集》第8卷，人民出版社，1999，第109页。

要学会把马克思列宁主义的理论应用于中国的具体的环境。成为伟大中华民族的一部分而和这个民族血肉相联的共产党员，离开中国特点来谈马克思主义，只是抽象的空洞的马克思主义"[①]。处理马克思主义与以儒家思想为主导内容的中国传统文化的关系，在本质上就是处理马克思主义之"魂"与中国传统文化之"根"的内在联系，即如何吸收"根"的营养来丰富和发展21世纪的马克思主义。

党的十九大报告指出："中国特色社会主义文化，源自于中华民族五千多年文明历史所孕育的中华优秀传统文化，熔铸于党领导人民在革命、建设、改革中创造的革命文化和社会主义先进文化，植根于中国特色社会主义伟大实践。发展中国特色社会主义文化，就是以马克思主义为指导，坚守中华文化立场，立足当代中国现实，结合当今时代条件，发展面向现代化、面向世界、面向未来的，民族的科学的大众的社会主义文化，推动社会主义精神文明和物质文明协调发展。要坚持为人民服务、为社会主义服务，坚持百花齐放、百家争鸣，坚持创造性转化、创新性发展，不断铸就中华文化新辉煌。"

党的二十大报告指出："我们要坚持马克思主义在意识形态领域指导地位的根本制度，坚持为人民服务、为社会主义服务，坚持百花齐放、百家争鸣，坚持创造性转化、创新性发展，以社会主义核心价值观为引领，发展社会主义先进文化，弘扬革命文化，传承中华优秀传统文化，满足人民日益增长的精神文化需求，巩固全党全国各族人民团结奋斗的共同思想基础，不断提升国家文化软实力和中华文化影响力。"

显然，新时代建设中国特色社会主义文化，创造中华文化新辉煌，必然要保留中国传统文化中有价值、合理的文化基因，但决不是简单的"以儒代马"与"以马废儒"，更不能是简单地移植外来文化。简单的"以儒代马论"与"以马废儒论"和简单的移植外来文化，都无益于实现中华新

---

① 《毛泽东选集》第2卷，人民出版社，1991，第534页。

文化的创造和铸就，都不可能使中华文化真正复兴到世界文化的领先地位。中华新文化的"再造"，只有在马克思主义的指导下，在对"中西文化"进行理性批判的基础上进行综合创新，全面建设社会主义先进文化，真正实现对中国传统文化的创造性转化和创新性发展，合理吸收一切外来文化的有益成果，使当代中国的思想观念、价值理念、制度建设、道德规范和文学艺术等文化要素能够达到超越西方及世界各国的高超水平，并提出得以解决全球性的现代性文明危机的中国方案和中国智慧，让中华新文化再次影响世界，才是真正的中华文化的新辉煌。

参考文献

[1] 马克思恩格斯选集：第1—4卷［M］.北京：人民出版社，1995.

[2] 毛泽东选集：第1—4卷［M］.北京：人民出版社，1991.

[3] 邓小平文选：第1—3卷［M］.北京：人民出版社，1993.

[4] 习近平谈治国理政：第1卷［M］.北京：外文出版社，2018.

[5] 习近平谈治国理政：第2卷［M］.北京：外文出版社，2017.

[6] 习近平谈治国理政：第3卷［M］.北京：外文出版社，2020.

[7] 习近平谈治国理政：第4卷［M］.北京：外文出版社，2022.

[8] 习近平关于社会主义文化建设论述摘编［M］.北京：中央文献出版社，2017.

[9] 习近平总书记系列重要讲话读本（修订本）［M］.北京：学习出版社，2016.

[10] 习近平关于实现中华民族伟大复兴的中国梦论述摘编［M］.北京：中央文献出版社，2013.

[11] 中国共产党继承弘扬中华优秀传统文化的理论与实践［M］.北京：学习出版社，2016.

[12] 许嘉璐.中华文化的前途和使命［M］.北京：中华书局，2017.

[13] 楼宇烈.中国文化的根本精神［M］.北京：中华书局，2016.

[14] 牟钟鉴.中国文化的当下精神［M］.北京：中华书局，2016.

［15］张岂之.中华文化的会通精神［M］.长春：长春出版社，2016.

［16］陈来.中华文明的核心价值［M］.北京：三联书店，2015.

［17］姜广辉.中国文化的根与魂［M］.沈阳：辽宁教育出版社，2014.

［18］郭齐勇，吴根友.近世哲学的发展与中国哲学的创造转化［M］.北京：中国社会科学出版社，2014.

［19］陈先达.马克思主义与中国传统文化［M］.北京：人民出版社，2015.

［20］张允熠.中国文化与马克思主义［M］.北京：人民出版社，2015.

［21］金元浦.文化复兴：传统文化的现代价值［M］.北京：中国人民大学出版社，2014.

［22］王霁，等.中国传统文化［M］.北京：清华大学出版社，2014.

［23］张岱年.中国伦理思想研究［M］.南京：江苏教育出版社，2005.

［24］罗国杰.中国伦理思想史［M］.北京：中国人民大学出版社，2008.

［25］罗国杰.中国传统道德［M］.北京：中国人民大学出版社，1997.

［26］罗国杰.中国革命道德［M］.北京：中国人民大学出版社，2013.

［27］温克勤.中国伦理思想简史［M］.北京：社会科学文献出版社，2013.

［28］朱贻庭.中国传统伦理思想史［M］.上海：华东师范大学出版社，1989.

［29］唐凯麟.中华民族道德生活史（八卷本）［M］.北京：东方出版中心，2014.

［30］陈瑛.中国传统伦理与社会主义先进文化［M］.北京：中国社会科学出版社，2012.

［31］陈瑛.中国古代道德生活史［M］.北京：中国社会科学出版社，2012.

［32］荆惠民.中国人的美德：仁义礼智信［M］.北京：中国人民大学出版社，2006.

［33］戴木才.中国特色核心价值观的传统、现实与前景［M］.南宁：广西人民出版社，2011.

［34］戴木才.兴国之魂：积极培育和践行社会主义核心价值观十讲［M］.长沙：湖南教育出版社，2013.

［35］戴木才.中国人的美德与核心价值观［M］.北京：中国人民大学出版社，

2015.

[36] 戴木才.铸就人民的信仰［M］.北京：人民出版社，2017.

[37] 戴木才.中国传统核心价值观的创新性发展［M］.长沙：湖南教育出版社，2021.

[38] 赵馥洁.价值的历程：中国传统价值观的历史演变［M］.北京：中国社会科学出版社，2006.

[39] 刘晓成.仁：为人为政之道［M］.南宁：广西人民出版社，1996.

[40] 程继松.义：照亮历史的道德之光［M］.南宁：广西人民出版社，1996.

[41] 姚炜钧.礼：传统道德核心谈［M］.南宁：广西人民出版社，1996.

[42] 沈继成.智：千古闪烁的心灵之光［M］.南宁：广西人民出版社，1996.

[43] 康志杰.信：立身处世的支撑点［M］.南宁：广西人民出版社，1996.

[44] 戴茂堂.传统价值观念与当代中国［M］.武汉：湖北人民出版社，2001.

[45] 方朝晖."三纲"与秩序重建［M］.北京：中央编译出版社，2012.

[46] 何兆武.中国印象：外国名人论中国文化［M］.北京：中国人民大学出版社，2011.

[47] 孙伟平.创建"中国价值"［M］.北京：社会科学文献出版社，2015.

[48] 张怀承.中国传统道德文化的现代转型与创新研究［M］.长沙：湖南师范大学出版社，2013.

[49] 韩震.中国的价值观［M］.北京：中国社会科学出版社，2016.

[50] 程凯华.中国传统美德［M］.武汉：长江文艺出版社，2002.

[51] 夏瑞春.德国思想界论中国［M］.南京：江苏人民出版社，1995.

[52] 忻剑飞.世界的中国观［M］.上海：学林出版社，1997.

[53] 杨知勇.家族主义与中国文化［M］.昆明：云南大学出版社，2000.

[54] 詹石窗.身国共治与中国传统文化［M］.厦门：厦门大学出版社，2003.

[55] 李瑞兰.修身齐家治国平天下新论［M］.天津：天津社会科学出版社，2001.

[56] 郭洪纪.儒家伦理与中国文化转型［M］.西宁：青海人民出版社，1996.

[57] 罗军.中国人的文化仰望［M］.北京：中央编译出版社，2016.

[58] 张国.中国治国思想史［M］.北京：新华出版社，2002.

[59] 高德步. 中国价值的革命 [M]. 北京：人民出版社，2016.

[60] 张曙光. 价值与秩序的重建 [M]. 北京：人民出版社，2016.

[61] 刘翔. 中国传统价值观诠释学 [M]. 上海：上海三联书店，1996.

[62] 孙隆基. 中国文化的深层结构 [M]. 北京：中信出版社，2015.

[63] 费正清. 中国：传统与变革 [M]. 南京：江苏人民出版社，1995.

[64] 杜维明. 儒家思想绪论：创造性转换的自我 [M]. 南京：江苏人民出版社，1995.

[65] 马克斯·韦伯. 新教伦理与资本主义精神 [M]. 北京：北京大学出版社，2017.

[66] 丹尼尔·贝尔. 资本主义文化矛盾 [M]. 北京：人民出版社，2010.

[67] 塞缪尔·亨廷顿. 文化的重要作用：价值观如何影响人类进步 [M]. 北京：新华出版社，2010.

后　记

这套书系是我作为首席专家主持的教育部人文社会科学重点研究基地湖南师范大学道德文化研究中心重大项目"中华伦理文明新形态的内容体系研究"的阶段性研究成果和我作为首席专家主持的国家哲学社科基金重大项目"结合时代要求继承创新中华优秀传统文化中的核心理念研究"［批准号18VSJ081］的研究成果。

党的十九大报告提出，培育和践行社会主义核心价值观，要深入挖掘中华优秀传统文化蕴含的思想观念、人文精神、道德规范，结合时代要求继承弘扬，让中华文化展现出永久魅力和时代风采；党的二十大报告提出了要坚持马克思主义基本原理同中国具体实际相结合、马克思主义基本原理同中华优秀传统文化相结合。结合时代要求传承弘扬中国传统文化及其核心价值理念，是新时代广泛践行社会主义核心价值观、发展繁荣中国特色社会主义文化、建设社会主义文化强国的一个重大课题。

发展繁荣中国特色社会主义文化、建设社会主义文化强国、广泛践行社会主义核心价值观，必须立足于中国的历史文化传统，把中国传统文化及其核心价值理念作为重要源泉、历史根基的价值资源，既与中国传统文化及其核心价值观相传承，为中华儿女所普遍认同和遵循，又与社会主义先进文化的发展方向和价值本质相一致、与人类文明发展趋势相承接，充分展现新时代中国特色社会主义文化和社会主义核心价值观的基础性、民族性、传承性，充分展现其中国特色、中国风格、中国气派的时代风采和永久魅力。

课题研究成果紧密结合中国特色社会主义进入新时代的新任务新要求，紧密结合党的十八大以来以习近平同志为核心的党中央关于传承弘扬中国传统文化、积极培育和践行社会主义核心价值观的一系列重要论述，深入系统阐发了结合时代要求传承弘扬中国传统文化、传承弘扬中国传统价值观的一系列理论与实践问题。

参加课题研究申报的人员有：

首席专家：戴木才；子课题负责人：丁威、田海舰、张一。

参加申报课题研究的主要成员有：任健东、柏路、陈志兴、郑翔瑜、鹿林、谢葵、王琦煜、曹刚、袁文华、赵同良、陈越等。

参加本书初稿撰写的主要人员是：

第一章：戴木才、赵同良

第二章：陈志兴、袁和静

第三章：戴木才、张一

第四章：戴木才、丁威

第五章：戴木才、谢葵、郑翔瑜

最后，戴木才对全书进行了修改和统稿工作，谢葵负责对全书的文字做校对、勘误等工作。

在研究成果的撰写过程中，除已列出的主要参考资料外，还参考、吸收了一些专家网络上的研究成果，没有一一列出，在此予以特别说明和表示感谢，敬请相关著作权所有者谅解。

本书的出版，得到广西人民出版社原社长温六零、社长韦鸿学、总编辑赵彦红、副总编辑白竹林、理论读物出版中心主任吴小龙的大力支持，在此一并表示诚挚的感谢。

由于水平有限，书中难免存在疏漏和不当之处，敬请读者批评指正。

课题组
2023年初于北京

图书在版编目（CIP）数据

中国化马克思主义的传统文化观 / 戴木才等著 . — 南宁：广西人民出版社，2024.1
（中国传统价值观的传承弘扬研究书系）
ISBN 978-7-219-11614-2

Ⅰ . ①中… Ⅱ . ①戴… Ⅲ . ①传统文化—关系—马克思主义—发展—研究—中国 Ⅳ . ① K203 ② D61

中国国家版本馆 CIP 数据核字（2023）第 155151 号

出 版 人	韦鸿学	策　　划	温六零　白竹林
执行策划	吴小龙	责任编辑	唐柳娜　许晓琰
责任校对	周月华　梁小琪		
封面设计	刘瑞锋（广大迅风艺术）		

出版发行　广西人民出版社
社　　址　广西南宁市桂春路 6 号
邮　　编　530021
印　　刷　广西民族印刷包装集团有限公司
开　　本　787mm×1092mm　1/16
印　　张　18
字　　数　240 千字
版　　次　2024 年 1 月　第 1 版
印　　次　2024 年 1 月　第 1 次印刷
书　　号　ISBN 978-7-219-11614-2
定　　价　59.80 元

版权所有　翻印必究